陕西省教育厅协同创新重点项目"陕西省加强体育法治建设研究"（项目编号：23JY078）阶段性成果。

西北公法论丛

体育法治问题研究

徐 翔 著

Tiyu Fazhi Wenti Yanjiu

中国政法大学出版社

2024·北京

声　明　1. 版权所有，侵权必究。

2. 如有缺页、倒装问题，由出版社负责退换。

图书在版编目（CIP）数据

体育法治问题研究 / 徐翔著. -- 北京：中国政法大学出版社, 2024.12. -- ISBN 978-7-5764-1862-0

Ⅰ. D922.164

中国国家版本馆CIP数据核字第2024MG2949号

出 版 者	中国政法大学出版社
地　　址	北京市海淀区西土城路25号
邮　　箱	fadapress@163.com
网　　址	http://www.cuplpress.com（网络实名：中国政法大学出版社）
电　　话	010-58908435(第一编辑部) 58908334(邮购部)
承　　印	固安华明印业有限公司
开　　本	720mm×960mm　1/16
印　　张	14.625
字　　数	224千字
版　　次	2024年12月第1版
印　　次	2024年12月第1次印刷
定　　价	69.00元

《西北公法论丛》总序

巍巍终南，积厚流光。

《西北公法论丛》是西北政法大学行政法学院（纪检监察学院）学科建设的成果展示。

西北政法大学行政法学院（纪检监察学院）坐落于古城西安，是国内以宪法学、行政法学、行政诉讼法学、监察法学、党内法规为核心，集教学与科研为一体，本科生和研究生培养并重的、公法特色鲜明、规模较大的专门学院。

学院前身是成立于1988年7月的行政管理（行政法）系，是经国务院批准的全国第一个法学本科行政法专业（系），1999年9月组建为法学三系，2006年10月成立行政法学院。为了适应从严治党、依规治党的新要求，经西北政法大学批准，2019年6月，行政法学院挂牌纪检监察学院，致力于建设纪检监察学科。

学院现设法学（行政法学方向）本科专业和宪法学与行政法学、监察法2个硕士点。宪法与行政法学科为陕西省重点学科，行政法学教学团队为陕西省教学团队，宪法学、行政法与行政诉讼法学为陕西省精品课程。行政法学获批教育部国家级"线上线下混合式"一流课程。学院"地方政府法治建设研究中心"为陕西省高校哲学社会科学重点研究基地，并管理"法治陕西协同创新研究中心"等研究机构。

学院坚持"师资兴院、学生旺院、教学立院、科研强院"的理念，高度重视学术创新空间的拓展与延伸，鼓励教师关注、思考法治国家建设中的公权力规范运行问题，努力为在法治轨道上推进国家治理体系与治理能力的现代化提供学理支撑、实践指引。《西北公法论丛》正是在前述理念与背景下出版问世的。

　　《西北公法论丛》的出版，不仅是西北政法大学行政法学院（纪检监察学院）继续实现高水平发展的标志，更为西北政法大学行政法学院（纪检监察学院）教师展示学术风貌、彰显创新性观点提供了科研平台。相信读者会从《西北公法论丛》的诸多著作中感受到西北政法大学公法学人对学术的敬畏、执着与探求！

西北政法大学行政法学院（纪检监察学院）

2022 年 8 月 11 日

前　言

　　体育法学，是体育学和法学的交叉学科，其作为一门新兴学科，已经逐渐走向成熟，并将继续茁壮成长，为体育事业的高质量发展提供强有力的理论和实践指导。自1995年我国正式颁布《中华人民共和国体育法》（以下简称《体育法》），该法已经走过近三十个春秋，2022年6月，该法在党的领导和学界长期的研究、推动下，终于迎来了新的修订。此次修订与以往大不相同，修改幅度也是前所未有，无论是在全民健身方面，还是在竞技体育、青少年和学校体育等方面，都有重大突破，并且还创设性地新增了体育产业和体育仲裁专章内容，为我国体育产业的发展明确了法律保障，也为我国体育仲裁制度的建设和完善奠定了重要的法律基础。

　　体育领域的法律问题极其丰富，这直接推动了体育和宪法以及其他法律的交叉融合。本书选取了体育与宪法学、人权法学（第二章）、民法学（第三章）、刑法学（第四章）以及纪检监察学（第五章）相关的问题展开论述，此外，还对体育法学和体育法学科建设（第一章）等内容进行了一定程度的研究和讨论。其一，在体育法学和体育法学科建设之中，基于著者曾经参加的两次世界体育法大会，尤其对2018年在希腊雅典召开的第24届世界体育法大会的讨论主题进行了梳理和探讨，以期为我国体育法学的研究发展提供新的思路；此外，还基于2018年改革开放四十年的大背景，对我国体育法学科建设进行了回顾和展望，又基于新文科、新法学的视角，对新文科、新法学背景下体育法学科的发展提出了新的期望和完善路径，其中包括对涉外体育法治人才培养的重视。其二，在体育与宪法学、人权法学的交叉研究之中，首先需要我们明确的是，《中华人民共和国宪法》（以下简称《宪法》）作为根本法，在中国特色社会主义法律体系之中具有最高法律效力，其中规定了我国的根本政治、经济、文化、社会和生态文明制度等内容，"体育"相关内容在《宪法》中同样不可或缺，《宪法》中亦存在"体育"条款，主要表现在我国《宪法》第21条第2款之规定，这为研究体育权这一新兴人权提供了根本法基础；此外，基于《宪法》《体育法》以及其他国内外立法、条约等，对体育权的相关理论展开了规范分析，并且借鉴域外相关规定，对运动员权利保障进行了初步研究；其三，在全民健身与法治的交叉研究中，首先对全民健身和小康社会的关系展开了深度剖析，其次对全民健身中的群众体育风险规避等问题进行了研究，最后针对盲人助跑和羽毛球运动中的伤害侵权责任问题展开了分析论证；其四，在体育与刑法的研究中，首先基于体育运动的天然优势，对体育运动预防青少年犯罪的机制展开研究和设想，其次还提出了"体育恐怖主义犯罪"和"体育赛事赌博"的新论题等；其五，在体育与廉洁的研究中，深入融合了体育和纪检监察学的实践和理论，一方面，对廉洁办奥的理论渊源和路径进行了探索式研究；另一方面，结合新时代监察体制改革的大背景，对我国体育领域腐败治理的机遇、挑战和出路进行了创新研究，融合了纪检监察学中的"四项监督"制度，对体育领域腐败的治理提出新思想和新方法。

前述内容大部分是著者从2013年到2023年从事体育法学研究十年间公开发表的学术论文，从中筛选了一些重要主题的研究汇集于此书中，不过，基于新时代新征程的新发展、新变化，本书对这些论文内容也做了适当修改和补正。此外，本书中也有著者一些尚未公开发表过的学术成果，都是著者对体育领域法律问题的一些思考，基于"体育法治"汇集于此。著此书，一方面，想借《体育法》的修订，总结著者这十年间关于体育法学研究的成果，以期为未来的研究奠定理论基础；另一方面，希望通过本书的出版，能够让大家进一步了解体育法学，提升大众对体育法学的关注度和兴趣。

徐　翔

2024年5月

目 录

第一章 体育法与体育法学科建设 ………………………………… 1
  第一节 全球体育法前沿问题探微 ………………………………… 1
  第二节 改革开放四十年来我国体育法学科建设回顾与展望 …… 15
  第三节 新法学视阈下体育法学专业建设与人才培养再探讨 …… 28
  第四节 中国法治现代化背景下涉外体育法治人才培养路径探索 …… 40

第二章 体育与人权 ………………………………………………… 55
  第一节 体育权：一项新兴人权的衍生与发展 …………………… 55
  第二节 新《体育法》视阈下体育权的规范构造 ………………… 71
  第三节 WADA《反兴奋剂运动员权利法案》的解读与启示 …… 85

第三章 全民健身与法治 …………………………………………… 101
  第一节 全面建成小康社会下的全民健身战略 …………………… 101
  第二节 全民健身视阈下盲人助跑的法律风险及对策研究 ……… 114
  第三节 群众体育风险"破窗效应"的规避 ……………………… 128

第四章 体育与刑法 ………………………………………………… 135
  第一节 体育运动预防青少年犯罪机制的设想 …………………… 135
  第二节 体育恐怖主义犯罪之危害及其防治 ……………………… 148
  第三节 意大利体育赛事赌博法律规制及借鉴意义 ……………… 163

第五章 体育与廉洁 …………………………………………… 172
  第一节 廉洁办奥的理论渊源和路径探索 ……………………… 172
  第二节 欧洲《打击操纵体育比赛公约》的解读及对我国建构
        廉洁体育竞赛的启示 ……………………………………… 184
  第三节 贯通协同四项监督对体育领域腐败治理的优势和方法
        研究 ………………………………………………………… 195

参考文献 ……………………………………………………… 210

后　记 ………………………………………………………… 221

第一章　体育法与体育法学科建设

第一节　全球体育法前沿问题探微[1]

世界体育法大会是由国际体育法协会主办的学术年会。国际体育法协会自成立以来，注重对体育中的法律理论和实践问题进行研究，把世界体育法大会作为加强学术交流与合作的重要平台。本节内容主要是基于2018年在希腊雅典举办的第24届世界体育法大会的研讨内容所展开的分析。虽然是2018年的研讨会，但当时研讨的内容并未过时，至今仍具有新颖性和研究的必要性。

第24届世界体育法大会于2018年11月2日~3日在希腊雅典顺利召开，来自包括我国、希腊、意大利、韩国、匈牙利、伊朗等十多个国家和地区的五十余名体育法学者、律师参加了此次盛会。我国前去参加此次盛会的代表是由国家体育总局政策法规司的领导带队，中国政法大学法学院的多位教授，以及武汉大学法学院、南京理工大学知识产权学院、台湾体育大学的老师和学生组成。世界体育法大会从1992年开始，每年在国际体育法研究会的组织下召开，到2018年已经26载。每年会议的主题都与时俱进、推陈出新，从1992年第一届的"体育法科学，国家和国际体育——体育正义"到2018年的"职业体育法：足球与篮球中的法律与正义"，每次会议过程中都能产生许多专家学者思想碰撞的火花，为世界各国体育法的发展起到了积极的推动作用。

---

[1] 本节涉及的所有国外学者观点翻译，都是著者参会时，根据现场英语报告内容亲自翻译整理，并结合后期出版的论文集内容加以完善。翻译过程中还得到了国家体育总局政法司法规处陈华栋先生的指导。翻译内容如有出入，请各位专家学者批评指正。

我国的体育法专家学者也常常在大会上提出具有特色的真知灼见。

著者有幸受邀参加的第24届世界体育法大会分为"职业体育运动和体育法""足球、篮球领域的体育法问题""财务争议解决机制——合同""纪律处罚案例——正义和道德""体育法和大型体育赛事"五个子论题，涉及体育法研究的诸多领域，包括体育立法、体育彩票法律规制、体育仲裁、体育知识产权、体育赛事安保等方面，内容精彩纷呈。

一、职业体育运动和体育法

职业体育运动领域的法律问题日益增多，其与体育法的关系日趋密切，早已引起世界各国体育界和法学界的关注。早期职业体育运动中的反垄断、职业团队体育运动电视转播权集中销售的竞争法等，都是国内外学者早期研究的体育法问题。随着时代的发展，职业体育领域的法律问题种类愈来愈多，此次世界体育法大会上的专题报告中，世界各国的学者就围绕该方面的前沿法律问题踊跃发言和讨论，主要涉及以下问题：

（一）有关"Lex Sportiva"的理论性研究

"Lex Sportiva"是随着全球体育法律治理的发展而新近出现的一个概念。有关该方面的研究，早已在国内外受到关注，并且持续成为体育法研究中的热点问题。我国也有不少学者曾经对该问题展开研究，较早的研究学者就"Lex Sportiva"一词的出现以及"Lex Sportiva"体系是否存在展开分析，同时探析了"Lex Sportiva"的性质和效力，最终论证了"Lex Sportiva"体系已经出现并快速地发展，基于"Lex Sportiva"所具有的特征，将"Lex Sportiva"视为"全球体育法"，将其归入"全球法"的范畴是可行的，这也更有利于全球体育法律治理的完善。[1]

在国际体育法研究领域，也有诸多学者对该问题进行了研究。此次大会上，国际体育法协会主席Dimitrios P. Panagiotopoulos教授就专门作了题为 *Sports Law General Principles as a legitimizing basic of Lex Sportiva*（《体育法一般原则作为Lex Sportiva的合法基础》）的报告。其在报告中，主要阐述了国际

---

[1] 姜熙、谭小勇：《"Lex Sportiva"初论》，载《天津体育学院学报》2012年第4期。

体育法庭的系统机制和传统法律原则，他认为国际体育运动在其领域内已然创造形成了属于他们的内部规则，如《奥林匹克大宪章》之类的秩序规则，还建立了纠纷解决机构，即国际体育仲裁庭。其中普通原则的类型主要包括传统法律原则、人权保障原则、体育法中体育自身的原则、国际体育法中的原则，如世界反兴奋剂中的一些原则。这里面所谓的体育自身的原则，主要涉及运动员领域的公平竞技等内容。在报告人看来，这些原则都应当作为"Lex Sportiva"的合法基础之依据，其结合诸多实际案例和基础理论，深入论证了体育法一般原则是体育法律规则体系的法律基础。[1]

另外，Georgios Elmalis 教授在大会上所作的报告内容同样与"Lex Sportiva"有关，并且主要研究了"Lex Sportiva"与欧盟经济法的关系，他的报告题目是 Lex Sportiva and EU Competition Law: Sports Governing Bodies Regulations under scrutiny（《Lex Sportiva 和欧盟竞技法：审查体育管理机构制定的规则》）。在他的研究中，主要是通过比较"Lex Sportiva"和欧盟竞争法，探讨体育管理机构制定的规则是否符合欧盟相关法律。该报告中不仅介绍了体育领域中的组织管理机构框架，并且对体育运动的本质特性进行了简单梳理，如具有风险性、竞技性等特点，随后便引出《欧盟竞技法》中的个别条款加以融合分析，探讨体育运动是否受到《欧盟竞技法》的约束。Georgios Elmalis 教授认为，体育运动不仅应当受到《欧盟竞技法》的约束，同时还需要结合体育运动自身特点，尽快制定和完善体育内部的专门法规，以实现专业化的管理。[2]

（二）有关"体育行业协会"的法律问题研究

体育行业协会作为体育自治的重要载体，在法律思维的指引下，也能挖掘出诸多问题加以研究。意大利罗马 Unicusano 大学法学教授 Maria Francesca Serra 教授作了题为 For profit sport association: a short life（《体育协会逐利——生命短暂》）的报告。报告主要结合意大利的法治现状，介绍了意大利最新

---

[1] Dimitrios P. Panagiotopoulos, "Sports Law General Principles as a Legitimizing Basic of Lex Sportiva", *ISLR Panadektis*, 12 (2018), 394.

[2] Georgios Elmalis, "Lex Sportiva and EU Competition Law: Sports Governing Bodies Regulations under Scrutiny", *ISLR Panadektis*, 12 (2018), pp. 251~256.

立法成果，列举相关法律的具体条文，并结合相关的案例，阐述了意大利近年来在体育协会方面的改革。Maria Francesca Serra 教授认为引入新形式的体育运动可以成为与体育机构合作的机会，以推进体育立法现代化，同时保护运动员的合法权利。但与此同时也存在困难和阻碍。因此，立法者倾向于删除一些无效立法内容，而不是选择起草制定更加连贯和系统化的法律，以避免立法的冗乱。

匈牙利的职业体育法律师 Andras Nemes 则是结合其本国国情和体育法实务，作了题为 Monitoring of the Hungarian Football Association Regard to FIFA Questionnaire about RWWI（《匈牙利足球协会关于国际足联中介机构管理规定问卷审查》）的报告。中介机构管理规定这一新规则，主要是2015年 FIFA（国际足联）制定的与中介机构合作相关的规定。该报告主要指出，足球比赛中涉及的各类中间团体组织，如赞助商、举办方等主体与俱乐部、球员产生纠纷时，往往可以参照该规则加以解决。报告人在其结论中提出，匈牙利足联监管机制是2015年3月提出的，并在同年4月1日开始生效实施，但只是最低限度的监管，国际足联的监管框架并没有得到更为具体的补充，该监管机制并未提出比 RWWI 规则更为严格的约束机制。在引入匈牙利足联监管机制之前，该规定是与更多的中间人和职业足球联合会谈判的。职业足球运动员也为联合会准备了样本合同，但在匈牙利，运动员还没有这样的资格提出相应要求。[1]近些年我国大力开展的足球改革，从中国足协与国家体育总局脱钩为起点，愈来愈突出足球协会的作用，但这也就让赞助商、举办方等主体与俱乐部、球员之间产生的纠纷逐渐受到大家的关注，这也是我国体育法实务中亟待完善和解决的问题。除此之外，在我国体育自治和法治的背景下，我国民间体育赛事治理呈现出多主体参与的格局，由政府组织、市场组织、社会组织和公民个体等构成的体系呈分散治理的状态。我国民间体育赛事的善治也是职业体育运动延伸出来的新问题，同样需要我们进一步关注和探索完善路径。有学者近期就提出，我国民间体育赛事要达成善治，就应该从分

---

[1] Andras Nemes, "Monitoring of the Hungarian Football Association regard to FIFA Questionnaire about RWWI", *ISLR Panadektis*, 12（2018）, pp. 257~263.

散治理走向协同治理，形成协同治理的多方共识、确立体育协会的枢纽作用、形成决策的广泛协商民主、拓宽沟通与参与渠道和多元主体协同行动，是实现我国民间体育赛事协同治理的基本要求。[1]

二、足球、篮球领域的体育法问题

足球和篮球运动广受社会大众的欢迎，极具观赏性，但其中的体育法问题同样也较多。从学者早期关注和研究的足球、篮球运动中的运动员转会问题和运动伤害的法律问题，逐渐过渡到现在诸如足球、篮球领域知识产权法律问题、运动员权利保障问题等更加具体的问题。

在此次大会上的"足球、篮球领域的体育法问题"专题报告中，世界各国的学者主要谈及了以下前沿性问题：

（一）有关体育知识产权法律保护的问题

来自我国南京理工大学知识产权学院的林小爱副教授，作了题为 Research on Intellectual Property Rights Issues in Basketball and Football Match（《篮球与足球比赛中的知识产权问题研究》）的报告，通过检索我国与足球、篮球有关的专利等具有知识产权性质的事物，发现我国已有上百种与足球、篮球相关的专利种类，但这些专利的法律保障机制尚有待完善。对这些领域的知识产权保护不完备，将会大大阻碍足球、篮球领域内的球衣、球鞋等赞助商的创新积极性，进而阻碍我国体育领域的知识产权创新发展。因此，我们需要加强对足球、篮球领域知识产权的法律保护，促使法律保障扩大至体育知识产权范畴。而且林小爱副教授特意强调，想要在足球、篮球赛场上取得胜利，首先要保证该领域的知识产权等合法权利得到有效保护。体育赛事知识产权问题在我国一直备受关注，诸多学者提出了对体育赛事直播和转播权保护的法律建议，并且期盼我国著作权相关法律在修订过程中能够对体育赛事知识产权加以重视。2020年举办的十三届全国人大常委会第二十三次会议通过的最新修订的《中华人民共和国著作权法》（以下简称《著作权法》）未对体

---

[1] 吴宝升、易剑东：《从分散治理到协同治理：我国民间体育赛事治理走向分析》，载《体育与科学》2020年第3期。

育赛事知识产权明确定位，立法的完善仍需广大学者的努力和推动。

（二）足球、篮球运动中涉及的经济权益问题

大会上，来自希腊雅典国立和卡波迪斯特拉大学博士候选人 Alkis Papantonious 律师对 *TPO of the Player's Economic Interests in the Football Project*（《足球项目中球员相关经济利益的第三人所有权》）相关内容作了简要报告。Alkis Papantonious 律师的报告主要对第三人所有权的概念定义进行了简单分析，以及探讨了为什么 TPO[1]会对第三人所有权予以禁止和该项禁止是否受制于欧盟法律等内容。相关法令中对第三人的定义，是指存在两个俱乐部合同关系之外的组织或个体，主要包括中介公司、合作方、赞助商、经纪人等，但是运动员自身能否成为第三人还存在分歧。第三人所有权，并不是真正的所有权，该权利只能通过将球员相关经济利益转让给其他俱乐部来实现。报告认为运动员自身是不能成为第三人的，TPO 只能通过转让，即将球员的权利出售给另一个俱乐部来实现。而第三人的主体范围主要涉及代理方、合作方、赞助商等，其中运动员自身能否成为第三人还有待商榷。报告人是不认可运动员作为第三人主体的，而且这样的理念并不违反国际足联关于球员权利的 TPO 规则。[2]

罗马尼亚的 Dan Mihai 律师在其 *Dribbling the Regulations-a de Facto Transfer of the Business Activity from a Football Club with Debts to Another Club*（《制定规则——事实上将商业活动从一个有债务的足球俱乐部转移到另一个俱乐部》）报告中，主要阐述了一个被债务缠身的足球俱乐部如何和其他俱乐部进行交易、流转。在其看来，现实案例中，当事人总会有逃避规则约束的想法，并想借助系统化的民事法律和体育规则的二元化，利用球员和其他人员的身份，获取更大的利益。[3]这与公司之间的债务流转较为相似，只是足球俱乐部具

---

［1］ TPO 即球员经济利益的第三人所有权，指俱乐部以外的实体或者个人拥有球员部分或者全部的未来转会收益，即足球俱乐部不拥有或者无权获得注册于该俱乐部的某名运动员 100% 的未来转会收益。

［2］ Alkis Papantonious, "TPO of the Player's Economic Interests in the Football Project", *ISLR Panadektis*, 12 (2018), pp. 264~272.

［3］ Dan Mihai, "Dribbling the Regulations-a de Facto Transfer of the Business Activity from a Football Club with Debts to Another Club", *ISLR Panadektis*, 12 (2018), pp. 349~354.

有一般公司没有的特殊地位和职能，因此受到了一些体育法学者的关注。报告人结合自己办理过的案件实务，提出了相关问题研究。

（三）有关操纵体育赛事的法律问题

来自希腊的 Penny Konitsioti 律师分享了其关于操纵体育赛事的研究成果——*Professional Sport, Corruption and Match Fixing*（《职业运动、腐败和操纵体育赛事》）。操纵体育赛事是严重的虚假竞技体育行为之一，时常发生在足球比赛当中，并且通常伴随体育赛事赌博等违法犯罪问题。我国学者也对操纵体育赛事的相关法律问题有所关注，例如，有学者专门以职业足球为切入点，从法学视角探析操纵体育赛事的定性问题，提出：操纵比赛作为一个超出体育运动范围，涉及犯罪集团或有组织犯罪的重大体育腐败问题，需要重新确定其认定要件与性质，并根据从操纵比赛中获取的不同利益重新对其进行类型划分。[1] Penny Konitsioti 律师在其报告中也提出，操纵体育赛事问题是世界各国不得不严格重视的问题之一，其通过介绍该类事件的基本情况，结合 CAS（国际体育仲裁庭）判例和一些相关法令，并列举了一些详实的案件数据，对此类行为的危害性做出分析，提倡完善相关法律以对此类行为严加管束。同时，他还借鉴澳大利亚体育部长对操纵体育赛事的定义，指出操纵体育赛事是指竞技运动员、团队、体育经纪人、支持人员、裁判员或官员以及场地工作人员对体育赛事结果的操纵，并且列举了从 2009 年到 2014 年间的 12 件有关操纵体育赛事的 CAS 判例。尽管这些问题早已在公元前 388 年的古代奥林匹克运动会中发生，但专家们认为，操纵比赛以及兴奋剂滥用、流氓行为和种族歧视是 21 世纪体育运动面临的最严重问题，提议完善相关规则对这些行为严加管理。[2]

三、财务争议解决机制——合同

合同是当事人或当事人双方之间设立、变更、终止民事关系的协议。依

---

[1] 张于杰圣：《法学视阈下对操纵比赛的认定——从职业足球切入》，载《吉林体育学院学报》2020 年第 4 期。

[2] Penny Konitsioti, "Professional Sport, Corruption and Match Fixing", *ISLR Panadektis*, 12 (2018), pp. 272~284.

法成立的合同，受法律保护。广义合同指所有法律部门中确定权利、义务关系的协议；狭义合同指一切民事合同；最狭义合同仅指民事合同中的债权合同。日常生活中有诸多事项需要协商处理，否则就会衍生出各类繁琐的纠纷，为此，双方自愿达成的协议（合同）就成为私法领域防范和解决争议纠纷的一条路径。

（一）私法领域的合同问题

在罗马尼亚的博士生 Florentina-Camelia Medei 所作的题为 Realities and Perspectives of "Sports Activity Agreement" in Romania（《罗马尼亚"体育活动协议"的现实与前景》）的报告中，其结合罗马尼亚本国体育领域的具体情况，谈及他们的体育教育和体育运动都受制于罗马尼亚《体育教育和运动法》（2000 年第 69 项法案）。虽然大多数国家职业足球领域的立法甚至国际足联都规定个人劳动合同是劳动关系的基础，但罗马尼亚在这方面秉持自己的独特方式，采用了一种无名合同的模式，这种模式也为参与者带来了好处。体育活动协议是未来罗马尼亚社会所采用的通用的修改和补充的协议，可能会代替国际足联目前采用的模式。[1]

Joanna Barmpi 律师的报告则更具有实务性，聚焦于诸多体育法律师和一些体育俱乐部人士关注的问题，即有关足球运动员合同起草的法律事务问题。他的报告题目是 Drafting of Football Player's Contracts（《足球运动员的合同起草》）。其在报告中强调，其一，要注意把握该类合同生效所具备的一般要素：当事人双方必须具备相应的民事行为能力；运动员和俱乐部等其他当事人主体的意思表示必须真实；合同约定内容不得违反法律或社会公共利益。否则这个合同效力就会存在瑕疵。其二，作为实务中的合同，想要起草出一个质量较高的足球运动员合同，律师必须切实站在代理人一方的利益上进行考量。他还援引了棒球比赛的例子：在棒球比赛中，俱乐部和球员执行统一球员合同后，俱乐部根据"基本协议"第 4 条，必须立即将合同一式两份提交给相应的联盟主席以供批准。在收到合同后的 20 天内，联盟主席必须决定

---

〔1〕 Florentina-Camelia Medei, "Realities and Perspectives of 'Sports Activity Agreement' in Romania", *ISLR Panadektis*, 12 (2018), pp. 355~362.

批准或不批准合同。如果合同未获批准,联盟主席必须向协会提供其拒绝批准合同原因的书面说明。同样,在执行合同的足球运动中,俱乐部和球员必须根据统一球员合同向专员提交合同副本以供批准。如果合同被拒绝,则该合同将被视为已终止且不再具有任何效力。[1]他的研究不仅给国内外体育法学者和实务工作者提供了实务经验借鉴,还为大家的理论研究提供了实践蓝本。

希腊 Peloponnese 大学的体育法特殊教学人员、律师 Anagnostopoulos 讲授的 *Sport Referee's Employment*(《体育裁判的就业问题探析》),涉及的是体育裁判的劳动合同和就业问题,这也是体育合同法律保障中的重要问题之一。他介绍体育裁判工作的主要内容是执裁体育赛事,在体育比赛中根据运动员的表现以确定获胜者;检查运动器材及所有参与者以确保安全;按照比赛时间,开始或中止、终止比赛;发生违规行为时及时发出信号提醒参赛人员;解决赛事参与者对违规或投诉的指控;执行比赛规则并在必要时进行处罚。[2]他还对裁判工作的特殊性进行了介绍:裁判的工作场所既可能是室内也可能是室外;裁判通常是兼职,大约 19% 的裁判是自雇人士,工作时间不固定,包括晚上、周末和假期;由于体育裁判必须在赛事现场瞬间做出决定,所以工作可能会充满压力,还可能会因为赛事官员、竞争对手及教练之间的强烈争议,产生额外的压力。因此需要关注体育裁判的就业保障措施,尤其是就业权利和劳动报酬权利,这些不仅需要依靠劳动合同加以保障,还需要其他相关法律加以重视。

(二)相关国际条约研究

马耳他共和国的体育法学硕士、律师 Robert Dingli 讲授的 *An Overview of the Macolin Convention*(《Macolin 公约概述》)报告十分精彩,Macolin 公约是由欧洲委员会制定的,其规定了 9 章共 41 条内容,包括对各缔约国内体育竞赛组织者、博彩经营者、监管机构等主体禁止操纵体育比赛的权利和义务作出规定,对国家间的信息交流、刑事司法程序法等合作事项予以规定,以

---

[1] Joanna Barmpi, "Drafting of Football Player's Contracts", *ISLR Panadektis*, 12 (2018), pp. 377~381.

[2] Anagnostopoulos, "Sport Referee's Employment", *ISLR Panadektis*, 12 (2018), pp. 301~310.

及对《打击操纵体育比赛公约》的成立与运行进行规定,共三大部分内容。Robert Dingli 先就操纵体育比赛进行了简单的介绍,其中包括与博彩相关的操纵和以运动为目的的操纵。操纵体育比赛的行为不仅是对竞技体育精神的严重违背,影响大家积极参与和关注体育运动的态度,而且容易引发违法犯罪行为。随后,其阐述了该公约的内容,主要涉及该公约的目的、原则和定义;防止操纵体育比赛的具体措施;交换信息;实体刑法和执法程序方面的有效结合;等等,都是我们需要把握的内容。他希望未来可以扩大该公约的签署范围,尽量将欧盟成员国以外的国家也吸纳进来,并且要多考虑如何将 Macolin 公约应用于防止跨境操纵体育比赛。[1]

四、纪律处罚案例——正义和道德

无论是在体育比赛中,还是在我们法治建设过程中,公平正义始终是大家重点关注的内容。何谓公平正义?二者既有相同之处,也有差异。借助体育比赛来表述公平和正义的区别:公平重视的是体育比赛过程,大家在同一起跑线、在鸣枪的同一刻开跑、比赛过程中也不存在任何其他违规违法干扰比赛的情形;而正义重视的则是体育比赛的结果,更加强调比赛结果。简言之,公平重视的是程序,正义强调的是结果。而道德往往也和公平正义息息相关,为此,此次大会特意设置了该专题进行研讨。该专题的实务性色彩更浓,多为程序性研究。

(一)体育伦理与法律问题研究

体育领域中的一些违规违法问题多与伦理道德相关,如前文提及的操纵体育比赛行为,该行为不仅是违法的,同时更是违背体育伦理道德的,有体育的公平竞技精神。而我们更加熟悉的兴奋剂滥用行为,也是这方面的主要研究对象。

罗马尼亚 Cluj-Napoca 大学法学教授 Alexandru-Virgil VOICU 结合其本国国情做了有关反兴奋剂的价值考量方面的研究,其在题为 *Critical Considerations*

---

[1] Robert Dingli, "An Overview of the Macolin Convention", *ISLR Panadektis*, 12 (2018), pp. 328~338.

Concerning the Impunity of the Regulations of the World Anti-Doping Code and Its Subordinate, in Relation with the Contemporary Sport's Values—from Romania and All Over the World（《世界反兴奋剂条例及其下属条例有罪不罚的当代体育价值观探析——基于罗马尼亚和世界各地的价值观考量》）的报告中认为，兴奋剂已然成为全球体育公害，其对运动员、体育精神以及整个体育事业的危害极大。罗马尼亚更是对兴奋剂滥用行为深恶痛绝。他认可世界反兴奋剂机构制定的反兴奋剂条例的约束性和效能，对兴奋剂滥用确实起到了一定的遏制作用。他认为，在更多的实践研究过程中，我们可以找到更加有效的解决方案来解决兴奋剂滥用问题，并利用当前体育价值观、体育法律道德和法律原则等内容，成功地保护无辜者，使其免受法律上毫无根据的兴奋剂指控。在体育运动中滥用兴奋剂的责任必须是个体化的，必要时，应对联合责任或出售责任进行校验核实。根据新《罗马尼亚民法典》的定义，不应永久地将"世界反兴奋剂条例"的阴云笼罩在体育专业人士们的头上。这种永久性威胁是体育运动发展的限制因素，对此希望找到解决兴奋剂滥用问题更加有效的方案。[1]

伊朗的 Shahid Rejaee 教师培训大学体育管理助理教授 Abbas Nazarian Madavani，专门作了题为 Ethical Behavior in Championship Sports（《体育比赛中的伦理行为》）的报告，他在报告中重点探讨了体育赛事中的各类伦理行为。在其看来，道德是一种精神原则，是万事的行为基础，是积极的价值观，它们构成了每个人的品格，并通过行动转化为每个人的存在方式。因此，道德是一系列行为准则和生活方式，人类倾向于通过这些道德规范来实现善的价值。而体育运动本身具有规则性、公平性、平等性、较强的竞技性，与此同时也需要在比赛过程中依据规则尊重各方运动员，这就和道德观产生了一定的重合，进而使伦理道德在体育比赛中产生了一定的约束作用。伦理道德可以促进道德价值观的发散适用；可以促进积极的自我形象的发展和对他人的尊重；可以加强体育比赛精神的贯彻落实；还可以促进社会共融发展，在发展新的友谊的同时提升参与者的身体健康。严格遵守体育伦理，更可以对体

---

[1] Alexandru-Virgil VOICU, "Critical Considerations Concerning the Impunity of the Regulations of the World Anti-Doping Code and Its Subordinate, in Relation with the Contemporary Sport's Values—from Romania and All Over the World", *ISLR Panadektis*, 12 (2018), pp. 311~327.

育比赛中的暴力行为、兴奋剂滥用等违规违法行为进行遏制。[1]

（二）体育仲裁法律问题研究

与体育仲裁相关的法律问题一直是体育法学研究中的热门主题，我国由于尚未设立专门的体育仲裁机构，更是引发诸多学者对此进行研究和探讨，不断提出设立我国体育仲裁机构的科学建议。此次大会上世界各国的学者关于该问题的研究报告，同样可以激发我国学者的思维，从中寻求先进的经验予以借鉴。

土耳其的体育法职业律师 Deniz Akbiyik 所作的题为 The Basketball Arbitration Tribunal (BAT) and the Differences between BAT and DRC (FIFA) （《篮球仲裁法庭（BAT）及其与 DRC（FIFA）的区别》）的报告，实务性极强，且将体育仲裁的研究范围限缩在篮球仲裁法庭内。他提出，篮球仲裁法庭（BAT）在近十年的发展过程中，已经从一种创新的机制发展成一个能够快速且经济有效地解决合同纠纷的国际体育法庭。法庭的裁决逐渐建立了一种法律机制，即在专业背景下提炼与经常性问题相关的公平原则。篮球仲裁法庭（BAT），以前称为 FIBA 仲裁庭或 FAT，设立于 2007 年，其作为一个独立的法庭，高效便捷地解决合同纠纷（即篮球界产生的技术和非资格等相关争议）。[2]

希腊雅典 Kapodistrian 大学的博士生 Konstantinos Konstantinidis 所作的 Arbitration and Mediation in Sport Disputes, the Critical Role of the Third Party（《体育纠纷中的仲裁和调解——第三方的关键角色》）报告提出，在我们这个时代，体育运动已经吸引了越来越多的人，而由此衍生出的冲突也越发明显。利用体育仲裁处理体育纠纷是最常用的程序，但已经不能单纯依靠该程序解决所有体育冲突纠纷，而在仲裁失败的情况下，调解可能会更加有效。Konstantinos Konstantinidis 通过描述体育仲裁程序以及大量具有仲裁经验的国家和国际机构来介绍该观点背后的原因。此外，基于对运动员和员工的 40 次采访，以及作为调解员的专业和学术经验，其介绍了可用于体育纠纷的主要调

---

[1] Abbas Nazarian Madavani, "Ethical Behavior in Championship Sports", *ISLR Panadektis*, 12 (2018), pp. 394~395.

[2] Konstantinos Konstantinidis, "Arbitration and Mediation in Sport Disputes, the Critical Role of the Third Party", *ISLR Panadektis*, 12 (2018), pp. 339~348.

解机制。他表示调解能够满足当事人需求和提升纠纷解决效率，有可能节省时间和资源。"替代性争议解决"机制（Alternative Dispute Resolution，ADR）已经证明调解是各项纠纷冲突中较为有效的解决方式。它在职业体育领域的实施，无疑可以改善球员及其所服务的球队管理层之间的关系和表现。调解是一种争议解决程序，旨在保护团队和个人之间无形的尊严和尊重。第三方在调解过程中，可以更好地发挥公平公正的作用，而且最好是兼具法律和体育专业背景的第三方进行调解，可以起到更加专业的调解作用。[1]

五、体育法和大型体育赛事

在该专题的学术交流中，更是出现了很多新颖的体育法研究主题，其中尤为吸引人的，便是来自希腊伯罗奔尼撒大学的 Marios Papaloukas 教授发表的关于电子竞技的主题报告。新时代的背景下，电子竞技不仅在我国极其热门，在世界其他各国也广受追捧，Marios Papaloukas 教授就抓住了这个新视角，作出了题为 E-Sports Explosion：The Birth of Esports Law or merely a New Trend Driving Change in Traditional Sports Law?（《电子竞技热：是电子竞技法的诞生还是仅仅推动传统体育法改革的新趋势?》）的报告。其在报告中对电子竞技的性质、内容进行了梳理，也提出了将其定性为体育运动的理由。首先，在什么是电子竞技运动的问题上，他分析了电子竞技和体育运动的关系是什么，并对电子竞技是否是游戏进行了阐述。其次，结合 2017 年国际奥委会第 6 届奥林匹克峰会上关于电子竞技的相关讨论，他提出，有专家认为应当将电子竞技划归体育运动范畴，而且电子竞技选手应该和其他普通体育运动项目的运动员一样，进行有效的赛前准备和训练；此外，为了能够使国际奥林匹克委员会更好地将电子竞技定性为体育运动，电子竞技的内容必须严格把握奥林匹克精神，不得与其相悖。再次，谈及对电子竞技的监管，目前有一种趋势是联盟/广播机构监管，Twitch、FACEIT、ELEAGUE 和 ESL 等网络直播、电视、游戏平台参与了与特定游戏和锦标赛相关的规则和法规的推

---

[1] Konstantinos Konstantinidis, "Arbitration and Mediation in Sport Disputes, the Critical Role of the Third Party", *ISLR Panadektis*, 12 (2018), pp. 382~387.

出。ESL 在过去一年中特别活跃，其中包括参与世界电信运动协会（WESA）和电子竞技诚信联盟（ESIC）的创建。WESA 还首次与创建的电子竞技俱乐部建立了共同所有权结构。ESIC 是一个非营利性成员协会，其声称将关注电子竞技完整性问题，如比赛固定、博彩欺诈和兴奋剂。在电子竞技立法方面，其认为，虽然传统体育在很大程度上受内部自我监管（在必要时通过自律执法和最终诉诸地方法院的监管相结合的监管），但现实中仍有大量法律管辖传统体育，无论是法规、判例法，还是监管制度。目前无法确定电子竞技立法对电子竞技有多大意义。例如，在许多国家，电子竞技是否符合政府补助或者如何享受政府补助、税收减免甚至独特税收，都是暂未解决的问题。[1]

著者的报告也是在本专题中展开讨论，报告主题是 *Terrorism in Major Sports Events: Difficult in Protection and Solutions of Countermeasures*（《大型体育赛事暴恐犯罪：维安困境与应对策略》）。该报告内容主要参考美国波士顿马拉松爆炸案和俄罗斯索契冬奥会反恐维安的经验进行探讨并对大型体育赛事和恐怖主义的关系、体育赛事恐怖主义等内容进行了梳理。著者参照美国和俄罗斯的相关体育赛事安保、反恐的经验，提出了我国在举行大型体育赛事，尤其是筹备北京冬奥会等大型赛事过程中，要重视反恐的技术战略提升、反恐一线人员的能力培训以及《体育法》《中华人民共和国刑法》和《中华人民共和国反恐怖主义法》等法律法规的立法保障。[2]

希腊雅典 Kapodistrian 大学的体育法研究生 Aikaterini Asimakopoulou 所作的报告主题是 *Institutional Safety of Sports Events and Associated Organizations Case Study: Olympic Indoor Basketball Arena*（《体育赛事及相关组织的制度安全案例研究：奥林匹克室内篮球场馆》）。奥林匹克室内篮球场馆是欧洲现代化的篮球场之一，于 1995 年 6 月落成。它主要用于举办体育赛事、音乐会、会议和其他活动。室内篮球场馆分为六层，可在 10 分钟内疏散。体育设施管理者通过各种方式识别风险，他们可以对与会者进行调查分析，对设施进行检查

---

[1] Marios Papaloukas, "E-Sports Explosion: The Birth of Esports Law or merely a New Trend Driving Change in Traditional Sports Law?", *ISLR Panadektis*, 12 (2018), pp. 301~310.

[2] 冷纪岚、徐翔：《大型体育赛事暴恐犯罪：维安困境与应对策略——以台湾、波士顿、索契赛事经验为借鉴》，载《武汉体育学院学报》2019 年第 4 期。

评估，与当前员工面谈，或者询问现场专家。体育设施管理者必须解决风险识别中的主要和次要因素，以降低风险。其中，主要因素在标准操作程序中确定。设施工作人员属于主要因素。无人监督或训练不当的取票员、接待员或收银员可能会成为设施管理中的潜在风险。受过良好培训的员工，其接受过适当的风险管理程序培训，可以帮助风险经理识别潜在的风险。大多数体育设施面临的次要风险因素包括天气、事件类型、顾客人口统计和设施位置。奥林匹克室内篮球馆建设的安全保障形式值得我们其他大型体育赛事场馆在建设和维护过程中学习借鉴。[1]

第二节 改革开放四十年来我国体育法学科建设回顾与展望

从1978年党的十一届三中全会到2018年，改革开放已然走到第40个年头，我国的民主法治经历了历史性的变革，并且从最初的革新到现在的逐渐完善，彰显出新时代中国特色社会主义法治国家的优越性。这40年间，我国的法治建设成就显著，而体育法作为法治建设的一个环节，也逐渐从萌芽阶段走向稳步发展，进而带动了体育法学科的从无到有。这40年间关于体育法治和体育法学科建设的成就是值得我们认可的，但体育法学科的构建比体育法治的发展还要滞后些，需要我们加大力度，通过多条路径积极构建我国新时代背景下的体育法学科，完善法学学科体系。

一、改革开放四十年来我国体育法学科建设从无到有

（一）体育法治萌芽新出

1978年党的十一届三中全会的召开，逐渐推开了我国改革开放的大门，而新时期社会主义现代化建设以发展社会主义民主、加强社会主义法制为基本方针和重要任务。这次具有重要历史意义的革新，推动了我国各项事业的

---

〔1〕 Aikaterini Asimakopoulou, "Institutional Safety of Sports Events and Associated Organizations Case Study: Olympic Indoor Basketball Arena", *ISLR Panadektis*, 12（2018）, pp. 390~395.

飞速发展，对法治进程的推进也起到了重要作用。为了紧跟国家整体发展大局，体育行业在党和国家新时期发展战略的指引下，提出了专门的体育法制建设计划。随后便开始在诸多事件和政策的引导下，不断推进我国体育法治进程的发展与繁荣。

表1-1　1979~1984年激发体育法治萌芽的重要事件概览[1]

时间	重要事件	意义
1979年	我国奥委会合法地位得以恢复	促使我国体育在世界各国之中具有更强的开放地位，全球体育法治化进程也被我国体育管理层逐步认可
1980年	尽快草拟出我国第一部体育法草案的想法在这个时期得以提出	为了更好地贯彻落实该要求，我国领导层和相关专家学者开启了域外经验学习之路，对国外体育法制情况的研究开始出现
1983年	制定体育法的要求在国务院批转《国家体委关于进一步开创体育新局面的请示》中被进一步提及	对我国体育法治建设的政策指引起到了强有力的巩固作用，为后期《中华人民共和国体育法》的出台起到铺垫作用
1984年	我国第一次在洛杉矶奥运会上取得突破性的佳绩	使体育运动在社会中的影响力飞速提升，同时也加强了中央政府对体育法治进程的进一步重视
	党中央发布《关于进一步发展体育运动的通知》，加快我国体育事业发展步伐，全国人大常委会委员长强调尽快起草体育法	

通过表1-1，我们可以清晰得知，改革开放初期，中央政府就已经三次公开提及要推进体育立法的建设，可见体育法制建设在改革开放初期就已经受到了我国立法部门的重视。而且改革开放带动了包括体育事业等各类事业的恢复和发展，在这些事业的恢复、改革和发展中，加强立法和依法管控体育领域的各项事务的需求日趋明显，体育法治萌芽逐渐迸发。

随着改革开放的推进，我国法学研究也飞速发展，尤为突出的便是与法

---

〔1〕　于善旭：《改革开放以来我国体育法学研究的进程与评价》，载《河北师范大学学报（哲学社会科学版）》2012年第6期。

学相关的交叉学科的展开，如教育法学、科技法学、卫生法学等相关学科的研究，而体育与法学交叉后便衍生出了体育法学这一新兴研究学科，但这时的体育法学科还只是初露头角，只是在早期国外体育立法研究的基础上展开了些许研究，且研究成果数量较为有限。基于1980年早期提出的尽快草拟我国第一部体育法草案的要求，原国家体委政策研究室组织了一批专家学者团队，开始了对域外诸多国家体育法的翻译及研究工作，以期更好地借鉴国外体育法相关的先进经验。随后在一年的时间里，该研究团队共编印了10个国家的《外国体育法选编》，该成果以内参的形式上交给原国家体委领导和有关部门，供他们参考，同时相关部门也开始着手我国体育法草案的草拟工作，在这样加紧落实立法要求的背景下，我国《体育法》提要终于在1982年草拟出来。1984年，在我国体育法研究领域算得上突破性成果的域内第一篇体育法论著——《体育法学》，由天津体育学院的石刚在期刊上公开发表，该论著对后期体育法学研究的蓬勃发展具有极其重要的意义。1984年后，我国慢慢形成了较大范围的体育法问题研究，而《体育法》的制定进一步推进了体育法相关的深入研究。[1]

（二）体育法治稳步前行推进体育法学科从无到有

在改革开放初期的各类政策和研究的积极推动下，体育法治的发展渐渐步入正轨，并得到了稳步发展。

表1-2　1985~2018年推动体育法治稳步前行的重要事件概览

时间（年）	重要事件	意义
1985~1988	体育理论专家学者提出制定《体育法》的对策意见；学者们开启《中国体育法制建设的若干问题》的项目研究；体育领域管理层在这期间成立了《体育法》起草工作小组，该小组包括体育院校的学者和体育管理人士	为制定《体育法》提供了充分的前期准备和理论依据；在起草时贯彻了理论与实践相交融、体育与法制相融合的理念

---

[1] 于善旭：《改革开放以来我国体育法学研究的进程与评价》，载《河北师范大学学报（哲学社会科学版）》2012年第6期。

续表

时间（年）	重要事件	意义
1988~1998	当时全国体育行业的"二五"普法中专门增添了体育相关的法律法规教育宣传；原国家体委为了更好地促进《体育法》的立法工作，开展了体育法规体系和体育立法规划的探讨与研习；这段时期内《中华人民共和国体育法》终于在多年的研究与规划中予以颁布实施；体育法学被确定为体育学下设的二级学科，同时教育部也明确提出体育法学成为一门正式的课程	《中华人民共和国体育法》的颁布实施对体育法学研究和学科建设具有划时代的意义，以成文法的形式推动了体育与法律相关的诸多研究
1998~2008	2001年开展了足球领域的打假风潮；2008年北京奥运会成功举办	足球领域的打假风潮引发诸多关于体育赛事领域刑事犯罪的问题研究；北京奥运会的成功举办也带动了体育法领域的研究与发展，提升了体育法的学科地位
2008~2018	2009年新一轮足坛反赌打假风暴和司法介入处理的法制现实；2009年和2016年全国人大常委会两次对《体育法》做出部分修正	进一步助力体育法研究成果推陈出新，为后期提升和巩固体育法学科地位提供了更多的理论支撑；2009年和2016年对《体育法》的两次修正，虽然是对极少部分的条文进行修正，但对《体育法》以及体育法治的意义也是空前的，毕竟是多年来才进行的修正

从表1-2中可以看出，我国体育法治进程在改革开放40年间是稳步前行的，体育法治的稳步前行对体育法学科的兴起起到了积极引领的作用。体育法学科的出现，是基于体育相关的法律法规的出现和发展演变。随着体育法治的稳步前行和体育法学研究的兴起，体育法学科便悄无声息地从无到有。体育法学这一学科出现于我国近些年，它的研究对象主要是体育领域中的法律事件及规律、现象，该学科的出现完善了现有法学专业学科体系，使法学学科体系得到了新发展。该新兴学科在我国出现的时间较晚，但并未影响大

家对其研究的热情，刚一出现就引起了一些学者的关注，并逐渐形成了一定数量的科研成果。北京体育大学的吴礼文教授早在1987年便发表了《介绍一门新学科——体育法学》一文，在学术领域介绍了体育法学这一新兴学科的研究对象和内容等问题，并且提出了需要重视我国体育法学科建设方向问题、建立我国体育法学科体系问题研究的建议。[1]

除此之外，为了进一步推动该学科的发展，一些高校也逐渐开始开设体育法课程，并将其作为学校正常教学的一部分。早期开设体育法课程的高校以北京体育大学等几所体育专业类院校为主。除了开设课程，体育法学在科研方面的机遇也越来越多，国家级科研基金项目申报指南中也多次列出了体育法学相关的内容。[2] 体育法学科的建设也逐渐扩大至法学院校，武汉大学法学院、中国政法大学、河南财经政法大学等学校以必修和选修课的方式开设了体育法专业或者进行体育法课程教学，具体的体育法学科建设现状将在下文展开论述。

（三）体育法学科建设现状

体育法学科的建设在我国诸多高校早已有之，而且已经逐渐由本科教学向硕士研究生或者博士研究生教学发展，其走的是自下而上的路线，也有些高校选择的是自上而下的路线，即先建设博士研究生的体育法学科，然后逐渐向硕士、本科生发展。

就目前我国体育法学科建设现状而言，虽然体育法学科已经逐渐在各大高校普及，但还是以体育专业类院校开设为主，而且大部分是基于某个专业学科下设的体育法研究方向，真正设立体育法专业学科研究的还是少数，体育专业类院校一般是将体育法学设立在体育人文社会科学专业下，而法学院校则是以国际法、刑法、人权法、宪法与行政法专业下设体育法方向为主，例如，中国政法大学、清华大学法学院便是在宪法与行政法中招收体育法方向的研究生。而武汉大学法学院在这方面走在了各个学校的前列，2009年，武汉大学开始在法学一级博士点下自主设立"体育法学"二级博士点，并向

---

〔1〕 吴礼文：《介绍一门新学科——体育法学》，载《体育与科学》1987年第4期。
〔2〕 于善旭：《改革开放以来我国体育法学研究的进程与评价》，载《河北师范大学学报（哲学社会科学版）》2012年第6期。

教育部备案[1],至今已经陆陆续续为我国体育法领域输出了数名体育法专业博士研究生,为体育法学科建设输送了诸多专业性人才。不过值得注意的是,与国外体育法课程固定属于某个教研室不同,如意大利的米兰大学,体育法课程是依托于民法教研室开展教学[2],武汉大学法学院的体育法则无专门的教研室,而是基于国际法、刑法、人权法三大法学研究进行体育法的研究与教学。

表1-3 我国体育法学科建设现状汇总(不完全统计)[3]

体育/法学类院校	开设学校(院系)	最早开设时间	针对群体	研究方向	课程类型
法学院校	武汉大学法学院	2009年	体育法专业博士研究生	国际体育仲裁法	选修与必修课
				体育与人权法	
				体育竞技冲突的刑事解决机制	
	中国政法大学	2006年	本科、硕士、博士研究生	宪法与行政法	选修课
	山东大学法学院	2009年	研究生	国际体育法	选修课
	湘潭大学法学院	2010年	国际体育法方向硕士、博士研究生	国际体育法	选修课
	河南财经政法大学法学院	2014年	本科生		通识教育选修课
体育类院校	北京体育大学	1987年	本科与硕士研究生		选修与必修课

---

[1] 陈华荣:《体育法学路向何方——兼对中国体育法学发展现状与趋势的思考》,载《搏击(体育论坛)》2013年第7期。

[2] 赵毅:《以民法为中心的体育法——对意大利体育法教学与研究的初步观察》,载《体育与科学》2014年第5期。

[3] 本表的信息主要基于首都体育学院硕士研究生高岩2014年毕业论文《我国高校体育法课程开设现状与分析》中统计的一些信息,以及著者通过网上聊天咨询、查阅相关学校课程设置信息等路径统计而得,有些信息可能存在误差。

续表

体育/法学类院校	开设学校（院系）	最早开设时间	针对群体	研究方向	课程类型
体育类院校	天津体育学院	1998年	本科、硕士、博士研究生		选修与必修课
	首都体育学院	2000年	本科与硕士研究生		选修与必修课
	上海体育学院	1994年	本科、硕士、博士研究生		选修与必修课
	成都体育学院	2005年	本科		选修课
	西安体育学院	1998年	本科生、硕士研究生		选修课为主
	南京体育学院	2001年	硕士研究生		选修课
	陕西师范大学体育学院	2010年	本科、硕士研究生		选修课为主

法学院校中除了上述院校，著者还了解到，北京师范大学法学院曾经设置体育法课程，但仅是在2012年基于学校特殊支持的情况下，偶然针对全院研究生开设了一次《国际体育法》课程，后来并未继续开设该课程，也未再系统化建设该学科，因此著者未将该学校信息列在表1-3中。除了现有开设体育法课程的学校，还有一些学校正走在开设体育法课程的路上，如在法学专业领域号称"京城四少"的中国人民大学法学院，2017年11月特意邀请中国法学会体育法学研究会（中国体育法学研究会）会长刘岩先生、清华大学法学院体育法专家田思源教授、北京冬奥组委对外联络部综合处周玲处长、北京冬奥组委总策部研究室张国峰副主任等专家学者，在其学校召开了体育法课程建设研讨会，并在会上建议成立体育法研究机构，整合中国人民大学法学院各个专业师资，一起建设体育法学科和课程；[1]清华大学法学院也于2018年开始，在宪法与行政法专业内招收体育法方向的博士研究生；苏州大学王健法学院也于近期开设了专门的体育法课程供广大学生选修。这些体育法学科建设的后起新秀都将为我国体育法学科建设输送更多的新鲜血液。

---

[1]《我院召开体育法课程建设座谈会》，载中国人民大学法学院官网，http://www.law.ruc.edu.cn/article/? 53375.html，最后访问时间：2018年3月7日。

二、新时代体育法学科建设缺陷及必要性

(一) 新时代体育法学科建设缺陷

1. 体育法学科基础理论有待充实。基础理论对于学术研究的重要性是不可忽视的,而对于一个学科的建设而言更是重中之重。基础理论是学科建设的基石,正如美国社会学家赖特·米尔斯所言:"没有资料的理论是空洞的,没有理论的资料是盲目的。"[1]这句话虽然是针对具体的理论与学术研究之间的关系而言的,但在理论与学科的关系上也同样适用。理论支撑起了研究,并且逐步提升了研究的层次,扩充出更多的研究成果也有利于建设更完善的学科体系。就我国体育法学科中基础理论的充实程度而言,有学者通过对2002~2012年间278篇体育法学CSSCI核心论文的2250个法学类引注进行整理,分析了体育法研究中涉及的法学理论概况,从而发现,在法学类引证中,体育法学科的内部有效引证总数是403个,占总引证的17.91%。诸多法学专业中,法理学、国际法学、诉讼法学三个学科的引证数排在前列,分别占法学引证的18.36%、16.04%、15.42%。而民商法学、知识产权法学、行政法学、刑法学相对较少,比例分别为8.58%、7.82%、6.62%、6.04%。经济法只有71个,仅占总数的3.16%。[2]上述发现暗示了体育法学科建设中的理论结构还不够合理、基础理论薄弱等问题。

此外,我国体育法学科主要是以借鉴与其相关的其他学科的理论研究成果以及国外先进成果为基础,逐渐形成的我国体育法学的理论体系,并不像一般学科的理论,即通过由粗到精、由零碎到系统而建设的。[3]在这样的理论架构建设过程中,我国体育法学起初主要集中研究体育法制建设总框架方面的理论支撑内容,而针对体育领域发生的具体纠纷问题的研究还有所匮

---

[1] 杨雪冬等:《中国政治研究:田野经验与理论范式(笔谈)》,载《华东师范大学学报(哲学社会科学版)》2017年第1期。

[2] 张健:《论法学二级学科对体育法学研究的影响——对278篇CSSCI核心期刊体育法学论文引证的调查》,载《武汉体育学院学报》2013年第6期。

[3] 陈荣梅、孙国友:《我国体育法学理论生成方式研究》,载《天津体育学院学报》2014年第3期。

乏。[1]近几年才逐渐发散至各类体育领域具体的法律问题研究及理论建树，但至今还未形成系统化的体育法基础理论，正如浙江大学光华法学院的张健博士的调研结果，体育法中与法理学、国际法学、诉讼法学相关的理论要比经济法的充实些，并且当前我国体育法学理论体系主要是基于西方传统法律体系理论所构建。[2]大量借鉴西方有关体育法研究方面的理论、原则等来对我国的体育法理论加以充实，这恰恰暴露出我国体育法基础理论自身的短板，对此还需要增强与完善。

2. 体育法学科开设普遍性不强。虽然体育法学科在改革开放这40年里从无到有，从少到多，但普遍性较其他常规法学学科或者体育学学科而言还不够普及，只是在少数体育院校和法学院系设有体育法学科，而在法学院系设置的情况可谓寥寥无几。通过前文关于体育法学科开设现状的整理可以发现，专业类法学院院校中目前只有中国政法大学、武汉大学法学院、河南财经政法大学法学院开设了体育法课程，体育院校中也仅有以北京体育大学为首的七大体育专业类院校开设了体育法专业课程，而且还多以选修课形式面向本科生开设为主。根据教育部发布的《2017年正规大学名单》得知，截至2017年5月31日，全国高等学校共计2914所，其中有普通高等学校2631所（含独立学院265所），成人高等学校283所。除去265所独立学院和283所成人高等学校，全国高等学校共计2366所，但开设了体育法课程的学校在这么庞大的基数中仅占据一个非常小的比例。再缩小一下范围，据网上统计，截至2017年，全国开设法学专业的高校有628所，开设体育专业的高校有305所，二者合计是933所高校。[3]由此可见，仅在设有法学专业和体育专业的高校中设置体育法学科，其潜力都是不可估量的，进一步表现出我国当前体育法学科开设的普遍性还不强。

3. 当前体育法学科设置合理性欠缺。有些学校仅有体育法专业高层次人

---

[1] 韩勇：《体育与法律：体育纠纷案例评析》，人民体育出版社2006年版。

[2] 贾文彤：《再论我国体育法体系的建构——软法视角切入》，载《南京体育学院学报（社会科学版）》2010年第2期。

[3] 《哪些大学有体育教育专业——开设体育教育专业的大学名单一览表》，载大学生必备网，https://www.dxsbb.com/news/9811.html，最后访问时间：2018年3月7日。

士培养模式，即只有硕士研究生或者博士研究生的培养，却缺少体育法专业本科生的培养，这是存在学科教育断层的表现。虽然一个学科的建设存在基础教育培养和科研教育培养之分，而研究生类的高层次人才培养模式想必是后者的学科建设形式，但著者认为，如果仅有高层次人才的培养以及教学模式，可能会导致一个学科建设的根基不牢固，受教群体缺乏相关学科的教育基础，不利于高层次人才的深造培养。

(二) 新时代体育法学科完善之必要性

1. 践行依法治国理念的不二体现。从十八届三中全会再次强调依法治国理念开始，全国上下的法治化进程便快速发展，十九大上，习近平总书记再次强调了依法治国不仅是党领导人民治理国家的基本方式，还是中国特色社会主义的本质要求和重要保障，更是实现国家治理体系和治理能力现代化的必然要求。这就彰显出我国各项事业都需要法治化的管理和支持，体育行业的诸多事宜亦是如此。而依法治国的前提是要有法可依，就依法治体而言，我国现在虽然有了成文的《体育法》，但该法自 1995 年至今仅仅修订过两次，而且都是很小部分的修改，这与快速发展的新时代中国相比，无疑是滞后的。完善体育法学科建设不仅是对一个学科的逐渐优化，还可以带动该学科诸多与时俱进的科研发展以及科研理论成果的充实，同时为立法、执法等内容提供充实而科学的理论支撑，形成相互促进的良性循环。因此，完善体育法学科建设就是为了更好地依法治体、依法治国，是践行依法治国理念的一大体现。

2. 建设新时代体育强国的助推力。在十九大报告中，习近平总书记两次提到体育相关内容，并且明确提出加快推进体育强国建设。在推进体育强国建设中，必然要对体育事业和相关技术加以重视，将体育事业融入实现"两个一百年"奋斗目标的大格局中。在融合新的体育理念的情况下，要想推动各类体育运动和体育产业协调发展，还要重视以人民群众为主体的全民健身事业，对北京冬奥会相关的各项筹办工作也要加以重视。在推进体育本身的建设与提升过程中，体育法学科的建设可以为这些事宜提供助推力。在体育事业发展过程中，难免会发生法律纠纷，这便需要更多的法律专业人士参与其中，提供专业的法律建议与对策，体育法学科的建设便可以培养出越来越多的体育法专业性人才，为新时代体育强国的建设予以法学专业人才保障，与体育事业和技术的发展形成双效路径，共同为构建新时代体育强国贡献力量。

3. 完善法学学科体系建设的必要选择。当前法学专业作为一个大众学科，在各个院校的建设已然日趋完善，但随着社会的快速发展，不断延伸出新兴的法学问题，并逐渐形成研究热点，这便促成了一个新兴的学科的诞生。体育法学科便是如此，当体育法问题逐渐成为理论研究和实践过程中常发纠纷时，便需要重视该学科的建设，而对体育法学科的建设也就是对法学专业整个大学科体系的建设和完善，可以有效弥补法学学科体系建设的漏洞和滞后性。

三、新时代体育法学科建设展望

（一）充实体育法学科基础理论与普及基础理论教育并举

第一，要想科学建设一个新兴学科，对其基础理论的巩固和充实是极其重要的，理论根基打不深，学科建设必然不牢固，很难得到长远发展。体育法学的应用性很强，但理论与实践是不可分割的，需要理论引导实践，因此，在充实体育法基础理论时，可以在对已有理论观点进行补充与扩展的基础上，深刻把握其交叉学科的理论观点，对那些相交叉的学科理论观点予以借鉴和延伸，并推陈出新，不能仅是拿来主义。在充实体育法学科基础理论时，要重视对体育法学科发展的引领、对体育法律现象的解释、提供体育纠纷的具体解决方案等。[1]除此之外，还要重视实证调研的方法，毕竟理论指导实践也源于实践，通过实证调研的方式充实理论基础也是一种科学的方式；在充实体育法理论基础时，还要借鉴国外先进经验和理论成果，但借鉴的同时也要去粗取精、去伪存真，结合具体国情加以采纳。

第二，在充实理论基础的同时，还需要积极普及基础理论教育。基础理论不仅可以帮助研究推陈出新，形成理论指导实践、实践回馈新的理论的良

---

[1] 贾文彤、马国强、郝军龙：《构建我国体育法学理论体系的若干问题研究》，载《河北师范大学学报（自然科学版）》2007年第6期。

性循环，还可以对培养体育法人才起到积极作用，大幅提升体育法人才的理论水平，形成良性循环，最终推动新时代体育法学科的建设。

（二）扩大各大院校体育法学科建设范围

我国各大高校的类型主要有综合型的高校和专业型的高校，此处提及的专业型高校主要指法学专业型和体育专业型，在此将综合型高校中的法学院和体育学院统称为法学专业类院校和体育专业类院校。扩大各大院校体育法学科建设范围，主要是针对当前体育法学科建设整体以体育专业类院校居多、法学专业类院校较少的现状提出的。

体育法学本身是法学专业和体育专业结合的交叉性学科，在这两类专业型高校中开设理所当然，但在著者看来，体育法学科地位若想得到更大的提升，就应该在各个院校扩大建设体育法学科范围的同时，重点在法学专业类院校建设该学科。因为体育法虽然是体育与法的结合，但重点应该放在"法"上。在我国新时代的法治国家建设中，依法治国的理念得到普及，依法治体亦是如此，体育法就是为了更好利用法律解决体育领域的相关问题，因此，对"法"的重视程度应当更高一些。而且在体育学院开设的体育法课程，主要以普法为主；针对法学院的本科生，如果受到教学时间的限制，也可以利用普法方式进行，但法学专业类院校可以增加诸多体育法律问题讨论类的教育模式，而且可以更好地把握体育法学的理论知识学习。

除此之外，在建设各大院校体育法学科的路径中，可以选择以基地、研究中心为依托的模式，这也是当前我国很多院校采用的模式之一，即建设体育法研究中心。这种方式可以利用基地、研究中心的高精尖平台，产出更多含金量高的前沿性科研成果，正验证了那句"学科基地是学科建设的依托，项目是学科建设的载体"[1]。现代学科的建设确实难以和学科基地脱离，世界各国的一流大学在学科建设方面，对高水平的学科基地构建都是非常重视的，这方面在理工科体现得最明显，我国设立了诸多国家重点实验室、国家专业实验室、国家工程中心等[2]。就法学专业而言，各大高校也在逐渐构建

---

[1] 刘献君：《论高校学科建设》载《高等教育研究》2000年第5期。
[2] 彭庆文：《对综合性普通高校体育学科建设的若干思考》，载《体育学刊》2011年第6期。

诸如刑事法学研究中心、国际法所、反恐怖主义研究中心之类的专业类研究基地，体育法研究中心也在一些院校逐渐设立，但同时也需要逐渐扩大其范围和影响力，此外，可以利用名牌大学的体育法研究中心去体育法学科建设相对落后的学校建设分基地、分中心，依托这些体育法研究中心申报学科内前沿性、高级别的课题，通过组织跨学科学术研讨等方式，带动体育法学科建设迈向更远方。

（三）完善体育法本、硕、博学科合理建设

完善体育法本、硕、博学科合理建设，主要是强调在本、硕、博三个阶段将体育法学科教育予以普及，尽量避免断层式学科建设。完善三个阶段的体育法学科建设主要有两种模式，一种是自下而上的本科、硕士、博士逐级普及深化；另一种是先进行博士的体育法学科建设再逐级向下普及的自上而下的模式，武汉大学法学院便是先在博士研究生群体中开展体育法学科教育，但至今还未向硕士、本科生普及。相比较而言，著者更倾向于自下而上的学科构建模式，即从本科教育到硕士、博士这样的提升式教学机制，打好本科专业教育的基础，对后期硕士、博士等高层次人才的培养、教育可以起到积极的引导作用。自上而下的学科建设模式可以在某个特殊阶段予以采用，该特殊阶段主要是指一个学科刚刚兴起，急需大量高层次人才参与到相关的科研活动当中，进而尽快地提升该学科的地位。但是，体育法学科的从无到有已经历经几十年的洗礼，已然从特殊阶段脱颖而出，是时候回归到自下而上的学科建设模式之中了，而先前在特殊阶段采用了自上而下的学科建设模式的高校，也应当开始从高层次人才教育模式逐渐向硕士、本科生教育普及，进而提升体育法学科的整体性。

在完善本、硕、博三个阶段的体育法学科建设的同时，也要区分重点培养对象，可以将研究生教育阶段定为重点培养环节，而且可以尽量多培养跨学科的体育法人才。在体育法专业硕士或者博士研究生招生时，可以适当考虑学生的体育专业背景和法学专业背景，更加有利于为体育法学科建设培养人才，具体而言，如果是体育类院校招收体育法专业的硕士、博士研究生，可以多考虑学生的法学专业背景，招收学生后，可以利用学生的法学基础知识，结合体育院校体育专业的强势地位，提升院校自身体育法学科的科研成果和整体地位;而法学院专业类院校在招收硕士、博士研究生时,可以适当考量学生的体育专业背景,这样可以利用学生掌握的体育专业背景,结合法学院校强有力的法学专业背景,提升体育法学科在法学院校中的地位,最终同样可以实现各大院校体育法学科的普及和快速发展。

(四)遴选学科带头人,建立长效的组织管理机制

学科带头人在一个学科的建设和发展中起着至关重要的作用。之所以称为学科带头人,就是这样的人才在学科中能够起到带动团队长远发展的作用,学科带头人具有长远的眼光、深厚的理论功底,有利于组建较为庞大的科研团队。在学科建设中,教师的作用是极其关键的,尤其是大师级的专家,在学科建设与发展过程中,一个常见的现象是学科带头人在哪里,哪里就能拥有对应的强势学科,学科带头人被挖走,该校的该学科就面临着分崩离析。学科带头人能够很容易地将其学科提升至精品化研究,进而扩大该学科的影响力。对于学科带头人的遴选必须审慎,这类人才往往是少而精的,可以采用本校培养和从外引进的双效路径挑选学科带头人,有了学科带头人,组织相应的学科骨干队伍就可以水到渠成,有的从外引进的学科带头人甚至可以直接把他的科研团队一并带来,这都为本校的学科建设提供了绝佳的机会。当体育法学科中具有这样优秀的科研团队后,需要的就是对竞争和激励机制的完善,由此才能激励团队积极为该学科做出更多贡献,培养出一代又一代的学科人才,长此以往,体育法学科的地位必然会得到提升。

本文原载于《武汉体育学院学报》2018年第8期

第三节 新法学视阈下体育法学专业建设与人才培养再探讨

体育法学相较于主流法学专业而言,鲜为人知。顾名思义,其是体育学专业和法学专业有机结合所形成的新兴交叉学科。体育法学的出现和快速发展,与当下倡导体育法治的呼声遥相呼应。尤其在2020年2月"孙杨案"第一次仲裁结果公布后,体育法学进一步引起了广大群体的关注。体育法学专

业作为一门新兴学科，是研究体育法及其法治规律的法学学科，毋庸置疑，其属于法学范畴，并与法学其他学科有着紧密的联系，同时与体育人文社会科学也有着密切的联系。[1]体育法学早已受到体育和法学专业院校的关注，早在2014年，就有学者发表了《在路上：中国体育法学向何处去?》的文章[2]，强调了体育法学的重要性，随即2015年有学者以前述文章为蓝本，结合大量文献，指明我国体育法学是在路上了，但仅仅刚上路，盖因体育法学国际化程度较低。[3]著者也曾对改革开放40年来我国体育法学科建设展开研究，但到目前为止，体育法学专业尚未像其他部门法学一样，在法学院校成为普遍性的专业学科。2018年，习近平总书记提出了全面依法治国新理念、新思想、新战略。基于此，时任教育部部长的陈宝生同志指出要"建设高水平本科教育，必须强化创新精神，大力发展'四新'"，着力突破学科屏障，推动学科融合、专业融合育人。这些都为建设"新法学"指明了前进的方向，也突显出"新法学"建设的紧迫性。借助"新法学"建设的有利东风，和体育领域法律纠纷的增加，以及2022年6月对《中华人民共和国体育法》的修订，体育法学专业建设有望更进一筹。为此，基于"新法学"建设的有利形势，著者特再次对体育法学专业建设和体育法治人才培养展开研究。

一、新法学的重要价值和体育法学专业建设的必要性

（一）新法学的科学内涵及其价值

1. 新法学的科学内涵。法学是哲学社会科学中一门重要的学科专业，历史悠久且体系化极强。但法律作为法学的研究对象，具有滞后性，这也导致法学研究有时也具有一定的滞后性。在"新文科"建设的推动下，"新法学"逐渐映入眼帘。无论是现如今的"新法学"还是以往的传统法学，都具有法学的基本属性，都是以法律规定和现实中的法律问题为研究对象，发挥其化解纠纷、培养法治人才等的效能。若想"新法学"发挥其所追求的质效，就必须深刻把握其"新"的内涵，而体育法学和新法学的"新"内涵具有高度

---

[1] 董小龙、郭春玲主编：《体育法学》，法律出版社2018年版，第8页。
[2] 韩勇：《在路上：中国体育法学向何处去?》，载《体育与科学》2014年第6期。
[3] 贾文彤：《刚刚在路上：再论中国体育法学向何处去》，载《体育与科学》2015年第5期。

契合性。笔者认为,"新法学"的"新"主要表现在新思想、新体系和新思路三大方面。详言之,其一,新思想方面,"新法学"吸收了习近平新时代中国特色社会主义思想以及习近平法治思想的新内容,尤其是习近平法治思想,其中专门论及法学教育的新理念、新思想和新战略的内容,是法学教育改革发展和法治人才培养的指导思想和行动指南,为法学教育的发展开辟了新时代;[1]其二,新体系方面,新法学的"新"主要体现在法学知识体系、法学学术体系和法学话语体系等方面,基于此,新法学萌生出新的课程体系,同时还激发了新的话语体系;其三,新思路方面,新法学打破传统法学的壁垒,紧密围绕法学的开放性和综合性特征,加快拓展"法学+"专业和学科建设的新思路。

2. 新法学的重要价值。第一,新法学建设是习近平法治思想的重要实践。习近平法治思想在2020年首次公开,并被确立为全面依法治国的指导思想。习近平法治思想为全面依法治国工作提出了11个方面的要求[2],这些要求都突出了人的要素在全面依法治国中的决定性作用。习近平总书记历来重视法学教育,习近平法治思想中也蕴含了法学教育理论的内涵和要求。习近平法治思想中的法学教育理论具有人民性、人本性、时代性和实践性。[3]新法学建设便具有这些特性,其是习近平法治思想的重要实践。尤其对于时代性和实践性而言,新法学突破了传统法学的理念和方式,与时俱进地推动各类新型法学专业建设,同时引导这些专业培养高质量法律人才以服务法律实践,以解决新时代中的新兴法律问题。

第二,新法学有助于完善法学专业体系。当前法学专业作为一个大众学科,在各个院校的建设已日趋完善,但随着社会经济的快速发展,不断延伸出新兴法学问题,并逐渐形成研究热点,这便加快了新型法学专业和学科的诞生。体育法学专业便是如此。当体育法相关问题逐渐成为理论研究和实践

---

[1] 杨宗科:《习近平法治思想是建设新法学的根本指导思想》,载《法治日报》2021年9月15日,第9版。

[2] 赵承等:《为千秋伟业夯基固本——习近平法治思想引领新时代全面依法治国纪实》,载《台声》2020年第23期。

[3] 王琦、张晓凤:《习近平法治思想中的法学教育理论》,载《海南大学学报(人文社会科学版)》2021年第5期。

过程中常发纠纷时,便需要重视该专业和学科的建设。对体育法专业的建设也是对整个法学专业体系的建设和完善。除了体育法学专业,新法学建设中还会推动诸如娱乐法学、科技法学、人工智能法学等新型交叉法学专业的建设,这些新型交叉法学专业的建设可以有效弥补传统法学专业体系建设中存在的空白和滞后性,与时俱进地为新时代法治建设提供坚实后盾。

第三,新法学有助于体育法治人才的全面培养。2017年5月3日,习近平总书记考察中国政法大学时强调,"坚持以马克思主义法学思想和中国特色社会主义法治理论为指导,立德树人,德法兼修,培养大批高素质法治人才"[1]。社会各个领域都难以避免出现法律纠纷,新法学建设推动新型法学专业发展的直接结果,便是扩大了各类新型法治人才的培养。体育法治人才便是其中一类重要人才。新法学建设必然会提高国家对体育法治人才培养的重视程度,继而推动体育法治人才的全面培养,充实体育法律服务队伍。

(二) 体育法学专业建设的必要性

1. "新文科""新法学"建设的必然趋势。无论是"新文科"还是"新法学",都大力倡导"新型交叉学科"的建设。而体育法学是"法学+体育"的结合,并且还可细化为"理论法学+法学+体育社会科学"和"应用法学+法学+体育社会科学"。体育法学专业,对传统法学专业和传统体育学专业而言,都是"新"的体现。在"新文科""新法学"的共同推动下,法学院校建设"体育法学"专业必将成为一大趋势,而体育院校在"新文科"的影响下,亦会推动"体育法学"这一新型交叉专业的广泛设立。

2. 新时代化解体育纠纷的紧迫需求。法学是一门和社会实践紧密结合的专业、学科。医学可以治病救人,而法学可以治理国家,解决国家治理中的各类纠纷问题。法学的问题意识极强,很多时候是借由问题,即纠纷、冲突,突出法学的重要作用。体育法学专业既然是新型交叉法学专业,自然具有法学专业解决纠纷的一般特征。这正是在现实体育纠纷多发状态下急需的专业、学科。2020年2月,国际体育仲裁院对孙杨"暴力抗检"所作出的禁赛8年

---

[1]《立德树人德法兼修抓好法治人才培养 励志勤学刻苦磨炼促进青年成长进步》,载《人民日报》2017年5月4日,第1版。

裁决轰动了国内体育圈，也在全国引起了轩然大波。从该案的发生到2021年6月，国际体育仲裁院宣布"对孙杨禁赛减为4年3个月"的重审结果，这整个过程中都少不了法律人的斡旋，最终经过无数人的努力，才使孙杨获得了"减刑"的机会。该案的影响不仅在于让大众初步了解了体育法，也在一定程度上显示出我国体育法律服务队伍整体上较为薄弱，需要加快建立体育法律服务体系，[1]壮大我国体育法治人才队伍。而壮大的重要路径之一，就是通过高校广泛设立体育法学专业的基本教育方式，从源头上培养体育法治人才，充实体育法律服务队伍。

3. 新时代中国特色体育法治道路的必然追求。新时代背景下，中国特色社会主义法律体系日趋完善，全国上下全面推动依法治国，积极构建法治中国。针对体育法治，我们也将走出一条中国特色体育法治之路。我国在1995年就制定颁布了《体育法》，作为体育法治的首部法律，《体育法》指导着我国体育领域的法律治理工作，并且经过27年的努力，我国在2022年6月完成了对《体育法》的大规模修改。除此之外，我国还有《全民健身条例》《反兴奋剂条例》等广义的体育法律法规，共同构成中国特色体育法律体系。在有相关立法制度的基础上，必然少不了对体育法学专业的建设。通过建设完备的体育法学专业，方可提升体育法学研究的理论水平，扩大体育法治人才队伍，继而反向推动中国特色体育法治体系的完善。现如今，我国体育法治体系较为滞后，需要坚实的体育法学研究和优秀的体育法治人才为中国特色体育法治输送血液，以建立科学完备的体育法治体系，深入贯彻依法治国、依法治体理念。故此，加强体育法学专业建设是新时代中国特色体育法治道路的必然追求，必须加以重视。

二、体育法学专业建设的实践路径

（一）体育法学作为交叉学科的定性

体育法学和民法、刑法、行政法等传统部门法学专业有所区别，体育法学是"体育+法律"，是体育学和法学的交叉学科，且是广义"法学"的交

---

[1] 袁钢：《加快建设体育法律服务体系》，载《成都体育学院学报》2021年第2期。

叉，包含各类部门法学。传统的部门法学专业，无论是民商法学专业还是刑法学专业，都有自己明确、特定的研究对象和范围，特定、专属的研究对象和范围决定了学科的法律定性和学科定位[1]。虽然有些部门法学专业之间也会存在交叉，如动态的"行刑交叉"就是常见现象，但是从学科本身而言，行政法学专业和刑法学专业还是"泾渭分明"的，不存在静态上的交叉。而体育法学涵盖了体育领域的各类法学问题，少不了各部门法的参与，如涉兴奋剂滥用的问题，一方面涉及兴奋剂犯罪的问题，一方面涉及兴奋剂处罚和救济的程序性问题，相对应地，就需要刑法和国际私法的介入。一些法学院校开展体育法学专业建设时，也是基于其交叉性设立研究方向及课程的，如武汉大学法学院设立了"体育与刑法""体育与人权法""体育与国际法"的研究方向以及相关专业课程；中国政法大学是在宪法与行政法专业下设体育法方向。故无论是从理论还是实践层面，都可以证明体育法是一门典型的交叉学科。

（二）中国体育法学专业建设的具体路径

目前我国真正建立起较为完善的体育法学专业体系的高校较少，但有不少高校基于体育法学专业的交叉学科属性，逐步开设了体育法学专业课程，以期为体育法学专业建设打好基础。而体育法学课程设置的具体路径主要有两种，第一种是在体育专业院系开设体育法学专业课程，第二种便是在法学专业院系开设体育法学专业课程。此外，还有院校专门设立了体育法学研究中心，基于该研究中心单独建设体育法专业，或者和体育院系或法学院系联合建设体育法学专业。

具体而言，以第一种方式的建设成果来看，现已形成了以北京体育大学为首的多所体育类专业院系和综合院校中的体育院系开设体育法学专业的盛况。此外，关于体育法学专业的早期探索，也是从体育院系萌芽而出（详见表1-4）。

---

[1] 王林：《新文科背景下的国家安全法学专业建设与人才培养探究》，载《情报杂志》2021年第10期。

表 1-4 我国体育专业院校体育法学专业课程设置现状汇总[1]

开设学校（院系）	针对群体	研究方向	课程类型
北京体育大学	本科生、硕士研究生	体育人文社会科学	选修与必修课
天津体育学院	本科生，硕士、博士研究生	体育人文社会科学	选修与必修课
首都体育学院	本科生、硕士研究生	体育人文社会科学	选修与必修课
上海体育学院	本科生，硕士、博士研究生	体育人文社会科学	选修与必修课
成都体育学院	本科生	体育人文社会科学	选修课
西安体育学院	本科生、硕士研究生	体育人文社会科学	选修课为主
南京体育学院	硕士研究生	体育人文社会科学	选修课
苏州大学体育学院	本科生	体育人文社会科学	专业选修课
陕西师范大学体育学院	本科生、硕士研究生	体育人文社会科学	选修课为主
广西师范大学体育学院	硕士研究生	体育人文社会科学	专向课程

通过调研和梳理相关研究文献得知，早在 1987 年，北京体育大学就已率先在体育管理学本科专业开设体育法必修课程[2]；随后，天津体育学院正式在硕士研究生课程中设立体育法学专业课程，同时也开始了体育法学本科生教育；上海体育学院、首都体育学院、成都体育学院、西安体育学院也相继开设了体育法学专业课程，并逐渐增加体育法专业课程的种类。一些综合类院校的体育院系也设置有体育法专业课程，例如，陕西师范大学体育学院和呼伦贝尔学院体育学院就为本科生和研究生设立了体育法专业课程。基于体育法学专业课程的建设，有一些体育类高校已初步形成了体育法学专业体系，不过暂时仍需要依托体育人文社会科学或者体育管理学等学科开展相关教学、科研工作。

再看第二种建设方式，即在法学专业院系设立体育法学专业课程（详见表 1-5）。从中国政法大学 2006 年最先在法学院系开设体育法学专业课程开始，到西北政法大学于 2020 年下半年开设体育法学专业课程，在这 14 年间，

---

[1] 相关调研结果表述如与具体实践存在偏差，敬请见谅。
[2] 高岩：《我国高校体育法课程开设现状与分析》，首都体育学院 2014 年硕士学位论文。

越来越多的法学院校开始重视体育法学专业课程的设置，不过该课程的设置在全国占比仍然非常低。也有不少院校已初步形成体育法学专业培养体系，比如，中国政法大学就形成了体育法学专业硕士研究生、博士研究生的专业培训体系；武汉大学法学院则进一步创设出体育法学博士专业学位，为体育法学专业建设和人才培养提供了宝贵经验。

表1-5 我国法学院校体育法学专业建设现状汇总[1]

开设学校（院系）	针对群体	研究方向	课程类型
武汉大学法学院	体育法专业博士研究生	国际体育仲裁法	专业必修与选修课
		体育与人权法	
		体育竞技冲突的刑事解决机制	
中国政法大学	本科生、硕士、博士研究生	宪法与行政法	专业必修与选修课
清华大学	硕士、博士研究生	宪法与行政法	专业选修课
山东大学法学院	硕士研究生	国际体育法	选修课
湘潭大学法学院	国际体育法方向硕士、博士研究生	国际体育法	选修课
上海政法学院	本科生、硕士研究生		专业必修与选修课
苏州大学王健法学院	博士研究生	民商法学	
西北政法大学	硕士研究生		必修课
河南财经政法大学法学院	本科生		通识教育选修课

第三种是通过体育法研究中心的设立带动体育法专业的设立。目前我国有二十几所高校都建立了体育法研究机构，如天津体育学院、中国政法大学、武汉大学、西安体育学院、中南财经政法大学、山东大学、北京大学、湘潭大学、复旦大学、沈阳体育学院、上海政法学院、河北师范大学、华东政法

---

[1] 相关调研结果如与具体实践存在偏差，敬请见谅。

大学、清华大学、首都体育学院、北京外国语大学、西南政法大学、山东大学威海分校、北京体育大学等，都成立了体育法研究中心。[1]研究中心的设立，有利于带动体育法学专业的建设和体育法治人才的培养，为我国体育治理提供越来越多的体育法治人才。

三、体育法学人才培养机制构想

（一）融合式德法兼修高素质体育法治人才培养

在坚持和发展中国特色社会主义，坚定不移走中国特色社会主义法治道路的过程中，"德法兼修"的高素质人才发挥着极其重要的作用。而在体育治理的环节，"德法兼修"的体育法治人才便可谓中流砥柱。习近平法治思想是习近平新时代中国特色社会主义思想的重要组成部分，其建立了全面依法治国、"德法兼修"高素质人才、坚持和发展中国特色社会主义的内在关联。[2]

各大高校积极培养"德法兼修"体育法治人才，是对习近平法治思想的伟大实践。法治不仅体现为"依法治国、依法执政、依法行政"等关键环节，而且贯穿"科学立法、严格执法、公正司法、全民守法"的全过程。具备良好法治素养的人才，是助推法治国家建设的重要动力。而各个领域内人才的法治素养可谓国家法治水平的重要表征。基本法律知识的更新，可以通过日常生活实践和常态化的法制宣传教育得以实现，但法治意识、法治思维、法治精神的塑造，需要学校教育尤其是高等教育的专业训练和培养。故高校作为培养德、智、体、美、劳全面发展高素质人才的主阵地，不仅要抓好法学专业学生的培养，而且要转变观念，推进法治教育向所有学生进行深层次覆盖。尤其要基于"德法兼修"的培养模式，开展融合式德法兼修高素质法治人才和体育法治人才培养。

所谓"融合式德法兼修"，是指强调打破人才培养壁垒，建立融合式、共

---

[1] 徐翔：《改革开放四十年来我国体育法学科建设回顾与展望》，载《武汉体育学院学报》2018年第8期。

[2] 梁平：《新时代"德法兼修"法治人才培养——基于习近平法治思想的时代意蕴》，载《湖北社会科学》2021年第2期。

享式的"德法兼修"法治人才培养机制。[1]"融合式德法兼修"模式突破了常规专业的学科界限，加强了传统法学专业和其他专业的融合。体育法治人才作为新法学建设的时代产物，是交叉学科中专业的人才，正符合这种培养模式的内涵。因此要积极推动校际、院际资源的融合共享，以"一流法学资源""一流体育学资源"联合培养卓越体育法治人才。在此，可以借鉴武汉大学和武汉体育学院早期的高质量校际合作，培养了不少体育法治人才；中国政法大学和苏州大学法学院以及体育部、体育学院的高质量合作，亦培养了不少体育法治人才。此外，当前我国高等教育资源仍存在不平衡现象，故还可以加强校际、院际学术互动交流，邀请知名专家学者进校园或跨学院互动交流，面向全校师生举办学术报告，以拓宽学生视野、增强学生信心。如西北政法大学人权研究中心创设的"跨学科研究青年学者工作坊"，有效结合各个学院教师的研究专长，开展互动交流，为在校学生提供跨学科的学习和交流机会。体育法治人才的培养，学科专业交叉性较强，至少需要法学和体育学的资源和人才融合，所以，基于此模式，可以加强体育专业院校和法学专业院校以及各高校内部体育院系和法学院系的交流和互动，联合培养出高质量的"德法兼修"体育法治人才。

（二）加强精英型体育法治人才培养

体育法学是一门新兴的交叉学科，任何学科的发展都要经历一个从试点到发展壮大、全面铺开的过程，体育法学专业的建设也要遵循学科的发展规律，步子不能迈得太大。我国体育法治人才培养模式应该走精英型的道路，前期以研究生教育为主，而且要严格控制招生规模，待后期时机成熟时再发展本科教育。一方面是为了发展完善体育法学的基础理论和专业体系，另一方面是为了给体育法学就业问题提供充足的缓冲空间，如果初期就培养和鼓励大量本科生毕业后直接步入体育法律服务行业，由于就业市场对体育法学专业并没有充分的认识，很难保证其能够成功消化大量的就业需求。因此，前期可以采取精英型体育法治人才培养的模式，一方面可以避免短时间内的

---

[1] 梁平：《新时代"德法兼修"法治人才培养——基于习近平法治思想的时代意蕴》，载《湖北社会科学》2021年第2期。

就业困境，另一方面可以通过精英化的培养完善体育法学基础理论和专业体系建设，为我国体育法治建设提供坚实后盾。具体而言，在本科普及体育法专业课程的同时，重点培养体育法专业硕士研究生和博士研究生，可以考虑采用"体育法专业硕博"连读的培养模式，既可以通过该培养模式吸引大量优秀学生，又可以通过硕博集中教育培养的模式，培养出"高端体育法律人才"。

（三）加强实务型体育法治人才培养

法学专业是一门实践性极强的学科。而体育法学专业是新法学建设的重要内容，更是体育领域法律纠纷解决的急迫需求。因此，对于体育法治人才的培养，需要重视实务型人才的培养，在保证"德法兼修"的基础上，突出培养实务型体育法治人才。具体而言，在体育法专业本科生和硕士、博士研究生培养中，加强对法律硕士（体育法）的培养，以契合当前体育法领域对体育法律服务人才的需求。例如，中国政法大学自2016年开始招收体育法学方向法律硕士（法学）研究生，2020年招收体育法学方向法律硕士（非法学）研究生，除此之外，中国政法大学体育法研究所还于2020年建立了"体育法律师库"，吸纳全国各地的体育法律师加入其中，在教学方面，还于2021年~2022年第一学期正式开设《体育法律诊所》课程，并启动法律援助志愿者招募活动，为加强实务型体育法治人才培养贡献力量。西北政法大学作为"五院四系"之一，也于2020年开始招收体育法学方向法律硕士（非法学）研究生，并逐步完善体育法学相关专业课程，下一步也将结合"法律诊所"式教学模式开展实务型体育法治人才培养。

基于新法学建设现有经验及对实务型体育法治人才的需求，在人才培养方面可以从以下路径展开：其一，法学院系可以借助法律硕士这一偏实务型的专业硕士研究生，提高体育法治人才培养的效率和质量及数量；其二，基于体育法学的实践性特点，积极开展"法律诊所式"专业课程，通过此种教学方式，培养学生分析、解决体育法律问题的思维，还可在课程中融入大量国际体育法律纠纷实例，让学生在专业学习中获得解决国际体育纠纷的经验；其三，各大高校可以积极聘请或者招募校外体育律师、体育仲裁员等实务型人才走进校园，为学生讲授体育法治前沿的实践性问题，分享实践经验，为培养实务型体育法治人才保驾护航；其四，在对学生进行校内体育法学专业教育和培养的同时，还要增加学生在校外的体育法律志愿活动，让学生利用自己的专业特长服务社会并为我国众多专业或业余运动员提供高质量的、免费的体育法律服务，弥补我国法律援助体系中的不足，继而在实践中锻炼学生的专业技能，进一步将理论与实践相结合，提升体育法治人才的综合素质。

（四）加强涉外体育法治人才培养

习近平总书记强调"要坚持统筹推进国内法治和涉外法治"。因此在涉外法治建设中，要坚持以习近平法治思想为引领，加强对涉外法治人才的培养。2011 年起，教育部会同中央政法委联合实施卓越法律人才教育培养计划，支持北京大学、清华大学、中国人民大学等 22 所高校建设涉外法律人才教育培养基地，重点加强涉外法治人才培养。各高校修订了人才培养方案，纷纷提高双语或全英文课程教学比重，增设涉外法律课程，积极开展与海外高水平法学院校的教师互派、学生互换、学分互认、学位互授联授等活动，探索形成灵活多样、优势互补的"国内—海外合作培养"机制。2018 年起，两部门又联合启动"卓越法治人才教育培养计划 2.0"，引导高校积极构建涉外法治人才培养新格局。2020 年以来，中央全面依法治国委员会办公室正在牵头制定加强涉外法治工作和法治人才培养的相关文件，系统谋划设计涉外法治人才培养工作，教育部也在研究制订《加快高校涉外法治人才培养工作方案》。

而新法学建设还需要关注涉外体育法治人才的培养。前文论述已经证实国际体育领域法律纠纷频发，而我国在处理国际体育法律问题时的体育法治话语权较弱，故需要抓住新法学建设和涉外法治人才培养的机遇，加强涉外体育法治人才培养，为国家输送高素质的涉外体育法律服务人才。具体而言，在基于新法学建设开展体育法学专业建设的过程中，各大高校要重视对体育法律专业英语能力的培养，同时增设涉外体育法律课程，积极开展与海外高水平大学的教师互派、学生互换等活动，同时开展英文的模拟国际体育仲裁庭辩论赛，一方面，可以提高学生的涉外法律专业和语言能力，另一方面，通过模拟国际体育仲裁庭和分析、讨论国际体育仲裁裁决书，可以增加学生应对国际体育法律纠纷的实践经验。除此之外，也有必要打通现行国家法律职业资格考试和涉外法律职业资格考试之间的关系，只有通过国家法律职业资格考试，才有资格报考国家涉外法律职业资格考试。用制度建设来保证国家高水平的涉外体育法治队伍建设，探索涉外体育法治人才的国家标准。[1] 继而扩充我国涉外体育法治人才队伍，最终整体实现我国涉外法治人才队伍的壮大，提升我国在国际上的体育法治话语权和法治话语权。

本文原载于《西北高教评论》2023 年第 10 卷

第四节　中国法治现代化背景下涉外体育法治人才培养路径探索

一、问题的引出及培养涉外体育法治人才的价值

（一）问题的引出

习近平总书记在党的二十大报告中明确提出"以中国式现代化全面推进中华民族伟大复兴"的使命任务，对中国式现代化的重大理论与实践问题作出系统阐释。中国式现代化在法治领域的现代性标志是中国式法治现代化，它是全体中国人民在中国共产党领导下全面依法治国、建设社会主义法治国家的历史性进步与国家治理的深刻变革。[2]随着法治现代化的发展、全面依法治国与社会主义法治国家的建设，法治已经渗透进社会生活的多个方面。在体育领域，依法治体已经成了体育行业发展的基本要求，该要求与我国实现体育强国建设具有密切联系，是我国实现体育强国建设的必由之路。[3]近年来，随着职业体育的发展、大型体育赛事的承办，我国体育事业发展进入黄金时期。2021 年 3 月，全国人大颁布的《关于国民经济和社会发展第十四个五年规划和 2035 年远景目标纲要的决议》（以下简称《十四五规划》）中

---

[1] 王瀚：《涉外法治人才培养和涉外法治建设》，载《法学教育研究》2021 年 1 期。
[2] 范进学：《中国式法治现代化之"四重维度"论》，载《东方法学》2023 年第 4 期。
[3] 马宏俊：《体育强国建设中依法治体的路径研究》，载《成都体育学院学报》2022 年第 2 期。

将体育与文化、教育、人才并列，将建成体育强国列为四大强国目标之一，凸显出我国对于体育发展事业的重视程度。

基于此，体育法治人才是体育强国建设乃至法治中国建设所必需之人才。[1]《体育法》的修订标志着我国体育法制建设进入了新阶段，对体育法治人才的需求也日益上涨。在我国，一方面，运动员在精力上和财力上难以获得体育法律服务的帮助；另一方面，体育法律服务队伍整体上较为薄弱，因此，加快建立体育法律服务体系势在必行。[2]基于体育的国际性特点，我国体育的对外交流与合作也日益频繁。《"十四五"规划》中指出，我国当今体育对外交流与合作日益扩大，与各国际体育组织和各国家（地区）间的互利合作不断深化，在促进文明交融和民心相通方面发挥了独特作用，国际影响力和话语权不断提升。随着体育交流与合作的深化，大量体育人才前往国外联赛效力或参与国际性体育赛事，部分运动员在国际单项的竞争力与影响力日渐提升，但体育法治人才的缺失导致运动员面临潜在的法律风险，这为体育事业的发展埋下隐患，影响了我国体育法治发展和国际体育法治话语权的提升。

（二）培养涉外体育法治人才的价值

涉外法治人才是指在经济全球化背景下，具有国际视野、通晓国际规则、善于处理涉外法律事务、能够参与国际合作与国际竞争的高端复合型人才。[3]习近平总书记曾经强调，"涉外法治专业人才培养和教育在涉外法治建设中具有基础性、战略性、先导性的地位和作用"。[4]在此基础上，结合体育法治的特点，著者认为，涉外体育法治人才的培养有着以下价值：

1. 涉外体育法治人才是体育强国建设的力量保障。随着法治政府、法治社会与法治国家建设的进一步推进，法治成为当今社会发展与治理的主流。《"十四五"规划》明确提出到2035年"建成体育强国"，可见建设体育强国

---

[1] 常立飞：《我国体育法律人才培养研究》，载《吉林体育学院学报》2013年第2期。
[2] 袁钢：《加快建设体育法律服务体系》，载《成都体育学院学报》2021年第2期。
[3] 《关于发展涉外法律服务业的意见》，载《法制日报》2017年1月9日，第2版。
[4] 《加强合作推动全球治理体系变革 共同促进人类和平与发展崇高事业》，载《人民日报》2016年9月29日，第1版。

是实现中华民族伟大复兴的重要组成部分。建设体育强国的路上少不了法治保障，全面依法治体是全面依法治国不可或缺的重要任务和内容。依法治体是一个全面系统的工程，体育法治人才是其重要组成部分。基于体育与体育规则的国际性，体育法治人才的培养需要与国际接轨，培养涉外体育法治人才。随着体育事业与体育产业的发展及对外合作，运动员走向国际发展需要涉外体育法治人才为其提供法律保障。涉外体育法治人才的缺失会影响我国体育事业发展的国际化走向，不利于体育强国的建设目标的实现。因此，涉外体育法治人才的培养是推动与保障我国体育事业国际化发展的重要后备力量，也是推动我国体育法治发展、建设体育强国的重要力量。

2. 涉外体育法治人才是维护我国运动员合法权益的重要力量。公平是竞技体育的基础属性，顶尖运动员往往会伴随着更加严格的检查与潜在的法律风险。比如，牙买加短跑名将博尔特就曾透露，一年接受超过200次尿检，已经严重影响其正常生活。随着我国顶尖运动员逐渐走向国际舞台，在国际赛场取得佳绩，更加严格以及频繁的检查会越来越多地伴随我国运动员。在出现尿检异常后，运动员如何通过正当途径维权以保障自身合法权益？当前，包括国际体育仲裁院（Court of Arbitration for Sport，CAS）、世界反兴奋剂组织（World Anti-Doping Agency，WADA）与各类国际单项体育协会对运动员之间或与组织之间的体育纠纷进行受理并作出裁决。这自然需要涉外体育法治人才作为代理人进行仲裁程序的跟进，对运动员或组织的合法权益进行保障。如我国的"孙杨案"和"吕小军案"[1]，都体现出我国高水平运动员在踏入国际舞台的同时，应重视其合法权益保护。由于当前涉外体育法治人才数量较少，导致运动员聘请体育法治人才解决涉外体育纠纷的选择较少，甚至有些基于经济困难放弃选择相关法律服务，难以保障自身合法权益。在市场化的背景下，只有向市场输送更多的涉外体育法治人才，才能使得大部分的体育

---

[1] "The ITA notifies Chinese weightlifter Xiaojun Lyu of an apparent anti-doping rule violation", International Testing Agency, https://ita.sport/news/the-ita-notifies-chinese-weightlifter-xiaojun-lyu-of-an-apparent-anti-doping-rule-violation/.

人才有能力选择更为专业的体育法律服务，使其权利能够及时得到救济。[1]

3. 涉外体育法治人才的培养可以充实涉外法治人才队伍，提升我国的国际体育话语权。"法律的生命力在于实施，法律的实施在于人。"全面依法治体离不开一个高素质的体育法治工作队伍，需要在更广范围、更深层次、更高水平运用国际法，为此，需要培养、建立和扩大一支德才兼备、知行合一的高素质涉外法治人才队伍。[2]这既是当务之急，也是长远所需。现有的涉外法治人才储备还远远不能够满足新时代扩大对外开放的实际需要，[3]随着国际化的进一步推进，涉外法治人才培养体系与队伍也日益壮大。2012年，教育部已经在22所高校设立涉外法治人才培养基地，并选取了北京大学、清华大学、西南政法大学、西北政法大学等15所高校，开设法律硕士（涉外律师）方向，选拔全国硕士研究生招生考试中外语成绩优秀的法律硕士新生，实行"高校+行业"的联合培养方式，积极探索"境内+境外"培养机制以及"培养+就业"合作培养模式[4]，但有关涉外体育法治人才的培养至今仍较为稀少。涉外法治人才类型多种多样，而涉外体育法治作为涉外法治人才需求中一个重要方向，对涉外体育法治人才的培养可以充实整个涉外法治人才队伍，构建更广范围、更深层次、更高水平的涉外法治人才服务队伍，最终助推我国的国际体育话语权和国际话语权快速提升。

二、我国涉外体育法治人才的基本类型及短板

涉外法律服务包括涉外律师、涉外法律翻译与涉外企业法务等基础类型，[5]结合体育领域的自身特点，可以将涉外体育法律服务人才归为涉外律

---

[1] 马宏俊：《体育强国建设中依法治体的路径研究》，载《成都体育学院学报》2022年第2期。

[2] 黄惠康：《从战略高度推进高素质涉外法律人才队伍建设》，载《国际法研究》2020年第3期。

[3] 黄进：《完善法学学科体系，创新涉外法治人才培养机制》，载《国际法研究》2020年第3期。

[4] 张晓君、陈正己：《新发展格局背景下涉外法治人才培养模式的创新》，载《法学教育研究》2022年第3期。

[5] 洪冬英、戴国立、缪志心：《新时代背景下涉外法治人才培养的路径》，载《法学教育研究》2022年第2期。

师、国际体育仲裁员、涉外体育法律翻译等类型。

（一）涉外体育律师及其短板

涉外律师是指为涉外法律服务机构和大型企事业单位法务部门提供服务的法律工作者。[1]在体育领域，涉外体育律师则是为国际体育组织与运动员涉外体育纠纷提供法律服务的工作者。其不仅要懂法律，还要懂外语、懂体育，能够用熟练的法律与体育外语进行交流，同时熟练掌握国际体育仲裁程序与国际体育惯例等具体规则。

当前，我国涉外体育律师存在人才数量不足与庭审技能薄弱等短板。首先，我国能够提供国际体育法律服务的律师、法治人才严重不足，这对在国际体育赛事中维护我国体育赛事俱乐部与运动员的合法权益造成了不利影响，远不能满足中国法治现代化的要求。例如，2020年，CAS对我国游泳运动员孙杨作出"禁赛8年"的裁决，观察其律师团队的构成不难发现，其中个别国内律师并非专业的涉外体育律师。其次，在庭审过程中对比中外律师的差距，发现无论是有别于我国法院的交叉询问技巧，还是对反兴奋剂规则的熟悉度与专业外语的运用能力，我国律师相较于国外专业律师都有所差距。通过调研发现，我国律师相较外国律师的劣势不仅在于涉外法律规则的运用上，还体现在法律英语等语言的应用能力上，法律英语等语言技能的欠缺是我国涉外法律服务人员的严重短板。[2]因此，不论是语言，还是相关具体实务能力，我国律师与外国律师都存在不小的差距。此外，由于涉外体育法治人才的缺失，导致大多数国内体育社团与运动员将收入支付给了外国律师。缺乏中国涉外体育律师的专业服务，使我国运动员和体育社团的权益难以得到保障，产生的国际体育争议也无法得到妥善解决。

（二）国际体育仲裁员及其短板

国际体育仲裁员是指在国际体育仲裁院或国际单项体育协会等国际体育组织当中，基于国际体育规则与内部规则对体育纠纷作出仲裁的仲裁员。

---

[1] 洪冬英、戴国立、缪志心：《新时代背景下涉外法治人才培养的路径》，载《法学教育研究》2022年第2期。

[2] 张法连：《增设法律英语专业系统培养涉外法治人才》，载《中国律师》2020年第8期。

国际体育仲裁是国际体育争端的解决机制，其功能类似国内法院所代表的司法。[1]包括国际体育仲裁院在内的各国际单项体育协会内部仲裁都是国际体育仲裁的组成部分，其中最具权威性的当属国际体育仲裁院。国际体育仲裁院（CAS）成立于1984年，经过多年发展，CAS已经成了当今国际体育争端解决的最主要机构。国际体育仲裁员作为国际体育仲裁的具体裁判者，对体育纠纷有着非常重要的决定权，其人员素质与数量也决定了仲裁的实质效果与影响。

截至2023年4月，CAS官网数据显示，目前CAS共有国际体育仲裁员433人，欧洲共有219人，约占仲裁员比例的50.6%，其中瑞士仲裁员34人、英国仲裁员35人、法国仲裁员30人，而我国仲裁员仅有10人，约占仲裁员总数的2.3%。仲裁员数量稀少使得我国在国际体育仲裁中的话语权缺失，不利于我国体育国际影响力的提升与体育强国的建设与发展。同时，由于我国国际体育仲裁员整体人数较少，能够参与的仲裁实践的案件量较少，不利于我国国际体育仲裁员业务能力的提高与国际体育仲裁员职业群体的发展。

（三）涉外体育法律翻译及其短板

涉外法律翻译是指为涉外法律事务提供法律专有语言翻译的专门人才。由于体育法律事务本来就是体育与法律的交叉事务，现在又需要在法律英语这门交叉学科加入体育名词，使得情况更为复杂。这就要求涉外体育法律翻译不仅要懂外语、懂法律，还要懂体育。因此，涉外体育法律翻译是为涉外体育纠纷、仲裁等相关的体育法律事务提供翻译的专门人才。其服务对象主要包括：律师、运动员、单项体育协会、行政机关等负责涉外体育法律事务的个体。涉外体育法律翻译的主要工作语言应当是英语，因为英语不仅是国际通用语言，而且目前国际体育组织大多使用英语作为工作语言与官方语言。

涉外体育法律翻译的工作语言也与体育项目有着密不可分的联系。体育本身不是由一个项目构成，根据国家体育总局规定，目前我国所承认的体育项目共有99项，各个项目的技术动作和日常用语都有着较大的差异，99项体

---

[1] 姜世波、祝海洁：《提升我国国际体育仲裁话语权的思考》，载《武汉体育学院学报》2022年第1期。

育运动都存在着自身项目的专有名词，不同的专有名词也使得涉外体育法律翻译人才的培养难度大大增加。例如，"block"一词在不同体育项目中表达的含义就有所不同，在足球运动中，"block"一般表示防守运动员将进攻阻拦下来，而在篮球运动中，除表示将进攻阻拦，还有篮球场上的篮下低位区域的含义。因此，涉外体育法律翻译不仅要熟练掌握法律英语翻译，还应当具备一定的体育运动基础，熟悉基础专有名词。同时，涉外体育法律翻译不仅要将外来的内容进行翻译，还背负着将我国优秀文化传递给世界的重任，让世界认识中国、了解中国，为我国涉外体育发展争取更多发展空间。

三、涉外体育法治人才的素质要求

习近平总书记明确指出，涉外法治人才应"具有深厚家国情怀、通晓国际规则，能够参与国际法律事务、善于维护国家利益、勇于推动全球治理规则变革"。[1]在涉外法治人才的基础上，结合体育与涉外法治的特点，涉外体育法治人才应具备以下素养：

（一）体育和法学专业素养

法学与体育学是不同的学科门类。根据国务院学位委员会、教育部印发的《研究生教育学科专业目录（2022年）》内容可知，法学属于"03法学"门类，而体育学则属于"04教育学"门类，二学科之间相差较大，同时熟练掌握两门专业知识的人才较少。涉外体育法治人才作为保障我国体育良好发展的重要人才，应当具有较高的体育和法学专业素养，而其素养的高低取决于处理体育法律事务的专业程度。改革开放至今，经过40余年的发展，我国体育法治已经实现突破性进展，但体育法学科建设相比法学专业内其他学科的建设还处于刚起步阶段，还存在基础理论不够扎实、在各大院校的开设普遍性不强、学科设置欠缺合理性等问题。[2]学科发展的限制导致体育法治后备人才不足，形成"懂法的人不懂体育、懂体育的人不懂法"的现实困境。

---

〔1〕《加强合作推动全球治理体系变革 共同促进人类和平与发展崇高事业》，载《人民日报》2016年9月29日，第1版。

〔2〕徐翔：《改革开放四十年来我国体育法学科建设回顾与展望》，载《武汉体育学院学报》2018年第8期。

法律有国别之分，而体育活动的普遍性决定了其规则的全球适用性。因此，涉外体育法治人才应当在其掌握并充分了解本国体育法的基础上，加强掌握国际体育规则与外国体育法律制度。

（二）良好的法律英语基础

通晓法律外语知识和域外法律文化，是涉外法治人才知识结构中不可或缺的重要成分，也是入门涉外法律实践的必要前提。[1]全球化的时代需要既精通专业又熟练外语的高素质法治人才，作为涉外体育法治人才，熟练的外语功底是从事涉外体育法律的基本能力。在当今国际体育事务处理中，英语为通用语言，包括国际体育仲裁院（CAS）、国际足球联合会（FIFA）、国际篮球联合会（FIBA）在内的多个国际体育组织，都将英语作为几大官方语言之一，因此涉外体育法治人才应当首先精通英语。与普通英语不同，法律英语是指英美等以英语为母语的普通法系国家律师、法官以及相关法学工作者在立法、司法及其他与法律相关活动中所使用的语言。[2]其是在英语的基础上，结合法律知识所形成的交叉产物。因此涉外体育法治人才不仅要熟练掌握并运用英语，同时对法律知识也要相当熟悉。涉外体育法治人才在前述基础上，还要对体育知识与不同项目的体育相关术语有所了解，确保相关法律事务的完成质量。

（三）高尚的职业道德素养

随着我国体育事业稳步的发展，我国优秀运动员在许多国际项目中都开始崭露头角，越来越多的国人参与到国际体育治理当中，包括国际体育仲裁院的10名我国仲裁员在内的涉外体育法治人才也已经进入国际视野。涉外体育法治人才对外不仅代表自身的法律水平，同时也代表我国的体育法治水平与体育法治文化，肩负保障我国运动员与体育组织合法权益的重任。因此，在变化无常的国际环境中，涉外体育法治人才应当坚定政治立场，保持理想信念，坚守正直与公平正义的职业理念，做好我国体育法治人才的"代言人"。

---

[1] 崔晓静：《高端涉外法治人才培养的理念与模式创新》，载《中国大学教学》2022年第11期。

[2] 张法连：《增设法律英语专业系统培养涉外法治人才》，载《中国律师》2020年第8期。

(四) 娴熟的仲裁规则运用

区别于普通涉外纠纷，涉外体育纠纷通常将司法排除在外，通过内部纠纷解决机制化解纠纷。各单项体育协会与国际体育仲裁院的纠纷解决方式均是通过仲裁，与诉讼相比，体育仲裁是更具有专业性且更加高效的纠纷解决方式。目前国际体育仲裁院（CAS）共有普通案件仲裁程序、上诉案件仲裁程序与奥运临时仲裁程序三种仲裁程序，[1]只有熟练掌握仲裁规则才能更好地提供涉外体育法律服务，为我国体育强国建设提供法治保障。因此，在涉外体育法治人才培养的过程中，应当通过仲裁规则讲解、模拟体育仲裁法庭、撰写体育仲裁法律文书等实践课程活动，鼓励学生进入体育仲裁机构开展实训工作，从理论到实践层面熟练掌握仲裁规则。

四、涉外体育法治人才培养构想

（一）进一步扩大体育法学专业课程的设置和创新教学方法

1. 在本科阶段推广体育法学选修课。无论是法学院校还是体育院校，本科阶段均属于基础学习，学习面较为广泛，处于法学学习的启蒙阶段。选修课通常由学生凭借自身兴趣进行选择，通过开设体育法选修课程，可以保证学生能够接受到体育法学的启蒙并掌握相关理论基础。若忽略体育法学课程在本科阶段的教学，则会使得许多学生对该学科缺乏基本的了解与认识，继而降低学生对该学科感兴趣的可能性，也会导致硕士与进入体育法学研究的部分研究生因未掌握体育法学基础理论，难以开展进一步的理论研究课程，进而影响涉外体育法治人才的培养质量。对于已经在本科阶段开设体育法学课程的院校而言，应当进一步完善授课方式。相关院校可以结合体育的相关知识完善授课方式，在讲解原理的基础上，增加部分实践案例教学，使学生能够具备初步的涉外体育案例研读能力，还可以使其更好地根据所学内容判断是否将涉外体育法律职业作为职业目标。

2. 在硕士研究生阶段开设体育仲裁案例研习课程。案例研习模式的特点在

---

[1] 韩勇主编：《体育法学》，高等教育出版社2022年版，第428~436页。

于可以通过案例所抽象出的具有法律意义的事实，对应地解释法律规范。[1]通过鉴定式案例教学法，可以使学生更快地掌握国内外体育仲裁的基本程序与适用规则。硕士研究生阶段应当已经具备基本的案例研读能力，故可以通过翻转课堂的形式提高学生研读学习的自主性，保障课程教学质量。延伸开展国际体育仲裁法庭模拟活动，选取当下热点案例，将学生分为仲裁申请人、被申请人与仲裁员三组，分别站在自身视角开展模拟，从书写诉状开始，一直到作出仲裁裁决以此培养学生站在不同角度考虑体育纠纷的能力，培养学生"像国际律师一样思考"[2]、"像国际体育仲裁员一样思考"，充分锻炼学生的法律检索、推理与论证能力。不同于基础的案例研习教学，通过选取热点案例模拟体育仲裁法庭教学，有利于开放思维，鼓励学生尝试从不同角度解决问题，可以大大提升学生的思考分析能力。

（二）以国际仲裁方向硕士为基础培养国际体育仲裁方向人才

2022年3月，由司法部、教育部在内的六个部委联合发布的《关于做好涉外仲裁人才培养项目实施工作的通知》，提出"着力培养一批具有国际视野、通晓国际规则，能够在跨境法律服务市场提供专业服务的中国涉外仲裁人才"。同年7月，《关于实施法律硕士专业学位（国际仲裁）研究生培养项目的通知》印发，标志着涉外仲裁方向成为新时代涉外法治人才培养优先推进的重点领域。体育纠纷同样也以仲裁为主要解决机制，虽然其有别于传统民商事仲裁，但国际仲裁方向培养的硕士研究生在培养方向上与涉外体育法治人才所需要的基本素质有着高度的重合性。因此，可以通过分流将国际仲裁方向的法律硕士再具体细化为民商事仲裁方向和体育仲裁方向，让学生根据兴趣与职业目标进行自由选择，再开设不同的特色课程，保障涉外体育法治人才与涉外民商事仲裁人才的培养保质保量的进行。

---

[1] 刘铁光：《法律硕士（非法学）法律人的能力培养——基于案例研习模式的分析》，载《当代教育理论与实践》2016年第5期。

[2] 兰花：《设立与比赛相结合的国际法模拟法庭课：必要性、作用与可行性》，载《中国法学教育研究》2012年第3期。

（三）拓展体育法治人才课外实践活动

实践性不仅是法学学科的基本特征，也是法学教育的重要指导原则。[1]将理论与实践相结合的涉外体育法治人才是当前依法治体与法治现代化发展中的重要力量，因此，培养涉外体育法治人才的实践能力是非常重要的。

1. 组织优秀的涉外体育法治人才前往体育仲裁机构实训。作为处理国际体育纠纷的专门机构，成熟的专业化运作体系、完美的外语工作环境，决定了国际体育仲裁院是涉外体育法治人才的理想实训场地，但其总部位于瑞士洛桑，使得许多学生对去该地实践望而却步。直到2012年11月12日，CAS上海听证中心举行了揭牌仪式，正式落户上海浦东源深体育中心，这是CAS在全球范围内成立的第一家听证中心，也是在亚洲设立的第一家听证机构。CAS上海听证中心负责承办国际体育仲裁案件的听证、体育纠纷解决相关业务咨询、国际国内体育仲裁相关研讨及培训、国际体育仲裁的宣传和推广等与体育纠纷解决相关的工作。国内高校尤其是在沪高校，应当依托自身区位优势，与CAS上海听证中心开展合作培养模式，选拔优秀学生派往CAS上海听证中心开展实训课程，鼓励学生亲身参与到涉外体育法律纠纷的解决流程中去。这不仅能够培养学生处理国际体育仲裁案件的能力，还能在英语工作环境中提升学生相关外语的交流、沟通能力。

2. 联合中国体育仲裁委员会为涉外体育法治人才提供实践机会。在国际体育仲裁机构数量有限的情况下，国内体育仲裁机构也可以成为涉外体育法治人才实践基地。2022年12月《体育仲裁规则》的发布与2023年2月中国体育仲裁委员会的成立标志着我国体育仲裁机构体系愈发完善，成熟运作的中国体育仲裁委员会与中国体育仲裁体系是培养体育法治人才的摇篮。相较于遥远且综合素质要求较高的国际体育仲裁机构与体育组织，中国体育仲裁委员会无论是从对体育仲裁基础知识的学习实践还是从实习成本的角度出发，都是更加"接地气"的实践场所。从体育法治人才培养的角度出发，完善的体育仲裁机构体系能够提供地域范围更广、选择更多的实践场所，为各地高

---

[1] 李晓：《创新涉外法治人才培养机制》，载《中国社会科学报》2022年12月7日，第11版。

校培养涉外体育法治人才提供实践帮助。

3. 结合国际体育赛事的举办情况开展实践活动。随着国际交流的进一步加深，我国开始恢复对于大型国际体育赛事的承办，如杭州亚运会与成都世界大学生运动会的召开，我国未来也会承办更多的国际体育赛事，与之相应会产生许多国际或国内体育法律纠纷。当前涉外法治人才的培养缺乏实践场所，在全国各地举办的国际体育赛事可以为涉外体育法治人才提供实践机会，各大高校应当积极与赛事方进行合作，为涉外体育法治人才培养创造宝贵的实践机会。

4. 通过开展模拟体育仲裁庭辩论赛为涉外体育法治人才的培养提供实践机会。2022年3月，第一届体育法模拟仲裁庭辩论赛（Sports Arbitration Moot）在瑞士苏黎世线上举行，该赛事由瑞士仲裁学院（Swiss Arbitration Academy）、国际足联（FIFA）等国际体育组织主办，为国际体育仲裁制度的推广以及全球法学院学生仲裁实践能力的提升提供了良好的平台。基于当前体育法学科的发展，已经有多所大学开设了体育法学的课程，我国也可以开展相关模拟体育仲裁庭辩论赛，包括国际体育仲裁与国内体育仲裁两种模式，拓宽体育法学人才实践路径。该类模拟体育仲裁庭比赛不应当局限于校园，应当鼓励法律与体育从业者广泛参与其中，将赛事分为校园组与社会组，提升赛事的影响力与普及程度。模拟体育仲裁庭辩论赛的举办，不仅可以为体育法学生与体育法律从业者提供实践的机会，还可以通过赛事为体育法学工作宣传，吸引更多人才参与体育法治建设。

（四）持续推进法律英语教学与人才培养

法律英语是法律科学与英语语言学有机结合形成的一门实践性很强的交叉学科。[1]作为法律科学与英语语言学的新兴交叉学科，法律英语理应承担起培养"精英明法"复合型人才的重任。[2]但由于其并非法学教育与大学教育中至关重要的内容，故法律英语处于"想起来重要，做起来次要，改起来

---

〔1〕 张法连主编：《大学法律英语教程》，外语教学与研究出版社2014年版。
〔2〕 张法连：《新时代法律英语复合型人才培养机制探究》，载《外语教学》2018年第3期。

不要"的尴尬境地。[1]当前对法律英语学科的忽视与师资力量的薄弱,使得法律英语在大学教学中并不占重要地位。部分高校法学教育中的法律英语还不是必修课,仅为一门选修课程。基于当前涉外法治人才发展的需要,首先,高校应当提高对法律英语教学的重视程度,加大法律英语在培养方案中的学分占比,引起法科生的重视。其次,高校应当积极制定政策引导教师转型发展,让更多的英语教师加入到法律英语学科的建设和教学当中,为涉外体育法治人才的培养提供师资基础。学科的重视程度与师资的充足对学科的发展以及人才的培养有着巨大的推动作用,高校应当积极利用资源为法律英语学科人才培养提供动力,进而推动涉外体育法治人才的培养。

（五）鼓励引导退役运动员从事涉外体育法律职业

退役运动员是我国竞技体育举国体制下出现的"特殊群体",每年有近4000名运动员退役,而各省市退役运动员的平均安置率仅为43%。[2]大部分职业运动员有着职业寿命较短的问题,以职业篮球为例,我国男子职业篮球运动员的平均退役年龄为28岁。[3]专业运动员这一职业不具有终身性,运动员退役后进行角色转换是必不可少的,[4]而法律职业寿命与体育职业寿命恰恰相反,法律职业的职业寿命遵循社会退休年龄甚至更久,因此,具备体育专业知识的退役运动员从事法律行业具有一定的可行性。相较于普通法学生,退役运动员在原本的运动领域已经深耕多年,有海外职业经历的运动员同时也有着丰富的对外交流经验与外语交流能力,具备涉外体育法治人才的基本素养。例如,我国首位冬奥会冠军杨扬退役后,先后在国际奥委会妇女体育委员会、宣传委员会、运动员委员会、道德委员会等多个委员会任职,于2018年成为WADA副主席并于2022年成功连任,完成了从优秀运动员向国

---

[1] 王新博、董昊衢:《新时代涉外法律人才培养路径探究》,载《北京第二外国语学院学报》2021年第1期。

[2] 徐新鹏、杨林:《制定〈退役运动员安置条例〉的必要性、可行性及框架构建》,载《西安体育学院学报》2017年第4期。

[3] 何琼芬:《分析我国篮球职业运动员竞技年龄段偏短的原因》,成都体育学院2013年硕士学位论文。

[4] 常娟:《我国退役运动员角色转换的影响因素研究》,载《北京体育大学学报》2018年第7期。

际体育法治人才的转变。因此，鼓励和引导退役运动员从事涉外体育法律职业也是扩大我国涉外体育法治队伍的一条可行路径。著者认为，可以通过以下方式引导退役运动员从事涉外体育法治事业：

1. 完善退役运动员保障机制，加强对优秀退役运动员的法治培训。为保障退役运动员的安置保障工作，《体育法》第46条规定："国家对优秀运动员在就业和升学方面给予优待。"就目前政策执行的情况以及对涉外体育法治人才素质的高要求而言，最重要的还是要对符合升学条件的优秀退役运动员加强法治培训和法律专业的选择引导，同时在其他退役运动员的就业培训方面，也要突破现有的培训内容，加强专业的法治培训，而不是只有一般的法治宣传教育，以提升他们的法律专业素养。优秀退役运动员通过高等教育学习可以增加自身知识储备，为将来的从业方向提供更多选择，甚至可以结合自身优势加入体育法治人才队伍。因此，完善退役运动员保障机制不仅有利于保障退役运动员的基本生存权与劳动权，同时也能为体育法治人才队伍建设提供制度保障。

2. 拓宽优秀退役运动员参与国际体育组织任职的渠道。当前，我国在国际体育组织中存在官员任职数量不足、担任职务不高、话语力量不大、决策权力缺失等问题。[1]著名跳水运动员郭晶晶表示："现在这些国际组织中欧洲人占比较高，他们会抱团在一起。我们需要有更多人加入这些组织，那样我们可以有更多话语权和解释权，对我们整个国家乃至亚洲的体育发展更有帮助。"[2]体育国际组织，尤其是国际奥林匹克委员会具有非常大的国际体育话语权，其在比赛规则修改、赛事审批、项目设置等重大国际体育事务上享有无可比拟的决定权。[3]提高我国在国际体育组织中的官员任职比例不仅有利于提高我国的国际体育话语权，还有利于为国际体坛营造一种更为公平、公正、公开的宏观竞争环境。因此，应当加强顶层设计，立足当下，制定国际

---

[1] 邰峰等：《我国国际体育组织人才培养的现实困境及发展策略》，载《西安体育学院学报》2022年第4期。

[2] 《郭晶晶：国际体育组织都是欧洲人抱团，我们要有更多人加入》，载观察者网，https://www.guancha.cn/politics/2021_08_24_604212.shtml，2023年7月24日。

[3] 张伟、张廷晓：《我国国际体育话语权的对称性实现研究》，载《沈阳体育学院学报》2018年第6期。

体育组织人才发展规划，建立开放性的国际体育组织人才培养与选拔的机制，同时加强和国际体育行业协会的交流与合作，联合社会力量，为我国培养出有坚定信仰的国际体育组织人才。同时，借着合作交流机会，将这些人才送入国际体育组织实习、锻炼，为符合条件的人才留在国际体育组织任职创造一切条件和机会。

第二章 体育与人权

第一节 体育权：一项新兴人权的衍生与发展

我国《宪法》第 47 条规定："中华人民共和国公民有进行科学研究、文学艺术创作和其他文化活动的自由。"体育运动是我们日常生活中必不可少的一项文化、娱乐活动，无论是在国内还是国际上，体育运动的影响范围不断扩大，竞技体育向大众体育发展已然成了国际体育的大趋势，国际奥委会、联合国以及区域性组织都在全力推动体育运动的发展。我国作为人口大国、体育大国，同样对全民健身运动高度重视，积极鼓励全体国民参与体育锻炼，增强人民体质，提升全体国民的综合素质。体育运动的积极发展，不仅是体育大国、体育强国的体现，而且与健康中国、外交大国等息息相关。因此，体育运动的重要性不可小觑，当前诸多国家已经开始加强立法，以保障公民体育权的顺利实现，而"参与体育运动是每个人的一项权利"的思想深入人心，以促使一项新兴人权——体育人权，逐渐得到广大人群的关注与重视，并被各国认同为推进多元共治、实现人类命运共同体的重要路径。

一、新时代萌生新兴人权及我国对体育人权的重视

习近平总书记在党的十九大报告中提出，中国特色社会主义已经步入新时代，我国社会主要矛盾也发生了重大变化，即从过去"人民日益增长的物质文化需要同落后的社会生产之间的矛盾"，转化为"人民日益增长的美好生活需要和不平衡不充分的发展之间的矛盾"。随着经济与科技的不断发展，我们的文化生活内容逐渐变得丰富多彩，人们对自身权利内容的要求也不断提

高,人民对美好生活的需求是我国重点关切的内容,我国应从社会全方位领域尽可能地满足国民的合法合理需求,以保障公民的各项人权,继而推动国民素质的全方位发展。

众所周知,人权是指一个人作为人所享有或应享有的基本权利。作为权利最一般的形式,人权是人类一种天赋的、基本的和不可剥夺的权利。[1]人权概念自18世纪末由资产阶级启蒙思想家提出开始,从一个微小的口号呼吁发展成个别国家的国内宪法规定,再上升至国际性权利,得到国际认同,最后制定国际人权法。这些过程历经了诸多困难险阻,最终才大大提升了人权的高度。目前为止,人权早已成了全球公认的信念和准则。随着社会经济、政治、文化等方面的快速发展,人权的内涵和外延也在逐渐演变,尤其是随着时代快速演进,很多新兴人权渐渐映入人们的眼帘。从最初的一代人权、二代人权、三代人权,到现在诸多新兴人权的萌生和发展,主要包括发展权、和平权、环境权、身体健康权等。这类新兴人权的主体早已超脱公民个人身份,更加重视由公民个人组成的集合体,而民族、国家和全体人类社会都可能属于人权的主体。[2]要想实现这样的人权,即和习近平总书记倡导的构建人类命运共同体一样,需要国际社会的协调与合作,单纯靠某个个体的努力是难以实现的。

随着新时代政治、经济、文化、科技等各方面的快速发展,人们在一般的人权得到保障的基础上,对美好生活尤其是对健康、休闲娱乐等方面的需求渐渐增多,继而不断萌生出一些新兴人权。例如,为了有美好的生活环境,不再对经济利益进行盲目的追求,关注点开始回归到生态环境上,以维系人类可持续发展,便衍生出环境权这一新兴人权。"绿水青山,就是金山银山"的深刻论断,也彰显出我国新一代中央领导集体对生态环境的高度重视,以及深刻考量后代环境权的持续性保障;再如,对个人身体健康的重视,不仅对普通的健康权起到了推进作用,而且推动了体育权的发展,2016年,中共

---

〔1〕 黄世席:《国际体育运动中的人权问题研究》,载《天津体育学院学报》2003年第3期。

〔2〕 万鄂湘、彭锡华:《人类社会追求的共同目标——评〈世界人权宣言〉》,载《法学评论》1998年第2期。

中央、国务院印发的《"健康中国2030"规划纲要》指出"实现国民健康长寿,是国家富强、民族振兴的重要标志"。而在公民个人健康方面,除了医疗技术,就是体育运动,体育运动对个人身体健康可以起到良好的调节作用[1],而且是多方面的调节,这是体育最基本的功能和价值。有学者通过诸多实践调研分析发现,体育锻炼可以加快个人体力活动和能量的消耗,通过适量运动负荷加速人体细胞层次的结构变化,促使一些细胞在形态、数量以及结构上发生一定的变化,继而对人体神经、呼吸、消化等机能起到积极的改善作用,与此同时,还可以对人体外在的身形、体格和体力起到合理的塑造和提升作用,最终达到提升人们整体健康的效果。[2]因此,随着全国人民对健康权的重视,体育人权这一新兴人权也逐渐在广大人民心中萌生。为了保障公民体育权,我国在2016年对《全民健身条例》进行了第二次修订,进一步促进全民健身活动的开展,保障公民在全民健身活动中的合法权益,以便提高全民身体素质。截至2017年,全国经常参加体育锻炼的总人数近4亿,9成以上的城乡居民达到《国民体质测定标准》合格线;人均体育场地面积逾1.57平方米,预计到2030年,我国经常参加体育锻炼人数将达5.3亿人,人均体育场馆面积将达2.3平方米。[3]

除了对基本的公民体育权越来越重视,我国还与国际接轨,承办大型国际体育赛事。我国最早承办的国际体育赛事是1915年的"第二届远东运动会",中华人民共和国成立后的70年间,我们更是承办了众多的大型国际体育赛事(详见表2-1),从1990年的亚运会、2008年的北京奥运会,再到2022年的冬奥会和冬残奥会,这些都是我国在保障体育人权这一新兴人权所作出的优秀成绩。

---

[1] 徐翔:《体育运动预防青少年犯罪机制的设想——基于体育运动的安全阀效能探析》,载《山东体育学院学报》2018年第5期。

[2] 虞重干、张军献:《体育——构建社会主义和谐社会的纽带》,载《上海体育学院学报》2006年第1期。

[3] 《未来中国经常参加锻炼人数走势预测》,载中国产业信息网,http://www.chyxx.com/industry/201807/654494.html,最后访问时间:2019年8月22日。

表 2-1 我国 1949~2022 年承办的国际体育赛事一览表

赛会/年份	1949-1989	1990	2008	2010	2011	2015	2019	2022
亚运会	——	北京		广州				杭州
夏季奥运会	——		北京					
世界游泳锦标赛	——				上海			
世界田径锦标赛	——					北京		
男篮世界杯	——						北京、南京等	
世界军运会	——						武汉	
冬季奥运会	——							北京、张家口
冬季残疾人奥运会	——							北京、张家口

二、体育权的基本内涵与外延

（一）体育权的基本内涵

体育权的内涵及性质在国际法律文件以及诸国国内法的规定中都存在些许差异，我们诸多研究中对体育权也尚无统一定性，各位法学、体育领域的专家学者对其性质众说纷纭，主要有"基本人权"说、"宪法权"说、"受教育权说"和"体育运动权说"等观点。

1."基本人权"说。"人权"的提法可以追溯至文艺复兴时期。人们在文艺复兴的人文主义思想的洗礼下，逐渐开始思想觉醒，权利意识深化。基本人权主要是指源于人的自然属性和社会属性，与人的生存、发展等息息相关的，且人生而应当享有的、不可剥夺和转让的普遍性权利，[1]基本人权是为国际大环境所认可的。随着时代的不断变迁，人权的内容不断丰富充实，主体范围也越来越广泛。体育权作为人权的一项子权利，随着时代的发展逐

---

〔1〕 刘亮：《论生育权的历史演变及其性质》，载《淮海工学院学报（社会科学版）》2006 年第 3 期。

渐受到国际社会的共同关注和认可。《联合国宪章》《世界卫生组织章程》以及《世界人权宣言》都是通过强调健康权是每个人的基本权利来映射体育权的重要性，联合国教科文组织颁布的《体育教育、体育活动和体育运动国际宪章》中明确规定："体育教育和体育运动是每个人的基本权利。"欧洲区域内的《新欧洲体育宪章》也规定："任何人都有参加体育活动之权利。"《奥林匹克宪章》中更是明确指出："从事体育运动是人的一项基本权利，每个人都有能力根据自身需要进行体育运动。"基于这些国际性文件的规定和人权的基本内涵，诸多学者将体育权定性为一项"基本人权"，无论是域外还是国内的资深学者，都不乏支持该观点的。[1]

2. "宪法权利"说。有学者将体育权的内涵定性为"宪法权利"，因为各大部门法包括《体育法》中都未明确规定体育权利，因此，在他们看来，体育权主要是源于母法——《宪法》，是公民基本权利义务在体育领域的延伸。[2]对此，主要的法律依据便是我国《宪法》第21条第2款关于体育事业和群众性体育活动之规定。也有学者将体育权和公民生命、健康权相联系，同时援引《世界人权宣言》和《国际人权公约》中对该类人权认可和保障的条款，再强调我国早已加入这两个公约，并对这些公约予以高度认可，而且我国《宪法》中对生命、健康权也有明确规定，所以这些学者将体育权定性为"宪法权利"。

著者认为，这种"推断式"的结论值得商榷。首先，从宪法角度看，虽然基本权利和基本义务是统一的，但二者并非完全的一体，是对立统一的；其次，从文义解释上来看，域外一些国家的宪法对体育权有明文规定，但我国宪法至今尚无关于公民体育权利和义务的明确规定，即使是现行《宪法》第21条之规定，也仅是对体育事业和发展群众性体育运动的一种法律指引，并未像选举权与被选举权等基本人权那样规定得很细致，一些学者借助该条之规定强调公民体育权是我国《宪法》明确规定之内容过于牵强。所以说，

---

[1] 如卡彭特（美国）、弗里茨威勒（德国）和菲斯特（丹麦）和我国学者于善旭教授、张厚福教授、李雁军、黄世席教授等。

[2] 冯玉军、季长龙：《论体育权利保护与中国体育法的完善》，载《西北师大学报（社会科学版）》2005年第3期。

在我国法律背景下，体育权暂时还不适合被定性为宪法权利。

3. "受教育权"说。受教育权主要是指公民为了依法接受教育而请求国家依法作为或履行义务的权利。有学者将体育权定性为"受教育权"的一部分，首先，在他们看来，我国现行《宪法》规定中，体育权属于社会文化权范畴，主要依据是《宪法》第47条规定中的"其他文化自由"。他们将这种社会文化权纳入教育权之中，认为体育只是教学过程中实现教育价值的一种方式，归根结底还是属于教育范畴，是附属于教育权的。他们还援引芬兰《宪法》之规定，芬兰《宪法》就是将体育运动权规定于教育的基本权利之中[1]；其次，他们认为，体育权无非是参加体育运动的权利而已，单独定性为"体育运动权"则过于夸大该权利的重要性，同时会造成立法冗乱；最后，体育教育权和体育运动权是紧密相连的。广义地说，体育本身就具有教育和活动两方面内容，运动的过程中也可以起到教育的作用，正所谓寓教于乐（动），二者不可分割，且教育性大于运动性，因此适合纳入"受教育权"。

4. "体育运动权"说。体育运动主要是通过身体各方面的活动以达到个人外在与内在的健康、全民发展的目的，同时对社会大众起到一定的教育和塑造作用。学术界本身对体育的定义仍较为开放，尚无绝对的统一含义，但普遍接受《新欧洲体育宪章》中对体育运动的定义：通过自由欢快或有组织地参与促进身体运动的活动，继而达到增强体力，提升精神气质以及竞技成绩效果，这就是体育运动[2]。体育运动并非仅具有受教育的作用，其功能广泛，对政治、经济、社会、文化等方面具有不可小觑的效能。倘若按某些学者的观点，将体育权定性为单纯的受教育权，则会过度限缩体育权的主体范围，并低估体育权的系统性功能，是不可取的方式。而将体育权单独作为公民的一项基本权利，是对体育价值的最好体现和对人之尊严的重视。无论是前文提及的教育作用，还是维系健康、提升身体素质功效，都只是将体育运动作为一个重要方式而已，也仅是其功能的一部分，体育运动更是作为自然人所必不可少的权利。正如诸多学者所发现的，体育权随着时代的发展进步

---

[1] 芬兰《宪法》第13条规定的教育基本权利，包括体育活动和其他形式的体育文化。

[2] 张振龙、于善旭、郭锐：《体育权利的基本问题》，载《体育学刊》2008年第2期。

不断衍生并得到越来越多人的重视，其范围、内容也在不断扩散和充实，已然表现出其是一项综合性的权利[1]。

与"受教育权"说相比，著者更倾向于将体育运动定性为一项独特的"体育运动权"。基于体育运动的影响力和其广泛的内涵外延，体育运动作为社会中不可或缺的一部分，已经形成稳定的体育领域，该领域下的诸多权利也有必要形成一项独特的新兴人权，并且基于体育发展史和诸多国内、国际性文件中对体育人权的明确，也支持了"体育运动权"作为一项专门的人权。综上论述，著者将体育权定义为全人类不分性别、不分种族、各民族皆可依据自己的内心自由决定自己是否参与体育运动、参与何种体育运动、何时参与体育运动的权利。

（二）体育权的外延：弱势群体视角

早期，马克思、恩格斯都曾经将体育锻炼定性为工人阶级的权利。[2]现如今，体育权已经是全体社会大众的一项权利，在著者看来，体育权中最基本的就是公民体育权，在此基础上，根据参与主体的不同，可以将体育权的外延划分为竞技体育权、社会体育权和学校体育权。在这些体育权中，尤其需要我们重视的是儿童、女性、残疾人、难民等弱势群体的体育权，即儿童体育权、女性体育权、残疾人体育权以及难民体育权。2015版UNESCO（《体育宪章》）第1条第3款特别提及学龄前儿童、妇女和女童、老年人、残疾人和土著人口的体育权利，第4款强调对女性的体育权利的落实，著者在此对弱势群体的体育权展开具体分析：

1. 儿童的体育权。儿童作为弱势群体之一，由于其弱小的身份或者不成熟的心智，在面对应有权利时往往难以主张或者根本不知道可以主张，继而导致他们的合法权利更易遭受侵害。儿童是一个国家发展的未来，他们的各项权利一直备受关注，无论是国际立法还是各国国内立法，都将儿童作为重点保护对象，尽可能地保障他们的权利得以实现，联合国还为此专门颁布了

---

[1] 徐剑：《论公民体育权利的历史演变及其性质》，载《体育研究与教育》2014年第6期。
[2] 朱建勇、李征、胡晓娟：《马克思恩格斯关于体育的基本观点及其现代启示》，载《河海大学学报（哲学社会科学版）》2014年第4期。

《儿童权利公约》，大力支持和保障儿童权利。[1]儿童的体育权亦不容忽视，儿童从小就需要参与体育运动，促进其健康成长，塑造健康的身躯和心态，这有助于儿童逐渐融入社会，在体育活动中认识小伙伴，增强交流和团结合作。因此，儿童作为社会中的弱势群体，在实现其体育权的过程中，需要成年人积极正确地引导，同时需要法律保障他们体育权的正常实现，避免一些学校、组织和个人基于功利主义等偏激心态，过度忽视儿童体育权，私自限制儿童体育权的实现，如减少儿童参与体育运动的一般标准，甚至禁止儿童参与体育运动，等等。还要避免学校、组织和个人基于功利主义等偏激心态，在儿童非自愿的情况下，给他们施加过多的体育活动，逼迫他们体育运动过量，对身心健康造成伤害。

我国主要是通过规范学校体育课程及活动的设置，积极保障儿童的体育运动权利。在我国，有些学校利用各种理由占用学生体育课程和活动时间，这种乱象是侵害儿童体育权利的一种形式。最为常见的一种情况，便是学校担心体育运动会对儿童龄的学生身体造成伤害，为了避免学校担责而取消体育课程。为此，我国教育部等五部门共同出台《关于完善安全事故处理机制维护学校教育教学秩序的意见》，明确规定，学校"不得为防止发生安全事故而限制或取消正常的课间活动、体育活动和其他社会实践活动"，以积极维护儿童体育权的有效实现。

2. 女性的体育权。女性的各项权利在封建传统理念中常常受到限制。随着政治、经济、文化等的快速发展，人权理念不断深入人心，女性地位也大大提升，改变了诸多歧视、限制女性权利的情况。体育领域亦是如此，女性体育权也是国际体育领域较为重视的一项体育权内容。2015版UNESCO（《体育宪章》）第1条第4款规定了女性体育运动的平等参与权，要求"在所有各级监督和决策层面，每名女童和妇女都享有参加和参与体育的平等机会，必须积极落实这项权利"。[2]在体育运动刚刚诞生之时，是禁止女性参与体育运动的，后期逐渐放开政策，进而形成了如今男子比赛和女子比赛两种形式。

---

[1] 黄世席:《国际体育运动中的人权问题研究》，载《天津体育学院学报》2003年第3期。

[2] 姜世波:《论体育权作为一种新型人权》，载《武汉体育学院学报》2018年第4期。

但仍有些国家连女性观看体育比赛的权利都加以限制，例如，沙特阿拉伯的很多女性难以参与到体育运动中来，就连基本的观看体育赛事都是被禁止的。早在2010年仁川亚运会上，就出现过一支引人注目的队伍，该队伍由260余名运动员组成，但全部是男性运动员，这也是亚运会史上唯一一支只有男性运动员的代表队，该队伍就是沙特阿拉伯国家代表队。在2012年伦敦奥运会上，国际奥委会明确表达对女性体育权的高度重视，为了保障全世界女性参与体育运动的基本权利，明确要求所有参加国际奥林匹克奥运会的国家必须有女性，否则禁止该国参加奥运会。在这样的强制规定下，沙特阿拉伯才不得不派出了2位女性运动员征战伦敦奥运会。到了2016年里约奥运会，沙特阿拉伯运动员代表队又增加了2名女性运动员，这些进步虽然比较小，但也算是沙特阿拉伯对女性人权的一种改观，即从女性体育人权入手，提升了对女性人权的关注，助推了世界人权事业的发展。除此之外，沙特阿拉伯2018年开始允许女性公民进入体育场观看比赛，但仅限于利雅得、吉达和达曼各一个体育场。[1]这在他们国家的女性体育权的发展史上彰显了突破性进步。

3. 残疾人的体育权。残疾人的人权最早是在1910年左右受到国际社会的广泛关注。1975年，联合国大会专门针对残疾人问题颁布了《残疾人权利宣言》，以突出维护残疾人的基本权利，提升残疾人的合法地位，减少对残疾人的误解与歧视，促进人权事业的发展与进步。随后1981年，联合国大会在新加坡成立了残疾人国际组织（Disabled Peoples' International），为了进一步提升国际社会对残疾人权利的关注，其还成立了一个托管基金，专门用于资助残疾人的各项活动。以上可以看出，国际社会为了保障残疾人的合法权利，采取了诸多措施。

随着经济、社会的变迁与进步，残疾人的体育权也逐渐受到尊重。体育赛场上最早出现残疾人身影的赛事是1948年，由轮椅运动员（多为脊椎伤残的二战老兵）参加的体育比赛，该赛事被称为斯托克曼德维尔运动会，算是最早的残疾人运动会。随着时代的不断变迁，在残疾人权益保障人士和多方政府的推动下，1960年罗马第17届奥运会结束后，随即举办了第一届"残疾

---

〔1〕《沙特女性地位逐渐提升，见证沙特女性第一次进体育场》，载网易体育网，http://dy.163.com/v2/article/detail/D7NH0PAB05218OVT.html，最后访问时间：2019年8月22日。

人奥林匹克运动会",来自全世界 23 个国家和地区的 400 余名残疾人运动员参与其中[1],彰显了自己的体育竞技实力,充分实现了残疾人的体育权。在残疾人体育权逐渐受到重视的过程中,专门的国际残疾人奥林匹克委员会开始形成,该委员会在保障残疾人实现其体育权方面发挥了重要作用,同时大大推动了残疾人体育融入国际体育运动中,也大大提升了残疾人在体育事业和日常生活中的地位,不仅有利于保障残疾人体育权,而且对发展整个残疾人的人权事业起到了促进作用。此后,残疾人参与体育运动的范围越来越广,2000 年国际奥委会与国际残疾人奥委会又达成新的协议:从 2008 年夏季残奥会和 2010 年冬季残奥会开始,残奥会不仅将在奥运会举办的相同城市举行,并应使用相同的运动场馆和设施。残疾人体育运动从此获得了与正常运动员相同的待遇。与此同时,残疾人参加奥林匹克运动的规模也越来越大,从最初只有 23 个国家和地区的 400 余名运动员参赛,到 2016 年有来自 170 多个国家和地区的 4350 名运动员参加了里约残奥会。这不仅意味着时代的进步与发展,而且彰显出对残疾人体育权的重视程度,极大推动了残疾人人权和社会地位的提升。

早在 2007 年,我国国务院办公厅就专门印发了《关于进一步加强残疾人体育工作的意见》,明确强调残疾人体育是残疾人事业和全民体育的组成部分,参加体育活动是残疾人的重要权利。[2]同时,我国对发展残疾人体育有利于促进残疾人事业发展的理念加以认可,积极推进和保障残疾人体育事业,在保障残疾人体育权的同时,全方位实现残疾人的人权。随着国家对残疾人权益越来越重视,2016 年国务院又专门印发《"十三五"加快残疾人小康进程规划纲要》,强调"坚持普惠与特惠相结合。既要通过普惠性制度安排给予残疾人公平待遇,保障他们的基本生存发展需求"。自党的十八大以来,有多达 1000 万名残疾人享受了康复服务。在该纲要中,为了使残疾人各项权利得到进一步保障,还专门规定了"丰富残疾人文化体育生活"这一项内容,将残疾人作为公共文化体育服务的重点人群之一。[3]由此可说明我国对残疾

---

[1] 邓小刚、朱桂莲:《一项国际性人权:体育权的发展》,载《体育文化导刊》2004 年第 8 期。

[2] 《国务院办公厅关于进一步加强残疾人体育工作的意见》(国办发〔2007〕31 号)。

[3] 《"十三五"加快残疾人小康进程规划纲要》,载中华人民共和国中央人民政府网,http://www.gov.cn/zhengce/content/2016-08/17/content_5100132.htm,最后访问时间:2019 年 8 月 22 日。

体育权的高度认可与积极保障。

4. 难民的体育权。难民问题是世界各国长期面对的一个历史遗留问题，至今尚未得到有效解决。难民的人权保障有限性较大，需要慢慢调和，而且难民问题到了 20 世纪 20 年代才逐渐受到国际社会的重视。由于受关注和重视的时间较晚，联合国为此专门于 1951 年和 1967 年制定了《关于难民地位的公约》和《难民地位议定书》两个国际性文件，用于明确和统一国际社会对待难民群体的一般标准，并对难民的地位、权利和义务作出了一般性规定。除此之外，和体育息息相关的国际奥林匹克委员会也长期关注着难民危机，经常对这些群体施以人道主义关怀，并曾经向波黑地区、安哥拉和卢旺达等地区的难民提供粮食补给，为了进一步为难民群体提供帮助，还和联合国难民署签署过合作项目，在难民问题上彰显出体育组织的热情和对难民人权的重视。难民危机导致难民很多基本人权得不到有效保障，但体育权同样是难民应当享有的一项人权内容，有必要得到国际社会的关注。通过体育权的实现，可以增强难民的身体健康水平，让他们有更多精力去逐渐实现其他人权。为了保障难民体育权的实现，发达国家的奥林匹克委员会在国际奥委会人道主义观念的指引下，除了对一些国家或地区的难民提供常规资助，还给予他们进行体育运动所需的体育器械设备，国际奥委会和联合国难民署在亚洲、非洲、中美洲和东欧地区也为难民提供了诸多体育运动方面的援助，以保障他们体育权的实现。联合国教科文组织 1978 年颁布的《体育教育、体育活动与体育运动国际宪章》中明确规定"体育教育和体育运动是所有人的基本权利"，1999 年的《国际奥林匹克宪章》中也明确规定"从事体育运动是一项人权"，难民作为全球人类的一分子，也应当享有体育权这一新兴人权，这是我们在构建人类命运共同体的过程中必须达成共识的一部分。

直到 2016 年里约奥运会，赛场上出现了一支独特的运动代表队——难民代表队，这是历届奥运会都不曾出现过的队伍。这些难民运动员不代表任何国家，也没有国旗国歌，他们挥舞着奥运五环旗，伴随着奥林匹克会歌入场。国际奥林匹克赛场对难民权利的重视，势必会推进世界各国对难民其他权利的关注，逐渐加强对难民人权的重视与保障，从而通过体育事业助推多元共治，加快构建人类命运共同体。

三、体育权形成的重要依据及其重要意义

通过前文诸多分析和阐述，可以看出，当前国际公约中尚无关于体育人权的确切规定，诸多研究都是围绕现行人权法相关公约中的健康权、文化权或者受教育权等展开，继而将相关权利在体育领域中延伸为体育权。然而，虽然国际公约中暂无体育权的明确规定，但已经有非条约类国际文件对体育人权表示高度认可并进行了明确规定。在新兴国际人权理论形成过程中，这些非条约类国际文件发挥的作用越来越大，新兴人权的形成已经不再单纯依靠国际公约的明确规定，在这些非条约类国际文件的推动下，可以与时俱进地快速形成一项新兴人权，[1]它们的规定同样是一种法律形式，可以加速人权事业的发展，有助于充实人权的内涵。因此，《残疾人权利公约》《体育教育、体育活动与体育运动国际宪章》对体育人权的确定能够获得国际社会的高度认可，世界各国的国内法也在这些国际文件的指引下，在本国范围内明确公民健身权、公民体育权等与体育权相关的内容，助推体育人权的形成与发展。除此之外，马克思主义人权观以及崇高的人类命运共同体理念对体育人权的形成也给予了高度支持。

（一）体育人权形成的理论依据

无论是马克思主义人权观还是人类命运共同体理念，都对体育人权的形成有着科学理论的支撑和推动作用。

第一，在马克思主义人权观看来，人权不是天赋的、与生俱来的，而是历史的、社会的和商品经济的产物，并且人权是发展的，不存在永恒不变的人权。在这样的人权观下，同样不能否认体育权的存在。体育权的兴起，正符合马克思主义强调的"历史的、社会的和商品经济发展的产物"。前文也已提及，体育权这一新兴人权是随着政治、经济、社会、文化等多方面因素的变迁与进步，而逐渐受到广大群众的关注和重视，这也符合马克思主义强调的"人权的不稳定性"，人权是不断发展变化的，在某个历史、经济、社会发展阶段，体育权可能还未受到重视，未被上升为一种人权，但当历史、经济、社会发展到一定阶

---

[1] 姜世波：《论体育权作为一种新型人权》，载《武汉体育学院学报》2018年第4期。

段,如我国当前的社会主义新时代,体育权已被广泛认可和重视,俨然发展为一项新兴人权。马克思、恩格斯终生致力于无产阶级的解放事业,一直关注着无产阶级各项权利的解放,其中也包括体育发展的权利,尤其是无产阶级的未来——"正在成长的工人一代",即青少年体育的发展。1893 年,恩格斯为了表明反对军备竞赛和战争冒险,写了《欧洲能否裁军》一文,他在文中特别强调要敦促青少年参加体育锻炼和必要的军事训练,这样不仅可以提升青少年的身心健康,还可以加强军队建设,起到一箭双雕的积极效果。[1]学生们如果整天坐在屋子里读书,不参加体育运动,会阻碍身体运行的正常机能,因此,应该"经常而认真地教给他们自由体操和器械操"[2],这意味着马克思、恩格斯为劳动群众争取无产阶级的人权,尤其是体育权,制订了清晰的目标。

第二,在人类命运共同体的理念下,体育权更是不容忽视。习近平总书记在党的十九大报告中将"坚持推动构建人类命运共同体"作为习近平新时代中国特色社会主义思想的基本方略之一。体育和人类命运共同体具有高度契合性,其早已不仅是社会发展和人类进步的重要标志,更是一个国家综合国力和社会文明程度的重要体现。体育在促进全人类社会发展与和平中扮演越来越重要的角色,并且早已成为人民追求幸福生活的重要生活方式。在积极构建人类命运共同体、推进多元共治的理念下,广大人民的体育权更需要得到重视,只有保障基层民众体育权的实现,方可推动整个人权事业的前进与发展,进而逐步实现构建人类命运共同体的伟大思想。

(二)体育人权形成的重要意义

体育运动在全球蓬勃发展,体育领域内的人权也逐渐受到重视。人权理念在体育领域的延伸,逐渐形成了体育人权观。体育人权这一新兴人权观的形成,对我们人权事业的进步和人类命运共同体的实现有着极其重要的意义。

1. 意味着人权事业的进步。马克思主义人权观认为,人权并非天赋和与生俱来的,而是历史的、社会的和商品经济的产物,并且是不断发展变化的。所谓人权,无非是权利的一般表现形式,而资产阶级的理论家所论述的是

---

[1] 杨文清:《伟人与体育》,人民体育出版社 1979 年版。
[2] 朱建勇、李征、胡晓娟:《马克思恩格斯关于体育的基本观点及其现代启示》,载《河海大学学报(哲学社会科学版)》2014 年第 4 期。

"抽象的人",马克思恩格斯则立足于"现实的人""历史的人"和"具体的人",因此,讨论人权不能离开具体的、社会的、政治的和历史的范畴。此外,他们还指出,无产阶级和劳动人民必须通过斗争才能真正获得人权。无论是从举办体育赛事的角度彰显体育权,还是从人的发展上突出妇女、儿童、残疾人、难民等弱势群体和最广大人民群众的体育权方面,都能够充分体现出体育权的进步对人权事业的进步所起到的巨大推动作用。举办各类大型体育赛事,不仅是对体育权利的一种认可和保障,更能够全方位推进人权事业的进步,助推人类命运共同体的实现。首先,积极承办各种大型体育赛事,最根本的一点就是对体育权利的认可,愿意积极提供各种平台来实现大家的体育权利,同时保障体育权不受他人的侵犯。例如,残奥会就是给残疾人提供参与体育运动、实现自身体育权的机会,同时提升残疾人的社会地位,减少社会对残疾人的偏见。其次,这些大型体育赛事的举办,其影响力远超体育运动本身,为实现联合国所倡导的和平与人权等价值和目标提供了很好的平台。一个大型体育赛事的举办,少不了政府和各社区的通力合作,对整个国家、城市的经济、就业等方面都起着巨大的推动作用,同时在这些大型体育赛事的筹备工作中,可以不断提升和改善居民的生活水平和幸福质量,这是维护公民人权的一种良好体现,正符合习近平总书记所说的"人民幸福生活是最大的人权"。如果人民幸福质量通过体育权的实现得到大大提升,也就是实现了人民最大的人权。在弱势群体体育权方面,例如,在 2013 年伦敦世锦赛上,24 岁的伊朗女子希林代表伊朗成为该国首个参加世界锦标赛的女铁人三项运动员,虽然她将遵循该国传统——头裹纱巾,身着长衣长裤参加比赛,但她的出场意味着伊斯兰妇女在争取体育权进程上的一大进步,同样彰显了新时代的体育精神和人权事业的进步。[1]

2. 有助于推进人类命运共同体的实现。前文已经通过对习近平总书记关于推动构建人类命运共同体的论述,以及体育与人类命运共同体的高度契合性阐述和分析,证实了体育与构建人类命运共同体之间的紧密联系。此外,

---

〔1〕朱建勇、李征、胡晓娟:《马克思恩格斯关于体育的基本观点及其现代启示》,载《河海大学学报(哲学社会科学版)》2014 年第 4 期。

通过举办国际体育赛事和参加国际体育赛事，还可以将体育作为外交的一种通用语言。这种语言可以打破不同人民、不同民族和不同国家之间的重重隔阂，具有跨越意识形态的国际属性，能够在外交格局中实现求同存异，架起相互沟通的桥梁，有助于促进人类命运共同体的实现。乒乓球外交是我国最为著名的体育外交方式之一，1971年我国与美国之间乒乓球队的相互访问，通过两国乒乓球运动员的友好互动，不仅推动了中美两国关系正常化的进程，也加快了新中国走向世界的步伐，通过小小的乒乓球运动，推进了人类命运共同体的深入发展。

四、路在远方：体育人权的未来发展前景

（一）体育人权逐渐融入新时代人权谱系结构之中

在优化人权谱系内在结构方面，一定要把握好整体与部分的关系，必须对人权谱系下的其他各项权利予以平等对待，协同并进，避免失衡性的保障。在对人权的重视上，无论是发展中国家还是发达国家，都尚存在一定的偏颇之处。发展中国家基于本国人口贫困、经济发展相对滞后等压力，往往重视的是生存权和发展权，而西方发达国家的人权观则重视公民权利和政治权利，忽视公民的经济、社会和文化权。党的十九大报告提出"人的全面发展"，就是为了避免前述人权观的局限性，结合马克思主义和我国新时代发展实况，为人权谱系结构的优化提供更好的视角和科学指引。在中国特色社会主义新时代背景下，人的全面发展必须要有法律制度保障人权的全面实现，在这方面首先要把握好对基本权利的保障，基本权利的全面性把握好了，方可促进人权发展的全面性，而人权的全面发展少不了政治、经济、社会、文化等权利的全面保障，继而才能共同推进人的全面发展。[1]有学者还强调，想要在21世纪中国法治稳步发展进程中推进人的全面发展和人权事业的稳步前行，必须重视我国平等权、财产权、自由权、生存权、发展权这五大权利群的整体进步与发展。[2]而新兴人权中的体育权，正是这五大权利群内容之一，其

---

[1] 江必新：《谱写新时代人权法治保障的新篇章》，载《中国法学》2017年第6期。
[2] 温晓莉：《21世纪中国法治建设的主题》，载《学习与探索》2001年第4期。

与发展权息息相关，体现着体育法的基本价值和精神。还有学者专门对体育发展权展开论述，将其定性为发展权的一项子权利，即全体个人及集合体所享有的参与体育过程，促进体育发展，并享有体育成果的平等的权利[1]。加上前文论述的关于体育运动和体育权的广泛影响力，以及完全符合"人的全面发展"和人民追求幸福生活的重要目标，体育权势必会逐渐融入新时代人权谱系结构之中，壮大新时代人权谱系，进一步推动人权事业的快速发展。

（二）体育人权成为中国人权发展的重要内容

习近平总书记在党的十九大报告中明确提出，"人民幸福生活是最大的人权"。而前文论述的体育运动的诸多积极作用，以及国际上将其定性为人权的潮流趋势，加上我国始终对体育运动高度重视，早在1917年，毛泽东同志就在《新青年》杂志发表了著名的《体育之研究》一文，强调了体育运动的重要性。1952年6月10日，毛泽东为中华全国体育总会成立大会题词："发展体育运动，增强人民体质"，深刻揭示了体育的地位、作用和目的。现如今，我国对公民体育权的重视度逐步提高，2016年中共中央、国务院印发《"健康中国2030"规划纲要》，同年二次修订了《全民健身条例》，都是为了进一步促进全民健身活动的开展，保障公民在全民健身活动中的合法权益。《"十三五"加快残疾人小康进程规划纲要》对残疾人这一弱势群体的体育权也加以重视，明确实施"残疾人体育健身计划"，推动残疾人康复体育和健身体育广泛开展。此外，我国还积极承办各类国际性体育赛事，从早期1990年的亚运会，到2008年的北京奥运会、2019年10月的世界军运会，再到2022年的冬奥会和冬残奥会，都彰显出我国对体育运动和体育权的重视，因此，将体育人权作为中国人权发展的重要内容势在必行。

（三）体育人权的特殊性促使其脱颖而出引领世界潮流

体育权利的根本属性尚无定论，有学者将体育权归属于人权的健康权范畴[2]，也有学者将其定性为文化权[3]，更有学者模糊地将其划入到公民的

---

〔1〕 汪习根、兰薇：《论体育发展权》，载《西南民族大学学报（人文社会科学版）》2012年第5期。

〔2〕 焦洪昌：《论作为基本权利的健康权》，载《中国政法大学学报》2010年第1期。

〔3〕 杨海坤主编：《宪法学基本论》，中国人事出版社2002年版。

经济、社会和文化权利中[1]。国外则有学者基于其特殊性,将其定为一项独立的体育人权加以阐述[2]。通过前文对体育权的内涵外延和重要意义的分析与阐述,以及其产生和发展的理论和社会基础的梳理,都表明体育运动具有一定的特殊性,虽然其具有传统的健康权和发展权、文化权的属性,但其作用远超传统的健康权、文化权,无论是对全人类的基本健康权益、幸福生活,还是对全球多元共治和人类命运共同体的构建,都有着巨大的调节和推动作用。因此,著者在此也期盼,体育人权这一新兴人权能够在未来基于其内外兼具的特殊属性,从传统人权中脱颖而出,引领世界人权事业发展的潮流,充分发挥其多元效能,加速构建人类命运共同体。

本文原载于《体育学刊》2020年第4期

第二节　新《体育法》视阈下体育权的规范构造

从"人权"入宪到党的二十大,我国人权保障的深度及广度不断拓展,人民对新型人权的保障诉求得到积极回应,中国特色人权体系日益丰富。体育权和健康权就是中国特色人权体系中的新内容。习近平总书记在各类会议中多次发表涉及"体育权与健康权"保障的重要讲话,一方面强调体育对人民健康水平、全面发展的重要性,另一方面也经常强调以人民为中心的体育发展理念,例如,习近平总书记曾经强调"体育在提高人民身体素质和健康水平、促进人的全面发展、丰富人民精神文化生活、激励人民弘扬追求卓越、突破自我的精神等方面都有着十分重要的作用"[3]。这些都表明党与国家高度重视体育权的人权意蕴。2022年6月24日,十三届全国人大常委会第三十五次会议表决通过新《体育法》,新《体育法》总则中也与时俱进地新增了有

---

[1] 王岩芳、高晓春：《体育权利本质探析》,载《浙江体育科学》2006年第3期。
[2] Peter Donnelly, "Sport and Human Rights", *Sport in Society*, 11（2008）.
[3] 中共中央党史和文献研究院编：《习近平关于尊重和保障人权论述摘编》,中央文献出版社2021年版,第35页。

关体育权的规定，即第五条："国家依法保障公民平等参与体育活动的权利，对未成年人、妇女、老年人、残疾人等参加体育活动的权利给予特别保障。"基于体育权备受关注的背景，以及《体育法》成功修订并增加了"体育权"相关规定，著者特此结合我国《宪法》和新《体育法》展开关于体育权的规范分析研究。

一、规范分析之于体育权研究的必要性

体育权是一项与每个人息息相关的权利，虽然其早期并未引起大众的关注，但并不能否认其人权属性。该项权利早已得到全球诸多国家的广泛认可，不少国家的国内法已经对体育权予以明确规定。而国际性法律文件更是为各国国内法认可体育权提供了正式的法律渊源。例如，《世界人权宣言》第27条规定："人人享有参加社会各项文化娱乐活动的自由权利。"《奥林匹克宪章》中更是直接言明："从事体育运动是一项人权。每个人都有能力根据自己的需要进行体育活动。"[1]由此可见，对于体育权作为人权的定性，不仅得到了联合国的支持，也受到诸多非政府组织的肯定。

我国现行《宪法》虽尚未明确体育权的权利属性，但第21条第2款已明确国家发展体育事业的义务和职责，第47条则明确我国公民享有进行各项文化活动的自由，以此为体育权提供了重要的宪法依据。体育运动是文化、娱乐活动中的重要组成部分，保障公民的体育权利已经成为国际体育发展的主流。踏上全面建设新征程，人民群众美好生活期待中对体育运动的需求越发强烈，保障体育权已成为我国体育事业发展的重要内容。国务院在2019年8月专门印发了《体育强国建设纲要》，进一步加大对公民体育权的保障力度，其战略目标明确提及，2035年要实现"全面健身更亲民、更便利、更普及，经常参加体育锻炼人数比例达到45%以上，人均体育场地面积达到2.5平方米，城乡居民达到《国民体质测定标准》合格以上的人数比例超过92%"。[2]除了聚焦全民健身领域，我国还提升了对青少年和学校体育的重视程度。2022年《体

---

[1] 姜世波：《论体育权作为一种新型人权》，载《武汉体育学院学报》2018年第4期。

[2] 《全民健身，始终以人民的切身需要为中心》，载人民网 http://sports.people.com.cn/jianshen/n1/2019/0917/c150958-31357792.html，最后访问时间：2020年1月1日。

育法》中则增加了"体育权"的相关内容，破冰式地为我国公民体育权保障提供了法律依据，并且详细规定了关于一般公民及青少年学生、妇女、老人、残疾人等弱势群体的体育权保障问题。

在体育权受到国际社会及我国政府重视的同时，我国法学界和体育学界对体育权的研究也日益深入。不过，体育权的具体内涵还尚未统一，关于体育权的研究仍处于属性研究和对策性研究阶段，关于其内在法理逻辑切入的规范性分析研究少之又少。基于当前缺乏规范分析研究的现状可发现：

第一，对体育权的理解和解释体系化不足。在现有关于体育权的规范分析中，大多数学者也只是站在公法角度，单一地将其定性为积极权利，得出国家应对体育权的实现承担基本的义务和责任的结论；同时，也有学者从私法角度对侵犯体育权的行为展开研究，例如，基于全民健身场地、设施不足或者存在缺陷，对从事体育活动的主体造成人身、财产损失的，可以将这种侵权行为从对私主体的人身、财产权益的侵害扩大至对公民体育权的侵害。这些研究观点都具有一定的合理性，但都未系统化地揭示体育权的规范结构，没能展开系统性的学理考量。当然，也有不少学者通过对未列举权和已列举权多元化分析，同时对体育权兼具主观权利和客观法的双重性质进行规范分析，以论证体育权在我国宪法基本权利体系中的地位。[1]也有学者基于体育强国建设背景对体育权利内涵予以深入剖析，其中也运用到了规范分析法，对体育权的积极权利和消极权利构造进行了初步探究。[2]这些研究算是关于体育权规范分析少有的系统化分析，但学界中这样的研究还属于极少数。还有学者通过研究体育入宪的价值来论证宪法对体育保障的重要作用。[3]

第二，体育权基础理论成熟度不强，对体育权规范模式的整体把握不足。体育权源于公民社会，为政治国家而建构，从一开始就表现出强大的开放性和多样性，这必然导致其难以被界定和规范。我国体育权的理论基础不够扎实，诸多体育权的基本问题难以言明，体育权研究的法理深度不足，系统化的体育权规范模式研究成果不足。显然，这不利于体育法治实践的开展，尤

---

[1] 黄鑫：《作为基本权利的体育权及其双重性质》，载《体育学刊》2016年第2期。
[2] 张鹏：《体育强国建设中的体育权利意涵》，载《人权》2021年第6期。
[3] 陈华荣：《体育入宪的价值：主体和目标》，载《天津体育学院学报》2015年第3期。

其难以深入指导体育权立法工作，关于体育权立法的基本问题分歧重重，势必会对相关立法形成一定的阻碍。我国《体育法》于1995年颁布实施，已历经20多个春秋。该法制定之初，内容就存在诸多不完善之处，再加20多年社会、经济、文化的快速发展，早就难以应对层出不穷的体育新难题，无法有效回应人民群众体育权保障的新需求。早在2018年，十三届全国人大常委会立法规划中就列出了《体育法》的修订计划，但直到2022年6月才得以将颁布实施27年之久的《体育法》成功修订完善。然而，理论方面关于体育权的定性仍迟迟没有定论，"受教育权""健康权""文化权"等各种学说层出不穷，争议较多；体育权利义务关系的不明晰则带来规范解读的争议。著者基于独立的"体育权说"曾将其定义为"全人类不分性别、不分种族、各民族皆可依据自己的内心自由决定自己是否参与体育运动、参与何种体育运动、何时参与体育运动的权利"。[1]并指出体育权的外延极其广泛，依据全民健身、青少年和学校体育、竞技体育的不同领域分类，体育权在这些领域的权利形式也各不相同；依据弱势主体不同，又可分为儿童体育权、女性体育权、难民体育权、残障人士体育权等。对体育权法律属性的不同界定，将带来体育权内容的不同解读，体育权急需一个科学理论的定性及对其规范模式的整体把握。

规范分析法是法学研究独有的研究方法，基于该研究方法可以有效构建和维系法律规范的科学性。[2]"规范分析方法重在对法治的合法性和实施成效和实体层面的关注，全面分析研究'法'的各项要素，由这样的制度事实构成规范分析的对象。"[3]当前关于体育权的系统性规范研究略显不足，对一些涉及体育权利的纠纷解释过于泛泛，直接影响到了体育权法治保障的成效。为此，在新《体育法》将"体育权"纳入立法之际，体育权研究有必要基于规范分析法，揭示体育权的各项构造要素，方可有效厘清体育权法律关系中的权利义务内容，系统研习透彻体育权基本权利理论基础，继而更好地保障各类主体的体育权。

---

[1] 徐翔：《体育权：一项新兴人权的衍生与发展》，载《体育学刊》2020年第4期。
[2] 陈云良：《健康权的规范构造》，载《中国法学》2019年第5期。
[3] 谢晖：《论规范分析方法》，载《中国法学》2009年第2期。

二、体育权的消极权利规范构造

自由权在基本权利内容中占据着主导地位，随着政治、经济、文化等背景的演进，"消极自由"和"积极自由"这两种对立性质的自由权利渐渐产生。这两种性质的自由权利理论都有著名的代表性人物，例如，霍布斯、洛克、孟德斯鸠等人的自由理论就是消极自由的代表，而卢梭、康德、黑格尔等人的自由思想，则具有显著的积极自由色彩。根据通说，消极权利主要是指保障公民个人权利不受第三方的非法侵害，要求公权力不作为的权利，[1]即国家负有法定的消极义务或不作为义务，能对所有的国家机关产生法律约束力，例如，要求国家不得肆意干涉公民人身自由、经济自由等权利的实现，而在国家或第三方以积极行动侵害其权利时，则可请求国家停止侵害或制止第三方侵害。

具体而言，体育权的消极权利规范构造主要彰显在：当权利主体具有足够的选择条件和空间时，有权根据自己的意愿进行体育活动，国家和任何机构、个人不得干预；同时，权利主体须恪守不得侵害国家、公共利益以及他人利益的义务，并需要为自己的行为承担必要的法律责任。例如，《体育法》第5条关于体育权保障之规定就蕴含了消极权利保护的色彩，即公民享有平等参与体育活动的权利，任何组织、个人都不得加以干涉。在学理上，体育权的消极权利规范构造主要有两种典型的表现形式，一种表现为：在各类体育运动中，权利主体自由决定自身运动行为、习惯等，另一种则表现为：在体育权的实现阶段，权利主体选择何种运动方式且自甘风险的行为。这两种权利的实现在我国都由体育法、民法以及其他体育类的法规、条例和体育组织内部规则保障，尤其是自愿承受风险后果方面，我国《民法典》中明确增加规定了"自甘风险原则"，为妥善解决体育伤害纠纷提供了坚实的法律依据，同时也间接肯定了体育权的消极权利属性。

（一）全民健身中的消极权利

在全民健身中，公民对个人的运动时间、运动项目的选择和运动习惯的

---

[1]《宪法学》编写组：《宪法学》，高等教育出版社、人民出版社2020年版，第12~45页。

塑造等具有自由决定的权利，他人不得妄加阻拦，这便是消极权利在全民健身中的体育权表征。例如，不同主体基于自身不同的健身爱好及健康需要，可以在不同时间从事各式各样的体育运动。有的热爱晨跑，有的热爱夜跑，有的热爱参与户外马拉松长跑，等等，公民均可立足于自身的喜好与需要自由选择，任何组织和个人都不得肆意干扰和阻碍。国家倡导公民科学健身，引导公众积极参与体育活动的法律规定同样体现了体育权的消极权利规范构造。国家支持鼓励但并不强制，克制自身权力，划清边界线，充分维护公民参与体育运动的自由选择空间。在公共体育场地设施的建设及利用上，消极权利同样要求国家或第三方不得肆意侵占或妨碍，并对体育资金的管理予以严格限制。除此之外，全民健身中的消极权利的消极性还主要体现在：消极权利一般处于静止状态，一旦有外界侵入干预、侵害该类权利，权利主体便可依法行使对外来侵害的防御，例如，国家或第三方强制推行某种健身运动，限制个人运动项目的选择时，权利主体可以请求公权力排除非法干预和侵害。

（二）青少年和学校体育中的消极权利

在青少年和学校体育中，中小学生群体享有体育课不被挤占、学校体育场地不得被随意占用或者挪作他用的权利，国家或第三方不得肆意侵犯。中小学生体育课时常常被一些学校以减少体育伤害事故的发生或给予文化课更多课时以提升学生文化课成绩等为借口，被私自缩减。此类行为明显干预和侵害了学生的学校体育权。《体育法》第 26 条明确以"体育课时不被占用"的规定来保障青少年和学校体育中的消极权利。此时，公权力应当及时依法排除此类不当干涉，确保学生体育权的有效实现。此外，《体育法》第 32 第 2 款同样以学校体育场地"不得随意占用或者挪作他用"的规定维护中小学生群体的消极体育权。学校体育场地是增强学生体质和健康、完成国家规定的学校体育教学和课外体育活动的基本保证。禁止占用和挪用学校体育场地的实质，是为了保障学生能够正常使用体育场地进行日常体育活动，目的是保护学生体育权不受侵犯。

（三）竞技体育中的消极权利

在竞技体育中，体育运动员有选择注册和交流的权利、免受兴奋剂侵害的权利。即《体育法》第45条第2款规定："运动员可以参加单项体育协会的注册，并按照有关规定进行交流。"该条规定较之旧《体育法》，将运动员的注册和交流从强制性义务变成了选择性权利，从法律上赋予了运动员更大的自主权，运动员注册时可以选择全国性单项体育协会，也可以选择地方体育行政部门、其他社会组织或职业体育俱乐部。[1]这恰好和消极权利的构造相契合。通过立法排斥第三方对运动员选择注册和交流权利的干涉，是要求国家机关、体育行政部门等其他第三方不作为的权利体现。在竞技体育中，另一个具有鲜明消极权利属性的规定，是《体育法》中新增加的反兴奋剂专章。《体育法》第53条明确规定，任何组织和个人不得组织、强迫、欺骗、教唆、引诱体育运动参加者在体育运动中使用兴奋剂。该规定亦为要求第三方不作为的权利，此处的第三方自然包含了国家及相关部门、组织、单位。

除了个人的防御权，国家还必须为消极权利不受外界干预提供应有的保障，即公权力要承担克制的义务，如不能肆意强迫公民从事某项体育运动，或者不能肆意强迫公民观看体育赛事。[2]同时，国家不得为了提高某些体育运动的地位，而降低其他体育运动的地位，必须对各项体育运动平等视之。体育权一旦被侵害，相关当事人即可依据消极权利的规范构造，充分行使防御权。再如，司法机关在解决涉体育权纠纷时，应当严格秉持以事实为依据、以法律为准绳的法治理念，不得滥用职权、徇私枉法，[3]这也是为了确保消极权能够顺利实现的体现。此外，体育权享有者的自由意志实现存在其他干预时，公权力有义务排除其他干预。例如，在青少年和学校体育领域中，对于体育课的侵占，学生及其家长们有请求排除侵害的权利，公权力亦应当及时依法排除此类不当干涉。

体育权的主体享有意思自治权利的同时，也要为自己的行为和决定承担相应责任。这就要求体育权相关法律法规明确体育权主体自身的责任，规定在一些特定情况下，基于个人行为或者他人无过错而发生损害后果时，权利

---

〔1〕 张勇、王瑞连主编：《中华人民共和国体育法释义》，中国法制出版社2022年版，第144~145页。

〔2〕 观看体育赛事的权利也是体育权中的一项重要内容。

〔3〕 黄鑫：《作为基本权利的体育权及其双重性质》，载《体育学刊》2016年第2期。

人自身承担责任。前文提及的我国《民法典》中关于参与具有一定风险的文体活动适用"自甘风险原则"的情形，便充分体现了体育权主体的权责一致。

三、体育权的积极权利规范构造

积极权利是指参与国家意志的形成或要求国家积极作为的权利，[1]即要求国家积极采取相关措施，积极履行保障义务，该类义务的履行手段多表现为提供、救助、养护、保障等。[2]而体育权的积极权利，主要是指体育权主体要求国家履行积极义务向其提供体育经济、资源的权利，表现为平等参与体育活动、享有全民健身公共服务、获得科学健身知识和健身指导、享有保持最高水平健康的机会等。《体育法》第5条在总则中明确了国家保障公民体育权的法定义务，同时在"全民健身""青少年与学校体育""竞技体育""保障条件"等章节中规定了诸多国家、社会履行保障体育权的义务方式。尤其是关于"保障条件"的规定，有14条之多，主要规定了体育事业投入机制、社会力量参与、体育资金管理、体育场地设施配置、体育专业人才培养、体育领域保险设立，以及公共体育场地设施的规划、社会开放、维护管理等内容，其中大部分内容属于体育行政部门需要积极履行的义务。基于此，体育权主体可以依法要求国家履行积极义务的内容更加丰富和具体。在学理上，根据不同的权利实现形式，可以将积极权利分为直接的主观受益权和间接的客观秩序保障权，而对应的权利、义务、责任也都存在些许差异。

（一）基于体育权主体请求的积极权利

当一些公共性较强的体育权内容，超出了普通公民的选择条件和范围时，公民有权请求国家通过作为的方式维护自身的合法权益，国家有相应的保障及帮助义务。该权利类型在全民健身、青少年和学校体育中最为明显。公民在这两个领域中的体育权实现，除了公民可以在自由意志范围内对体育运动方式进行选择，还需要国家积极提供应有的体育运动场馆、专业指导人员和公共健身设施，加大财政投入支持以实现可持续发展等，否则会导致体育权

---

[1] 《宪法学》编写组编：《宪法学》，高等教育出版社、人民出版社2020年版，第12~45页。

[2] 柳砚涛、刘雪芹：《论积极权利领域国家与社会义务》，载《山东警察学院学报》2008年第5期。

保障流于形式，缺乏场所和资金的有效保障。

1. 基于全民健身主体请求的积极权利。其一，请求地方各级人民政府和有关部门提供与当地经济水平相适应的全民健身活动场所、设施。在《体育法》"全民健身"一章中，新增了要求地方各级人民政府和有关部门为全民健身活动提供必要的条件，以支持、保障全民健身活动的开展的规定。该规定明确了地方各级人民政府和有关部门落实全民健身活动的职责，以及保障公民体育权的各种义务，尤其是要求为公民体育权的实现提供"必要条件、支持"，与积极权利属性相契合。此外，在《体育法》关于"保障条件"的14条规定中，有多达7条的规定直接涉及对全民健身主体体育权保障的内容。例如，第81条要求县级以上地方人民政府应当按照国家有关规定，视情优化配置各级各类体育场地设施，优先保障全民健身体育场地设施的建设和配置；第82条要求公权力主体积极为老年人、残疾人等特定群体提供无障碍式的公共体育场地。这些规定为全民健身主体实现体育权奠定了重要的法律基础。其二，请求区域体育均衡发展。《体育法》为了保证全民健身主体体育权的有效实现，还细化规定了地方各级政府、有关部门以及全社会需要积极履行的义务内容。例如，在关于促进区域体育均衡发展方面，《体育法》第7条规定："国家采取财政支持、帮助建设体育设施等措施，扶持革命老区、民族地区、边疆地区、经济欠发达地区体育事业的发展。"其中"国家采取财政支持"的方式，便是社会权利的显著特征，充分体现出国家履行积极义务来提供保障的特点，通过法定方式进一步明确了体育权的积极权利属性。其三，请求国家机关、企业事业单位和残疾人联合会等群团组织和基层群众自治组织组织全民健身活动。这主要体现在第21～22条的要求，即分别规定了国家机关、企业事业单位和工会、共产主义青年团、妇女联合会、残疾人联合会等群团组织和基层群众自治组织及其他社区组织，应当结合实际情况，组织开展全民健身活动，细化责任主体，明确保障公民体育权实现的义务。其四，请求公共体育场地设施向社会开放。《体育法》"保障条件"一章中专门明确了政府有关部门关于公共体育场地设施向社会开放、推进体育公园建设及维护全民健身公共体育设施的义务与职责。倘若基于各地政府部门、单位、组织的实际情况，出现没有积极履行义务提供体育权保障的行为，全民健身主体皆可请求相关部门积极履行法定义务。

2. 基于青少年和学校体育主体请求的积极权利。在青少年和学校体育中的体育课程时间和体育设施提供义务方面，主要是针对体育行政部门和学校规定的相关义务内容，表现为体育行政部门在推进学校体育工作时，要积极指导和帮助学校传授体育知识技能、组织体育训练、举办体育赛事活动、管理体育场地，以此保障青少年和学校体育主体的体育权得以实现。《体育法》中尤为引人注目的便是关于学校体育课设置的规定，即新增加的第27条第1款规定："学校应当将在校内开展的学生课外体育活动纳入教学计划，与体育课教学内容相衔接，保障学生在校期间每天参加不少于一小时体育锻炼。"该规定旨在通过立法严禁学校、教师以任何理由削减、挤占体育课时间，以期保障青少年学生的体育权得到有效实现。此外，《体育法》第32条第1款之规定还明确了学校需按照国家有关标准配置体育场地、设施和器材，并定期进行检查、维护，适时予以更新的义务。

3. 基于竞技体育主体请求的积极权利。竞技体育主体的体育权多表现为消极权利属性，但根据《体育法》之规定，也有积极权利的表征，主要规定于第43条，要求对运动员实行科学、文明的训练，以保障竞技体育运动员参与体育训练的权利。该规定针对的对象便是国家有关体育行政部门、体育协会等，要求这些主体在对竞技体育运动员开展训练时，必须严格依法履行科学指导、文明训练的义务，倘若履行不当，竞技体育主体同样可以请求相关主体积极履行义务，由此也彰显出竞技体育权的积极权利属性。此外《体育法》第90条新增了关于建立健全运动员保险、体育意外伤害保险和场所责任保险制度的规定。建立健全运动员保险，本质是为了保证运动员的生命健康权，以保障他们可以尽情参与体育运动。而关于体育保险制度的建立健全，主体责任在国家，故该规定也是积极权利的重要表征。

前述法律条款的制定，一方面是为了明晰国家及有关部门保障体育权所应尽的积极义务，另一方面便是让公民可以依据相关规定，在国家公权力未积极履行义务的时候提出请求，督促国家公权力积极履行义务。体育权主体可以依法要求国家有关部门积极履职，提供必要的条件和平台以实现自己的权利。依据《体育法》相关规定，在此过程中的义务承担者应是国家，体育行政部门则是具体行政行为的实施者,权利行使方式主要是请求行政给付。不过,此处的行政给付和一般的行政给付不同,需要参考义务履行方的综合情况,而不是一味地强求履行给付义务,即针对的行政主体不作为,主要是"能而不为者",而不是针对"不能者"。关于体育权的保障,基于其积极权利属性,联合国公约确立的最低要求主要是保障渐进实现,保障平等享有和多样化选择;依据我国宪法对积极权利保障的要求,强调需要结合国家及各地区具体经济实力提供相适应的保障,而不能苛求获得全国范围绝对平等的保障条件,即需要考虑合理的差别保障。这在《体育法》的规定中也有诸多体现,比如,第 77 条规定:"县级以上人民政府应当将体育事业经费列入本级预算,建立与国民经济和社会发展相适应的投入机制。"还有第 81 条规定:"县级以上地方人民政府应当按照国家有关规定,根据本行政区域经济社会发展水平……"这些规定中的"与国民经济和社会发展相适应的""根据本行政区域经济社会发展水平",都体现出积极权利保障的重要基础是经济社会发展水平,而不能对前述"不能者"提出过度的请求。即使在 1995 年《体育法》和《全民健身条例》关于体育事业经费和全民健身经费的规定中,相关表述也是"随着国民经济的发展逐步增加对体育事业的投入"。在国家立法和制定保障体育权的大政方针政策下,提供保障体育权义务的具体主体往往是体育行政部门;如国家体育总局、地方体育局等,当相关部门出现不作为的情况,公民有权依法向对应的行政机关提出行政给付的请求,同时,相关行政主体应当视情况履行保障义务,倘若的确存在履行不能的情况,则需要向请求主体如实说明情况,待以后具有履行能力时,再据实况加大保障力度。

(二)基于国家制度构建的积极权利

公民除了有权请求国家提供实现体育权的条件和方式,也有获得相关制度保障的权利。国家的政策和法令是公民难以直接选择的,为此,需要借助积极权利规范模式,即公民有请求国家提供合理且不断完善的制度保障的权利。对于体育权制度保障这一积极义务,主要是指规定国家积极提供保障体育权实现的各类制度和条件的义务,而此处的义务承担者涵盖了立法机关、执法机关和司法机关。

首先,立法机关要积极推进体育立法和释法的法律制度建设,以宪法文本和精神为指引,把握权利本位思想,在宪法文本中进一步明晰体育权的内容,继而通过下位法将宪法中抽象的体育权规范予以具象化,为保障公民各项体育权的实现提供基本的法律依据。《体育法》中明确实行和建构的社会体育指导员制度、体育学科考核机制、学生体育活动意外伤害保险机制、体育运动水平等级、教练员等级等制度性内容,正是国家积极履行和构建体育制度的体现,这些制度涉及全民健身、青少年和学校体育、竞技体育各个领域。其次,行政机关要严格执法,尤其是体育行政部门,应当依法履职,保障各类体育活动的顺利开展,维护体育领域的正常秩序。最后,司法机关在处理涉体育权的案件时,虽然依法不得直接援引宪法上的体育权条款,但在行使自由裁量权时,应当深刻把握和理解宪法文本内容及精神,同时结合《体育法》等与体育权相关的下位法予以科学裁判。立法、行政、司法机关是国家履行对公民体育权的保护义务的有机整体。《体育法》中增加了诸多关于体育权的规定,为行政和司法机关办理有关侵犯体育权的纠纷提供了坚实的法律基础,无论是对一般公民还是青少年学生、妇女、老人、残疾人等弱势群体的体育权之保障,都有了较为详实的规定。此外,之前《全民健身条例》的修订也是立法机关履行保障体育权的积极义务的体现。而在体育执法方面,苏州有关部门在充分发挥体育部门行政职能的同时,从推进体育执法体系建设、提升体育执法规范化水平、强化事中事后监管、建立体育执法机制四个方面着手,促进体育法治的建设,进而保障公民体育权利在日常生活中得以实现。[1]可以看出,无论是立法、执法还是司法机关,都在积极履行保障体育权实现的义务。例如,对于经济欠发达的偏远地区以及一些社会弱势群体,政府积极采取适当的政策倾斜,针对这些特殊区域和主体,大力扶持公共体育事业,以维护和实现他们的体育权;对实现体育权利较为困难的社会群体予以多元化的扶持,践行体育扶贫,并基于"共同富裕"的科学指引,开展各项工作以缩小各地区体育权保障的差异。

综上可知,公民有权依法提出保障自己体育权实现的要求,同时监督立

---

[1]《"苏州经验"登上体育法治建设论》,载中国江苏网,http://xhrb.jschina.com.cn/mp3/pad/c/201812/14/c571316.html,最后访问时间:2020年3月21日。

法、行政、司法机关积极履职以保障体育权的实现。在我国的法治背景下，对于行政机关、司法机关不作为或者滥用职权的行为，可以诉诸法律，请求其作为或者纠正其错误的行为。然而，我国公民尚不能针对立法不作为提出诉讼，公民不能直接请求国家立法，只能依据法定程序对国家立法保障提出要求。

四、体育权的限制

一般来说，公民的基本权利受宪法保障，但在特定条件下，为了保障公共利益或者他人的合法权利，也可以对公民的基本权利进行一定的限制。虽然宪法明确规定要保障公民的基本权利，但并不意味着其不受任何限制，因为个人的权利在实现过程中，侵害他人权利和自由，甚至对公共利益造成侵害的情况时有发生。我国《宪法》第51条之规定便是基本权利受限制的规范表现与依据。

我们所研究的体育权保障也避免不了受限制的情形，基于《体育法》对体育权的各种明确规定，以及其消极权利和积极权利的双重属性，国家公权力不得肆意限制体育权。非法肆意限制等同于对权利的侵害。例如，立法机关若想对体育权加以限制，仅能基于公共利益的事由，且须严格遵循法律保留原则，不然即视为对权利的侵害。除此之外，体育权也存在被滥用的风险。有些人为了实现自身的体育权，不顾他人感受，对他人合法权利乃至公共利益和国家利益予以侵害。如当前随处可见的广场舞行为，其本身是对自身体育权的实现，但很多广场舞的参与者不分昼夜，不分音响声音的大小，肆意影响他人正常休息和工作，这样行使体育权的方式便需要加以限制。为此，国家和一些地方部门依法利用自己的立法权限，对该类行为进行了合法限制。例如，2019年5月，广东省发布了《广东省全民健身条例》，针对全民健身活动中出现的占用机动车道跑步、噪音扰民等问题，在其第20条予以明确规定，强调参与全民健身活动的人员必须遵循道路交通安全、噪声污染防治等相关规定，不得对他人合法权益造成侵害，也不得干扰他人的正常工作和生活，否则将视情形承担相应的行政法律责任或刑事法律责任。

详细观之，我国《宪法》第51条所规定的权利限制条款属于概括的限制，不能像一般的条款对具体行为起到直接的指引作用，因此需要视消极和积极权利的具体情形，对体育权的实现予以限制。首先，对消极体育权的限制，即对体育权主体防御权的限制。强制符合运动条件的青少年参与体育运动便是对他们自由决定是否参加体育运动的权利的合理限制，正所谓身体是革命的本钱，参加体育运动可以有效改善身体机能，增强体质健康。青少年是我们祖国未来的希望，参与体育运动就是为了提升他们的身体素质，为他们的学习、工作奠定良好的健康基础。倘若他们都自主决定不参加体育运动，未来势必会对国家利益和公共利益造成侵害。其次，对积极体育权的限制。积极权利在权利体系中可谓最昂贵的权利，因为公权力的给付义务需要量力而为，即根据财政支付能力的不同，履行不同的积极给付义务，不能超越国家财政能力或者超出财政预算，否则将阻碍国家的正常运行。我国在践行全面健身的过程中，为社会大众积极提供各类体育运动场所和设施的同时，也需要考量经济发展水平，不能超过能力范围，过度提供相应设施，需要循序渐进，稳步改善和保障体育权的实现。当然，对体育权的限制应当在合理合法范围内，即"对限制要进行限制"。[1]

第一，秉持法律保留原则。按照法律保留原则的要求，对体育权的限制只能由法律先行规定，法律之外的行政法规、地方性法规、部门规章等不得在法律限制之前，对体育权加以限制，也不能超越法律规定的范畴对体育权加以限制。

第二，遵守比例原则。对体育权的限制应当在合理范畴内作出最低限度的限制，且限制的手段是必要的，要尽量给被限制对象造成最小损害。当对体育权的限制造成的损害大于实施限制后所带来的公共利益和他人利益的增长时，就需要严厉禁止此类权利限制。例如，现今在大力推广足球运动的过程中，出现了一些学校故意限制学生开展其他体育运动项目，强制扩大足球运动的适用范围的违规情形，甚至有些行政机关利用职权操纵体育赛事的结果、阻碍运动员的合法流动和转会等，都是对体育权的侵害。这样的体育权限制严重违背了法治精神和体育精神。体育执法中也需要严格遵循比例原

---

[1] 谢晖：《论规范分析方法》，载《中国法学》2009年第2期。

则,[1]如日益盛行的广场舞等群体性强、场地不固定的群众性体育活动,当此类体育活动人群在行使自己的体育权过程中造成了社会公共利益和他人合法权利的损害时,执法机关应当秉持比例原则,予以适当的处罚和惩戒,处罚过程中尽可能地兼顾体育权的保障。

第三,践行保护效果原则。只有为了保护公共利益或者他人合法利益时,方可视情形对体育权加以限制,倘若采取其他手段可以起到更好的保护成效,则不需对体育权加以限制。

体育权是消极权利规范模式与积极权利规范模式共同作用的场域,因此体育权规范构造也必然会呈现出复杂的结构,我们要正视其规范构造的复杂性,明晰其具体的权利规范构造内容,以便在依法治国和依法治体过程中打好立法、执法、司法组合拳,以更加科学、合理、系统化的制度体系保障体育权的实现。

总之,未来关于体育权规范构建的具体设计,必须结合全民健身、青少年和学校体育、竞技体育的具体情形,明确相关主体权利、义务和责任的划分,如此才能发挥规范分析法学提供行为指引和问题解决方案的应有之效。

第三节　WADA《反兴奋剂运动员权利法案》的解读与启示

2020 年 2 月 28 日,国际体育仲裁院(CAS)宣布了此前世界反兴奋剂机构诉中国游泳运动员孙杨和国际泳联一案的仲裁结果,从这一刻起,孙杨被禁赛 8 年。这样的仲裁结果,在国内引起了轩然大波。该案需追溯到 2018 年 9 月 4 日,国际兴奋剂检查管理公司(International Doping Tests & Management, IDTM)的 3 名检查人员对孙杨进行飞行检测一事上。这是一次在孙杨住宅进行的赛外(out-of-competition, OOC)检查,由国际泳联(Federation Internationale de Natation, FINA)主导,委托 IDTM 公司实施。这一兴奋剂检测机制本身合法合规,但在检测过程中,根据孙杨方陈述,发现陪护员(Chaperone;

---

[1] 董金鑫:《国际经贸领域的直接适用法研究》,中国社会科学出版社 2018 年版,第 185 页。

IDTM 称 Doping Control Assistant，DCA；国内媒体译为"尿检官"）用手机拍照、录视频，而且身着短袖、短裤和拖鞋，便对他们的专业资质产生怀疑，随即要求他们出示相关证件。[1]由于双方在专业资质问题上产生矛盾，最终孙杨拒绝配合此次检测，即没有完成尿液取样。经过多方交涉，孙杨最终接受了血液取样，但随即又因为对兴奋剂检测工作人员的专业资质表示怀疑，而单方面认为收集的血液样本无效，不应被带走，并用锤子砸碎包裹血样的安全容器，因而收集的血样未能被带走并送往相关的世界反兴奋剂机构认证的实验室。由此产生后期的纠纷，经过公开听证会后，上升到了国际体育仲裁庭（CAS）仲裁。

孙杨案中各方当事人孰对孰错，以及孙杨究竟是否存在兴奋剂滥用行为，是否应当被"无罪宣判"，在此不妄加讨论。但由此延伸出的反兴奋剂运动员权利保障是我们不容忽视的问题。现如今不乏关于体育权的研究，也不乏关于运动员权利保障的研究，但关于运动员反兴奋剂权利保障的研究和措施较少。就连世界反兴奋剂组织（WADA）也是在 2019 年 11 月才颁布实施《反兴奋剂运动员权利法案》（Athlete's Anti-Doping Rights Act，以下简称《法案》）。为了进一步分析反兴奋剂运动员的权利保障问题，著者尝试对《法案》进行解读。

一、《反兴奋剂运动员权利法案》的立法背景

（一）全球兴奋剂滥用屡禁不止

"如果让我选择缩短 20 年生命而获得永远的世界纪录或者做一名平庸的运动员，我会毫不犹豫地选择前者。"一些运动员如是说。随着社会、经济的快速发展，体育运动也不断受到商业化的侵袭，原本一心只想单纯公平竞技的部分运动员，在体育运动之外的金钱、荣誉等引诱下，开始滥用兴奋剂以提升自己的体能技术，由此导致竞技体育中的兴奋剂滥用问题扩散开来。无论是以奥运会为代表的世界级大型赛事，还是国内小型比赛，都充斥着兴奋剂这一看不见的硝烟。运动员因兴奋剂滥用被处以禁赛、取消成绩的新闻屡

---

[1] 韩勇：《世界反兴奋剂机构诉孙杨案法律解读》，载《体育与科学》2020 年第 1 期。

见不鲜，但各个反兴奋剂组织的严厉处罚不但没有杜绝兴奋剂滥用现象，反而导致兴奋剂愈加泛滥并引发更多的社会问题。国内外的竞技体育运动员都被这样的硝烟围绕，更有些知名职业运动员被这样的硝烟吞噬，例如，俄罗斯名将莎拉波娃就是这一硝烟的"受害者"之一，我国的"马家军"更是出现成群的"受害者"。

（二）体育权正在发展成为一种新兴人权

人权是指一个人作为人所享有或应享有的基本权利。随着社会、经济、法治等因素的不断演进，体育权在全球也逐渐受到重视。[1]而体育权在国际文件中被表述为一项人人享有的权利，并不是一蹴而就的，其发展历程反映出国际社会对体育权利之地位的认识是逐步提升的。早期《世界人权宣言》和《经济、社会和文化权利国际公约》都未直接提及体育，但确认了公民享有文化生活、娱乐、休闲的权利；1976年欧洲国家制定的《欧洲大众体育宪章》首次对体育权明确规定；1999年的《奥林匹克宪章》在其基本原则中规定"从事体育是一种人权"。2015年对UNESCO《体育宪章》（1978年版）的修订再次突出了体育权的重要性，[2]大大提升了全球对体育权的关注度。

（三）世界反兴奋剂组织提升对运动员权利的重视度

随着体育权在人权体系中的地位不断提升，全球各大国际体育组织都提高了对体育权的重视程度。体育权有社会体育权、学校体育权和竞技体育权之分，而运动员权利是竞技体育权中的重要内容。随着世界各国反兴奋剂工作的广泛开展，世界反兴奋剂组织（WADA）逐渐认识到，在严厉打击兴奋剂滥用的同时，也应当注重在反兴奋剂过程中对运动员权利进行保障。这与法治过程中对权利的保障、权利的限制、权利限制的限制逻辑相契合。世界反兴奋剂组织（WADA）还意识到，运动员的权利意识和如何确保运动员的权利有效实现，对于能否成功实现纯净的体育运动具有至关重要的作用。早期运动员的相关权利散见于各类国际性法律文件之中，在提升对运动员权利保障的重视程度后，世界反兴奋剂组织（WADA）决定制定《反兴奋剂运动

---

[1] 徐翔：《体育权：一项新兴人权的衍生与发展》，载《体育学刊》2020年第4期。
[2] 姜世波：《论体育权作为一种新型人权》，载《武汉体育学院学报》2018年第4期。

员权利法案》，将那些分散的权利汇集于《法案》之中，以便对反兴奋剂过程中运动员的权利予以更好的维护，有效避免反兴奋剂过程中侵害运动员权利的事件发生。

二、《反兴奋剂运动员权利法案》的立法目的和基本内容

（一）《反兴奋剂运动员权利法案》的立法目的

《世界反兴奋剂条例》（以下简称《条例》）和《世界反兴奋剂机制》的目的之一就是保证运动员参加无兴奋剂运动的基本权利，从而促进和保护全世界运动员的身体健康、竞争机会均等，运动员权利贯穿整个《条例》和国际标准之中。《法案》是为了更好地对反兴奋剂过程中运动员的权利予以保护，与世界各地的运动员广泛协商之后起草而成。《法案》强调了运动员认为特别重要的权利，虽然它没有列举出所有类型的运动员权利，但已经表现出对反兴奋剂过程中运动员权利保障的高度重视。

《法案》开头直截了当地表明了立法目的："目的是确保运动员权利在反兴奋剂工作中得到明确规定，并予以普遍适用。"即《法案》的立法目的主要是通过立法方式确定运动员在反兴奋剂过程中的权利内容，并依法保障这些权利的有效实现。

（二）《反兴奋剂运动员权利法案》的基本内容

《法案》的基本内容主要由两部分组成，共规定了 17 项权利。第 1 部分规定的 14 项权利，主要是基于《条例》和《反兴奋剂检测与调查国际标准》中的规定而归纳总结出的；而第 2 部分所列的 3 项权利，则是建议性权利，这些权利内容在《条例》和《反兴奋剂检测与调查国际标准》中并未涉及，在反兴奋剂中适用的普遍性也不强，只是运动员认为反兴奋剂组织采纳后更加有利于保障运动员的权利。据此，著者将这两部分权利分别称为法定权利和建议性权利。具体内容如下：

1. 法定权利。法定权利主要是基于《条例》和《反兴奋剂检测与调查国际标准》中关于运动员权利的规定，在《法案》第一部分明确规定的运动员权利，主要涉及 14 项权利，如治疗用药豁免权、请求检测 B 样的权利等。除

此之外，还有一些我们不常接触的权利，如举报人权（或称"监督权"）和受保护权，以及孙杨案涉及的样本收集过程中的各类权利等。详观之，这些权利还分为原则性权利、实体性权利和程序性权利，以及兜底条款下的权利内容。

（1）原则性权利主要是机会均等权。该权利规定于《法案》的第1.0条，主要是明确运动员有权通过合法合规的途径参加训练、提升自己的运动技能，以追求平等参与体育运动的机会。同时，明确规定兴奋剂滥用是违背该权利内容的，无论是运动员、运动员辅助人员或其他相关人员，都不得采取滥用兴奋剂的方式参加体育赛事。如此看来，著者认为该条之规定不仅是一项追求公平竞技的权利，更是反兴奋剂运动员权利保障中的一项基本原则，即平等原则。该权利在诸多国家或地区普通的运动员权利法案中也有明确规定，例如，美国1979年《运动员权利法案》规定的10项运动员权利中就有一项为"拥有平等机会去争取成功的权利"。而平等权在《世界人权宣言》中占据重要地位，《世界人权宣言》第1条就明确规定，"人人生而自由，在尊严和权利上一律平等"。同时，平等权还是各国宪法中的一项基本权利，更是一项基本原则。因此，《法案》中的机会均等权是《世界人权宣言》中平等权在反兴奋剂领域的延伸，结合反兴奋剂的具体场景，《法案》中的平等参与体育运动的权利，强调的是不得借助兴奋剂滥用这种违法违规的行为干扰平等竞赛，因为采取滥用兴奋剂的手段参与体育运动是对其他参与者权利的侵害。

（2）实体性权利主要包括医疗和健康权、受教育权、数据权、问责权、举报人权利和与之对应的受保护权、获得赔偿权。

第一，医疗和健康权，主要规定在《法案》第3.0条，主要为治疗用药豁免权。除此之外，还包括运动员有权免受任何兴奋剂对身体、情绪的侵害。其中，治疗用药豁免权（Therapeutic Use Exemptions，TUE）在《世界反兴奋剂条例》第4.4条中有准确定义，即"如果发现有运动员使用或企图使用某种禁用物质或其代谢物或标记物，或者发现有运动员使用或企图使用某种禁用物质或方法，与获得的TUE内容一致，且该TUE符合治疗用药豁免国际标准，则不应认定为兴奋剂违规"。即运动员因为治疗疾病或者伤痛而使用的药物中含有违禁物质（无论是被检测出还是准备使用），如果满足国际标准的条件则不被视为兴奋剂违禁。[1]例如，2016年初，俄罗斯女子网球运动员S参加澳网比赛，接受赛内兴奋剂检查，同年3月初S收到国际网联通知，兴奋剂检测结果呈美度铵（米屈肼）阳性，并从3月12日起临时停赛。运动员S称为了治疗镁缺乏并预防家族遗传的高血糖等疾病，从2006年开始服用医生开具的药物美度铵。2016年1月，该药物被列入了《禁用清单》（S4-激素及代谢调节剂）。运动员S和其团队都未及时关注该变化，导致了此次误服误用。国际网联起初对其处以2年禁赛的处罚，S上诉至国际体育仲裁庭（CAS）后，CAS根据其误服误用的情况将禁赛期缩短至15个月。[2]该案件中就涉及了运动员行使治疗用药豁免权的情况。

第二，受教育权，规定于《法案》第7.0条，主要是指运动员有权从反兴奋剂组织接受反兴奋剂教育和信息。众所周知，受教育权对于普通公民而言，往往既是一项权利，也是一项必须履行的义务，该权利内容与运动员的受教育权有所区别，反兴奋剂场景下，运动员的受教育权主要强调的是运动员有权接受反兴奋剂教育的权利，这也是各国在积极践行的定期对运动员进行反兴奋剂的普及教育，以提升运动员的反兴奋剂意识，严厉抵制兴奋剂滥用。

第三，数据权，规定于《法案》第8.0条，又称为数据保护权。数据权在人权领域是一项新兴权利，主要是从以前的个人信息权等内容演变而来。在兴奋剂检测过程中，会涉及运动员的大量个人信息、生物信息等，因此，《法案》结合《条例》第5.5条、第14.6条和《保护隐私和个人信息的国际标准》相关内容，规定了反兴奋剂中运动员的数据保护权。法权利的主要内容包括运动员有权要求反兴奋剂组织合法、妥善、安全地处理他们的个人信息，尤其是在确定数据无用的情况下，必须及时销毁和删除，积极保障运动员在反兴奋剂过程中的数据权和被遗忘权。虽然《法案》并未明确规定被遗

---

[1] 李真：《治疗用药豁免（TUE）规则初探——首例TUE案分析》，载《天津体育学院学报》2013年第3期。

[2] Arbitration CAS 2016/A/4643, Maria Sharapova v. International Tennis Federation (ITF). COURT OF ARBITRATION FOR SPORT. http://jurisprudence.tas-cas.org/Shared%20Documents/OG%2016-4643.

忘权，但其在立法时已然受到欧盟《通用数据保护条例》的影响[1]，在该数据权中强调了后期销毁和删除的内容，这就是保护被遗忘权的一种体现。

第四，问责权，规定于《法案》第5.0条，赋予了运动员对反兴奋剂组织及相关工作人员违规"执法"问责的权利。该权利的设定初衷是好的，但对于问责的具体后果尚无规定，主要强调运动员有权就这些违规行为向相关人员或反兴奋剂组织报告。孙杨一案中，最大的争议便是在样本采集过程中，孙杨对检测工作人员资质的质疑，即怀疑他们存在违规执法。虽然当时《法案》尚未颁布实施，但问责权在《条例》中亦有所规定，如果确实存在违规执法的情况，孙杨本可依据问责权进行维权。

第五，举报人权（监督权）和受保护权，分别规定于《法案》第6.0条和10.0条。这两项权利是《法案》中的重要权利，也为世界反兴奋剂组织建立兴奋剂内部举报人制度提供了保障。这两项权利相互依托，举报人权又称为运动员的监督权，主要是对兴奋剂滥用的监督。《法案》中明确规定："运动员有权以匿名或其他保密的方式举报其他滥用兴奋剂的运动员，揭露他们的组织者或者其他人员潜在的兴奋剂滥用行为，或举报反兴奋剂组织的任何违规行为。同时也有权通过举报人机制举报潜在的违反反兴奋剂规则的违规行为，并且获得免受威胁或报复的权利。"该内容在《条例》第2.11条也有所规定，这不仅是对运动员监督权利的保障，而且有助于提升反兴奋剂的打击力度。兴奋剂滥用的隐秘性极强，虽然有专门的兴奋剂检测机制，但有时确实存在检测技术滞后的可能性，因此，兴奋剂内部举报人制度的建立，以及对运动员举报权的赋予，必然会提升反兴奋剂的成功几率。既然赋予了运动员监督举报权，就需要考虑他们的人身安全问题，避免他们受到不必要的威胁、恐吓和报复，故在《法案》第10.0条，即《条例》第14.4.7条，对应地规定了受保护人的权利，强调在这些受保护的运动员群体中，对年龄较小和缺乏民事法律能力的主体予以重点保护，并且不需要公开披露他们的个人信息。这种区别性的保护机制，也体现了反兴奋剂组织的良苦用心。

---

[1] 熊英灼、董平：《后〈通用数据保护条例〉时代反兴奋剂信息的法律保护》，载《武汉体育学院学报》2019年第10期。

第六，获得赔偿权，规定于《法案》9.0条，即运动员或他人由于违反兴奋剂规则对其他运动员造成的损害，受害方有权向侵权的运动员或他人提出赔偿请求。获得赔偿的标准应符合其所在国或地区的法律法规。同时，反兴奋剂组织从受制裁的运动员那里收回的所有奖金，应重新合理地分配给原本应得的运动员。

（3）程序性权利主要包括公平公正地接受检测的权利、接受公正裁判的权利、样本收集过程中的权利、请求分析B样的权利。

第一，公平公正地接受检测的权利，规定于《法案》的第2.0条，强调世界各国的运动员在接受兴奋剂检测时，兴奋剂检查员应当严格按照《条例》和《反兴奋剂检测与调查国际标准》规定的程序进行检测，不得有损检测公平、公正，否则便是对该项权利的侵害。由此可以看出，该项权利的实质重点是附加给兴奋剂检查员依规公平、公正履行检测的义务，该义务对应形成了运动员公平公正地接受检测的权利。该项权利看起来无足轻重，但在反兴奋剂检测过程中需要严格执行，倘若运动员不能接受公平公正的兴奋剂检测，那检测的结果必将存疑，这直接影响到运动员的参赛资格、名誉等多方面权益。

第二，接受公正裁判的权利，规定于《法案》第4.0条，该权利与公平公正地接受检测的权利有异曲同工之妙，只是所适用的阶段不同，该权利是运动员在因反兴奋剂而发生的纠纷上升到听证会、仲裁庭时所享有的权利，而后者则是运动员在前期兴奋剂检测过程中所享有的权利，但二者都强调接受公平公正地对待。运动员接受公正裁判的权利包括发表意见的权利，由公正、独立的听证小组在合理时间内进行公平听证的权利，并有权请求听证会及时作出合理的决定以及解释说明；在提出上诉后，运动员有权提请具有独立性、公正性的听证小组，并自费聘请律师，由所聘请的律师代替自己出庭行使各项程序性权利。该权利在孙杨案中体现得淋漓尽致。孙杨因前期兴奋剂检测所引发的纠纷进入到了听证会环节，在公开听证过程中，孙杨充分享受了该权利中的发表意见权、要求合理时间内进行公平听证的权利；进入国际体育仲裁环节后，其也按照自己的意愿聘请了专门的律师作为代理人参加诉讼。再比如，2015年10月，国际体育仲裁庭（CAS）裁决的"Demir

Demirev、Stoyan Enev 等诉国际举重联合会案"中，Demir Demirev、Stoyan Enev 等 11 位运动员在起诉国际举重联合会时，亦是基于该权利内容，由他们聘请的律师鲍里斯·克列夫作为代理人出庭参与整个诉讼环节，而他们 11 人并未出庭参与。[1]虽然当时《法案》尚未颁布，但该权利在《条例》的第 8 条和第 13 条亦有明确规定。

第三，样本收集过程中的权利，规定于《法案》第 11.0 条，是指参与兴奋剂检测取样过程中，运动员所享有的各项权利，其中明确规定了"运动员有权查看兴奋剂检查员的身份证件，有权要求提供样品收集的其他相关信息，有权获知样品收集所依据的权限"等内容。该权利早期规定于《反兴奋剂检测与调查国际标准》中，后来被纳入《法案》。通过该权利内容不难发现，当时孙杨在接受飞行检测时，确实有权查看兴奋剂检查员的身份证件，孙杨的这一行为并非无理取闹，但遗憾的是，该权利并未包含运动员拒检权，即如果确实存在违规的样本收集，运动员是否有权拒绝配合检测尚无明确规定。同时，在该权利中，运动员还有权知悉不配合检测的"法律后果"，通过查看 CAS 对孙杨案仲裁裁决书的内容发现，在场的检测工作人员多次提醒了孙杨相关"法律后果"，[2]履行了对运动员相关事宜的告知义务，保障了其知情权。

第四，请求检测 B 样的权利，规定于《法案》第 12.0 条，同样也是早期《条例》第 2.1.2 条、第 6.7 条和第 7.2 条、第 7.4.5 条所规定的。在兴奋剂检测程序中，运动员自己挑选一个干净的留尿杯，当着一名同性检查员的面，留取至少 75 ml 的尿量，取尿时不得有其他人在场。运动员自己从几套未使用过的、有号码的密封样品瓶（A 瓶和 B 瓶）中挑选一套，先将留尿杯中的尿液倒入 A 瓶 50 ml，再倒入 B 瓶 25 ml。如此便形成了 A 样和 B 样，如果 A 样的分析结果为阳性，则运动员依据该权利内容的规定，有权请求检测 B 样，

---

〔1〕 Arbitration CAS 2015/A/4129, Demir Demirev, Stoyan Enev, Ivaylo Filev, Maya Ivanove, Milka Maneva, Ivan Markov, Dian Minchev, Asen Muradiov, Ferdi Nazif, Nadezha-May Nguen & Vladimir Urumov v. International Weightlifting Federation（IWF）, COURT OF ARBITRATION FOR SPORT, http://jurisprudence.tas-cas.org/Shared%20Documents/OG%2015-4129.

〔2〕 Arbitration CAS 2019/A/6148, World Anti-Doping Agency v. Sun Yang & Fédération Internationaled e Natation, COURT OF ARBITRATION FOR SPORT, http://jurisprudence.tas-cas.org/Shared%20Documents/OG%2019-6148.

倘若 B 样检测结果亦呈阳性，则该运动员的兴奋剂检查结果即被判定为阳性；倘若 B 样检测结果与 A 样相反，允许运动员继续后续的比赛。有许多参与兴奋剂检测的运动员行使过该权利，例如，波兰运动员托马斯·杰林斯基在参加 2016 年里约奥运会的举重项目比赛前期，国际奥委会（IOC）于 8 月 6 日在其 A 样检测结果中发现了去甲雄酮（世界反兴奋剂机构的禁药之一），同日的晚些时候，该运动员的代表团团长为了维护该运动员的利益，便依据该权利内容，要求检测 B 样和样品的文档包，并且托马斯也提出自己有权参与开启 B 样的过程。[1]

除了上述权利内容，《法案》还规定了兜底性条款，即第 13.0 条明确规定，虽然《法案》明确列举的权利有限，但相关权利和自由不会因为《法案》的规定而导致其在其他法律法规中无效，也不会因为《法案》内容的有限性而影响其他相关权利的效力。

2. 建议性权利。前文提及，建议性权利主要是《条例》和《反兴奋剂检测与调查国际标准》明确规定的权利以外，运动员认为应当享有的重要权利，该类权利在反兴奋剂过程中不具有普遍性。该权利内容有 3 项，主要涉及享有无腐败的反兴奋剂机制的权利、参与治理和决策的权利和获得法律援助的权利。

第一，关于享有无腐败的反兴奋剂机制的权利，规定于《法案》第 15.0 条，该权利突出的是对反兴奋剂组织公正廉洁的要求，避免反兴奋剂组织被个人或其他组织操纵，影响兴奋剂检测结果的准确性。该权利的内容与前文法定性权利中的"公平公正地接受检测"有相似之处，但此处更加突出了运动员对反兴奋剂组织公正廉洁、避免被外界操纵的期待。操纵体育赛事的违法违规行为在国际体育赛事以及各国国内体育赛事中确有发生，因此，在反兴奋剂过程中，运动员有此担心实属正常，也确有必要为运动员提供公正廉洁的反兴奋剂平台，在净化运动员的同时，也必须净化反兴奋剂组织自身。

第二，《法案》第 16.0 条规定了运动员参与治理和决策的权利。该权利

---

[1] Arbiration CAS OG AD 16/002, International Olympic Committee（IOC）v. Tomasz Zielinski, COURT OF ARBITRATION FOR SPORT, http：//jurisprudence.tas-cas.org/Shared%20Documents/OG%2015-002.

内容是指在制定和修改反兴奋剂规则时,应当咨询运动员,并且需要公平公正地对待运动员的观点;同时,运动员在反兴奋剂治理中也应享有发言权和参与权。该权利的增加,表现出很多运动员想要参与反兴奋剂治理中的事务的迫切需求。反兴奋剂规则本身是约束运动员,避免运动员滥用兴奋剂,但基于权利和义务的关系,有义务必有权利。就和日常立法一样,法律法规既是对公民的约束,同样也是对公民权利的赋予,而且在立法过程中也确实赋予了普通公民一定的参与权,公民可以对立法内容直接提出自己的观点,亦可通过其他群体间接地提出观点。因此,《法案》中增加的该项权利,确实值得明确规定,在以后关于反兴奋剂规则的制定和修改过程中,运动员有权依据该权利发表意见,并推动反兴奋剂规则趋于完善。

第三,《法案》中有一项特别的权利,即获得法律援助的权利,其规定于《法案》第17.0条:"在兴奋剂案件中,运动员在听证和上诉程序中有权获得法律援助。"在法院的诉讼程序中,对于有经济困难的当事人,国家会根据法律援助制度对其提供帮助,实现当事人的法律援助权,但是在国际体育仲裁程序中,一般是不会设置法律援助制度的。2009年,国际滑冰联合会(ISU)认定佩希施泰因使用了血液兴奋剂,对她禁赛2年。佩希施泰因在后期维权过程中遭遇了诸多困境,其中一项困境就是缺少法律援助机制。尽管2004年版的《体育仲裁院章程与仲裁程序》第S6条规定:"ICAS行使下列职权……如认为合适,设立法律援助基金以便于没有足够资金的个人在CAS提起仲裁,并且为该法律援助基金设立实施细则……"但是在佩希施泰因案件审理期间,这种法律援助基金制度还未建立起来。[1] 现如今,《法案》中对运动员涉及兴奋剂纠纷启动的听证会和诉讼程序明确规定了获得法律援助权,这也算是运动员从呼之欲出到现实明确的一项权利,日后势必会为运动员维权提供更多帮助。

以上梳理和解读的便是世界反兴奋剂组织(WADA)2019年11月颁布实施的《法案》的具体内容。但需要注意的一点是,该法案并非法律文件,无

---

[1] 郭树理:《国际体育仲裁机制的制度缺陷与改革路径——以佩希施泰因案件为视角》,载《上海体育学院学报》2018年第6期。

论《法案》中如何规定，运动员在反兴奋剂机制中的合法权利主要还是以《条例》和《反兴奋剂检测与调查国际标准》中规定的权利内容为准。如果这些文件解释发生冲突，则所有案件均应以《条例》和《反兴奋剂检测与调查国际标准》的规定为准，这是《法案》明确强调的。由此可以推断出，《法案》虽然是反兴奋剂治理中对运动员权利保障的专门法案，但其地位在《条例》和《反兴奋剂检测与调查国际标准》之下，效力也弱于后两者。

三、《反兴奋剂运动员权利法案》的启示

通过前文对《法案》的立法目的、性质和17项权利的详细梳理，以及归纳分类式的解读，可以发现《法案》的颁布对反兴奋剂过程中运动员的权利保障具有重要意义。虽然《法案》主要是基于《条例》和《反兴奋剂检测与调查国际标准》中已规定的一些权利内容进行的归纳整理，但《法案》通过对这些散见于各个文件中的权利进行汇编，便于运动员集中学习和了解自己的权利内容。同时经过和世界各国运动员的协商，还增加了3项运动员极力推荐的权利内容，彰显出对运动员意愿的尊重。尤其最后一项——关于运动员获得法律援助权利的增加，更具人性化，将会在未来运动员的反兴奋剂维权路上提供更全面的保障机制。

（一）通过专项法案强化反兴奋剂中运动员权利的保障

体育运动是我们必不可少的一项文化、娱乐活动，无论是在国内还是国外，体育运动的影响范围都在不断扩大，竞技体育向大众体育发展已成为国际体育的大势所趋，国际奥委会、联合国以及区域性组织都在全力推动该趋势的扩散。竞技体育中对兴奋剂滥用的抵制由来已久，反兴奋剂既是运动员的权利，亦是他们的义务。在督促运动员履行反兴奋剂义务的同时，还要关注反兴奋剂过程中运动员权利的保障。保护权利的最好方式就是通过专门立法加以保障，通过立法明确权利内容，在提醒权利主体的同时，约束相对人的行为，提醒相对人不得违法违规进行反兴奋剂工作。

世界反兴奋剂组织（WADA）颁布的《法案》正是通过专门立法的方式，强化了反兴奋剂中运动员权利的保障机制，为保护他们的权利提供了明确的依据。虽然《法案》不具有高度的法律效力，但对运动员权利的专项"立

法",已经表现出世界反兴奋剂组织(WADA)以及国际体育界对反兴奋剂中运动员权利的重视度日益提升。国际体育领域已经有了专门的《法案》以保障运动员在反兴奋剂过程中的权利,我国作为体育大国,并且在向体育强国迈进的路上,也有必要考虑制定我国的《反兴奋剂运动员权利保护条例》。同样地,不需要赋予其法律层级的高位阶,但可以"条例"形式,参照《世界反兴奋剂条例》《反兴奋剂检测与调查国际标准》,以及我国的《体育法》《反兴奋剂条例》等法律法规,制定出保护我国运动员相关权利的专门法律性文件。

(二)全方位保障反兴奋剂中运动员的各项权利

世界反兴奋剂组织(WADA)最新颁布的这一法案注重全面保障运动员反兴奋剂中的各种权利,如受教育权、医疗和健康权、程序正义方面的权利以及样本收集过程中的权利等。其首先对运动员参与竞技体育赛事的机会均等权加以明确,强调运动员有权在训练和比赛中提高竞技水平,以追求平等参与体育运动的机会,但《法案》对采取滥用兴奋剂方式提升技能而违反机会均等权的运动员加以严厉抵制。此外,《法案》还赋予了运动员更多的程序保障权利,尤其是公平公正地接受检测、接受公正裁判等权利。更为吸引人的是,在世界各地运动员的建议下,《法案》中增加了前所未有的法律援助权。

然而当前我国对反兴奋剂中运动员权利保障的问题重视度不够高,或与国际标准有所差异,发生了一些运动员在反兴奋剂检测过程中权利遭受侵害的情形,最典型的便是孙杨案。我国作为一个体育大国,并且是国际体育赛事中诸多竞技体育项目的佼佼者,而反兴奋剂又是全球竞技体育中极为严苛的规则,在严苛的规则下,需要重视对规则内运动员权利的保障,而不能单纯依靠规则加以约束。在权利保障机制中,往往采取的是"权利保障——权利限制——权利限制的限制"逻辑,这也是我国宪法为保障公民基本权利所采取的立法逻辑之一,运动员权利立法亦应如此,反兴奋剂机制是对运动员参加体育赛事等权利的限制,但同时应当考虑对该权利限制加以限制。因此,我国在未来要重视保障运动员的各项权利内容,对权利限制加以限制。

(三)重视运动员样本收集过程中的权利

通过公开消息可以发现,孙杨案的主要起因就是在样本收集过程中发生了争议，以至于产生后续的听证会、仲裁甚至上诉。由此，我们也注意到，运动员在反兴奋剂样本收集过程中享有哪些权利内容，应当履行哪些义务。孙杨案中的飞行检测纠纷发生在 2018 年 9 月，而世界反兴奋剂组织（WADA）的《法案》是在 2019 年 11 月颁布实施。虽然在《法案》颁布之前，其中的一些权利在《条例》和《反兴奋剂检测与调查国际标准》中已经有所规定，比如样本收集过程中的权利。但是《法案》重申该权利，亦可看出对运动员样本收集过程中的权利的重视，《法案》强调运动员在样本收集过程中有权要求查看兴奋剂检查员的身份证件，这也是孙杨当时要求查看兴奋剂检查官证件的权利依据之一。只是当时依据的法律文件是《反兴奋剂检测与调查国际标准》，而未来运动员可直接以《法案》规定的该项权利实现自己的知情权等权利。

不过关于该权利的规定尚有些许不足。虽然《法案》规定了被检测运动员有权要求查看兴奋剂检查员的身份证件，但未规定如果检查员资质有问题，运动员是否有权拒绝配合完成兴奋剂检测。按现有《条例》《法案》等的规定，倾向于认定运动员无权当场拒绝，这样的立法不足，导致了孙杨等运动员在飞行检测时的纠纷。所以，可以考虑后期修订完善《法案》时，补充关于检查员资质或授权有瑕疵时，运动员可以拒绝配合完成兴奋剂检测，或者等待补充说明后再继续完成检测的规定内容。另外，针对孙杨案的纠纷，可以考虑补充增加兴奋剂检查员执法时应佩戴执法记录仪，这样既可以避免涉事各方违法、违规操作，切实保障反兴奋剂过程中的运动员权利，还可以将执法记录仪现场录制的内容作为后期处理纠纷的证据使用，一举两得。

同时，我国制定《反兴奋剂运动员权利保护条例》时，对该项权利的内容可以予以细化，进一步延伸其中的"知情权"，即在法律文件中明确规定，发生检查员资质存疑的情况时，究竟运动员是否有权停止或中止配合检测，停止或中止过程中的补救机制也应当予以考虑。不过，根据我国国家体育总局在 1998 年颁布的《兴奋剂检查工作人员管理暂行办法》（已失效）可知，无论取样人员是采取血检还是尿检，均需要抽检人员携带相关资格证件，并且经过专门培训持证上岗，这是为了保障运动员权利而作出的严于国际规则的标准。依据该内容，可以推出，在我国国内兴奋剂抽检的环境下，运动员应当有合理的拒检权。但这就发生了国内法和"国际法"的冲突,二者如何协调适用,也是一大难题。因此,在制定国内相关法律法规时,需要重视对国际规则的参考,融合国际理念以完善国内相关法律法规的规定。

(四) 突出运动员获得法律援助的权利

法律援助是国内诉讼程序中极其常见的一项救助制度,同时也是引导相关当事人积极维权的一条重要路径。诉讼过程中,由于当事人一般缺乏专业的法律素养,往往需要聘请律师帮忙维权,且一般是由当事人自己承担律师费、诉讼费等费用。然而,由于一些当事人确实存在经济困难的情况,或者涉及特殊案件时,需要自主寻求法律援助或者为其指定法律援助,因而法律援助制度和法律援助权在国内较为普遍,但是在国际体育仲裁中,该项权利长期未得到明确,甚至可以说未赋予运动员法律援助权。而在国际体育纠纷中,尤其是因兴奋剂产生的纠纷中,运动员维权的费用是非常高昂的。虽然2004年版的《体育仲裁院章程与仲裁程序》第65条(具有国际性质的纪律处罚案件的上诉)第1款规定,"在不违反第 R65 条第 2 款、第 4 款规定的前提下,CAS 上诉程序是免费的。根据 CAS 费用表计算的仲裁员报酬和开支以及 CAS 的费用,应由 CAS 承担",可知上诉仲裁程序免费,该条款看上去对运动员非常有利,但是,运动员启动体育仲裁程序,还少不了聘请专业的律师、专家证人、翻译等人员,而对方当事人——体育组织往往能够聘请顶尖级的律师、专家证人、翻译人员,因此,在启动仲裁程序的经济实力这一点上,当事人双方是极度不平等的。当时佩希施泰因马拉松式的仲裁、诉讼,一共花费了 30 多万欧元。而且 CAS 仲裁费用的免除是有严格的限定条件的,仅限于第 65 条明确规定的"具有国际性质的纪律处罚案件的上诉"案件[1]。

因此,《法案》明确了反兴奋剂过程中运动员具有法律援助权,开启了对运动员权利保障的一道崭新的大门。这在反兴奋剂进程中算是一大进步,也是《法案》的亮点之一。从此以后,运动员关于兴奋剂产生的纠纷,在维权时便可依据《法案》的规定,请求法律援助。不过,《法案》对法律援助权

---

[1] 郭树理:《国际体育仲裁机制的制度缺陷与改革路径——以佩希施泰因案件为视角》,载《上海体育学院学报》2018 年第 6 期。

的规定才刚刚开始，赋予运动员法律援助权后，还需要各项配套机制的完善，就目前情况而言，运动员如何实现该权利，实现该权利的条件是什么，应当向何人或者何种机构申请，应该给他们配备何种级别的律师予以援助，这些问题在《法案》和其他国际性法律文件中尚无规定。

因此，《法案》新设了运动员获得法律援助的权利，彰显出世界反兴奋剂组织对运动权权益的重视，也表现出运动员对该项权利的渴望，但后期如何完备配套法律法规和运行机制，还需要仔细考虑和落实。

本文原载于《沈阳体育学院学报》2020年第5期

第三章　全民健身与法治

第一节　全面建成小康社会下的全民健身战略

2018年12月10日，在纪念《世界人权宣言》发表70周年座谈会上，习近平总书记在贺信中指出："人民幸福生活是最大的人权。"全面建成小康社会就是为了全方位保障人民幸福生活，是实现最大的人权的重要路径。2012年，中国共产党第十八次全国代表大会确立了全面建成小康社会的宏伟目标，纵观中国共产党的发展历史，从提出小康到全面小康，由"全面建设"再到"全面建成"，反映了中国共产党对小康社会内涵认识的逐步深化。[1] 2020年，我们已经步入全面建成小康社会目标实现之年，在这一行程中，国家相继出台涉及各领域的多项举措，大力推进小康社会的全面建成。在有关保障公民体育权的举措中，便是在党的十六大形成比较完善的"全民健身体系"，与形成比较完善的现代国民教育体系、医疗卫生体系等共同作为全面建设小康社会的奋斗目标。在此基础上，将全民健身提升至国家战略地位，并进行广泛普及。由此可见，全民健身作为当代中国实现体育权的一种整体策略，在全面建成小康社会这一宏伟目标实现的过程中具有不容忽视的作用。

随着新时代政治、经济、文化、科技等各方面的快速发展，人们在一般的人权得到保障的基础上，对美好生活尤其是对健康、休闲娱乐等方面的需求渐渐增多，继而不断萌生出一些新兴人权。[2] 健康权、体育权都是新兴人

---

〔1〕张晖：《试论全面建成小康社会的战略目标》，载《山东社会科学》2015年第7期。

〔2〕钱锦宇：《全球治理现代化视域中的人类命运共同体：中国的理论表达与实践》，载《人权》2018年第4期。

权领域逐步兴起的内容。2016年，中共中央、国务院印发的《"健康中国2030"规划纲要》指出，"实现国民健康长寿，是国家富强、民族振兴的重要标志"。而在关乎公民个人健康方面，除了医疗技术，就是体育运动。[1]

正所谓，没有全民健康，就没有全面小康。全民健康、全民健身与全面建成小康社会三者相互交融，协同并进。党的十八大以来，以习近平同志为核心的党中央坚持以人民为中心的发展思想，始终将全民健康作为全面建成小康社会的重要内涵，努力为人民群众提供全方位、全周期的健康服务，这些健康服务融合了医疗、体育以及各类社会保障等内容。2013年，习近平总书记在会见参加全国群众体育先进单位和先进个人表彰会、全国体育系统先进集体和先进工作者表彰会的代表时强调，"发展体育运动，增强人民体质，是我国体育工作的根本方针和任务。全民健身是全体人民增强体魄、健康生活的基础和保障，人民身体健康是全面建成小康社会的重要内涵，是每一个人成长和实现幸福生活的重要基础。我们要广泛开展全民健身运动，促进群众体育和竞技体育全面发展，高质效地保障公民体育权的实现"[2]。体育就是生活，健身就是健康。全民健身是提升全民身体素质和健康水准最经济、便捷、高效的方式之一，是健康中国国家战略的强劲推动器，为全面建成小康社会贡献了体育力量。

一、全民健身的体育权内涵

我国教育、文化和社会领域的建设目标是："全民族的思想道德素质、科学文化素质和健康素质明显提高，形成比较完善的现代国民教育体系、科技和文化创新体系、全民健身和医疗卫生体系，人民享有接受良好教育的机会，基本普及高中阶段教育，消除文盲。形成全民学习、终身学习的学习型社会，促进人的全面发展。"[3]由此可见，全民健身也是我国教育、文化和社会领域

---

[1] 徐翔：《体育权：一项新兴人权的衍生与发展》，载《体育学刊》2020年第4期。
[2] 《全民健身是建成小康社会的重要基础》，载腾讯体育网，https://sports.qq.com/a/20130901/001243.htm，最后访问时间：2020年7月30日。
[3] 常健：《全面建成小康社会的人权意蕴——以发展主义人权理论为视角》，载《人权》2020年第2期。

建设的重要目标之一。全民健身的实现，也就是公民体育权的有效实现。

（一）全民健身的体育权面相

全民健身与当前新兴人权中的体育权息息相关。体育权的内涵和外延都极其丰富，当前体育权的内涵和外延尚无统一定论。有的学者基于国际法视野，探讨体育权的全球普遍性；[1]有的学者基于宪法规范，认为将体育权利作为文化权利有助于实现公民体育权利及发展社会主义文化事业。[2]著者主要将体育权定义为全人类不分性别、不分种族、各民族皆可依据自己的内心自由决定自己是否参与体育运动、参与何种体育运动、何时参与体育运动的权利。[3]通过体育权的内涵可以发现，全民健身具有浓厚的体育权色彩。

第一，以通过体育锻炼强健体魄为核心要义的全民健身，是对人权谱系中体育权之内涵的具体阐释。作为新兴人权的体育权，是平等权、财产权、自由权、生存权、发展权这五大权利群的重要内容之一，其与发展权息息相关，体现着体育法的基本价值和精神。全民健身的主旨在健身，即增强和维护人身体的健康。[4]前文也提及，全民健身是提升全民身体素质、维系身体健康的有效途径之一。个人的身体健康受多种因素影响，除了我们耳熟能详的遗传基因、饮食习惯、医疗技术、生态环境等，休息和体育锻炼也是重要因素。尤其在当前对健康权日益重视的环境中，公民对体育锻炼的需求日益强烈，国家对公民体育权的重视程度也日益提升，从全民健身计划到全民健身的国家战略，再到《全民健身条例》的颁布与修订，都表现出国家对体育锻炼具有健康价值的认可，也表现出社会大众在满足了基本生存权、自由权等权利的基础上，对体育权等发展权的需求日益增强。[5]如此一来，健身便与体育紧密连接并直接等同，健身也即体育健身，健身成为体育概念。[6]全民健身充分借助体育锻炼强健体魄的核心要义，彰显出体育权的深刻内涵。

---

[1] 世波：《论体育权作为一种新型人权》，载《武汉体育学院学报》2018年4期。
[2] 孙彩虹：《体育权利的法律属性》，载《上海体育学院学报》2014年第6期。
[3] 徐翔：《体育权：一项新兴人权的衍生与发展》，载《体育学刊》2020年第4期。
[4] 韩丹：《说"全民健身"》，载《体育与科学》1994年第4期。
[5] 马宏俊、袁钢：《〈中华人民共和国体育法〉修订基本理论研究》，载《体育科学》2015年第10期。
[6] 陈华荣：《实施全民健身国家战略的政策法规体系研究》，载《体育科学》2017年第4期。

第二，以引导、帮助国民积极参与体育运动为宗旨的全民健身，是推动体育权动态化、实践化运行的必然环节。全民健身战略是我国体育权保障中的重要一环。全民健身战略就是为了引导社会大众积极参加体育运动，为广大群众提供各种实现体育运动的场地、设施等条件，从而彰显体育权的积极权利属性的一面。例如，《国家人权行动计划（2016—2020年）》中虽然并未明确强调保障公民体育权，但在"健康权"中明确强调，"落实《全民健身计划（2016—2020年）》。推动城市社区15分钟健身圈建设，实现基本公共体育服务乡镇常住人口全覆盖和行政村农民体育健身工程全覆盖。到2020年，每周参加1次及以上体育锻炼的人数达到7亿，经常参加体育锻炼的人数达到4.35亿，全国人均体育场地面积达到1.8平方米以上"。[1]这就突出了全民健身在"健康权"保障中的地位，而全民健身本身属于体育权中的社会体育权范畴，具有对健康权和体育权进行保障的双重属性；此外，全民健身还要求相关体育行政部门不能非法干涉社会大众的体育锻炼活动，不能肆意加以限制、阻碍，体现出全民健身具有体育权的消极权利属性的一面。

第三，具备安全阀效能的全面健身，是传承延续体育精神的重要方式。体育运动本身有其自身特有的社会"安全阀"的作用，这对处于社会转型期，正在构建和谐社会的中国来说具有重大意义。[2]全民健身是体育运动的重要组成部分，全民健身集全民性和健身性于一身，是以鼓舞全体国民、广大民众普遍参加，以强身健体、增强体质、增进健康为基本目的的体育，从而与少数具有运动禀赋的体育精英，以及提高运动水平、创造优异成绩、冲击人体极限的竞技体育明显地区分开来。无论是从"身体没有疾病、不虚弱以及良好的心理和社会适应能力"方面所下的健康定义，还是从"以遗传为基础并经后天形成表现在人体结构形态、生理功能、身体活动能力、心理因素以及社会适应能力等方面稳定品质或特征"方面给出的体质定义，都同时包括了身体和心理等多个方面。因此，这里的健身并非从单纯的生物学视角进行

---

〔1〕《国家人权行动计划（2016—2020年）》，载中华人民共和国中央人民政府网，http://www.gov.cn/xinwen/2016-09/29/content_5113376.htm，最后访问时间：2020年7月23日。

〔2〕刘咸：《竞技体育安全阀作用的社会学分析》，载《南京体育学院学报（社会科学版）》2006年第6期。

定义，而是包括各种社会性、文化性因素与内涵。全民健身的安全阀效能主要表现在：一是对身体健康的调节，二是对心理健康的调节，三是构建社会主义和谐社会的重要纽带。全民健身作为督促大众进行体育运动的一种手段，势必会对体育运动参与者的身心健康起到积极的调节作用，提升其身体和心理的健康水平。同时，全民健身还是构建社会主义和谐社会的重要纽带，全民健身所具有的体育运动的文化理念为和谐社会的构建提供了精神资源。[1]全民健身中的团队合作精神还可以提升大众的凝聚力。维护社会和谐的基础必然是寻求（理想的）非暴力的方式来转变冲突，以便各方对结果感到满意。[2]全民健身过程中对体育运动的公平、公正、平等的体育精神的传承、延续和重视，为和谐社会的构建与发展提供了思想基础与理论支撑。[3]具有安全阀效能的全民健身，通过鼓励更多的人参与到不同的体育运动中来，让参与者感受公平、公正、平等的体育精神，从而将这种精神融入日常生活之中，这是与人权保障和全面建成小康社会的追求相契合的，也彰显出全民健身是传承和延续体育精神的重要方式。

（二）全民健身的发展与进阶

生命权是人们的第一人权，而健康权的有效维系，是保障生命权的重要路径之一。全民健身可以提升全民身体素质，增强免疫力，有效保障公民健康权。在"全民健身"术语出现前，常用的是"群众体育""全民体育"等术语。中华人民共和国成立后，人民群众的身体健康就受到高度重视，国家全面调动广大人民群众参加体育运动的积极性，继而衍生出了"群众体育"一词，并成为体育工作的基本构成部分。到了20世纪80年代中期，体育界开始对国家体育运动委员会（现"国家体育总局"，以下简称"原国家体委"）为参加奥运会而提出"省级以上体委侧重抓提高"的方针进行反思，不断从

---

[1] 虞重干、张军献：《体育——构建社会主义和谐社会的纽带》，载《上海体育学院学报》2006年第1期。

[2] Jonathan Lea-Howarth, "Sport and Conflict: Is Football an Appropriate Tool to Utilise in Conflict Resolution, Econciliation or Reconstruction?" *University of Sussex*, 9 (2006).

[3] 徐翔：《体育运动预防青少年犯罪机制的设想——基于体育运动的安全阀效能探析》，载《山东体育学院学报》2018年第5期。

战略层面高度关注群众体育与竞技体育的协调发展问题，继而提出"全民体育战略"，随后，"全民健身"这一表述，在原国家体委对1988年的工作部署中被确认为官方用语。[1]

随着社会政治、经济、文化的不断发展，全民健身的地位也逐渐上升。1993年，原国家体委发布的《关于深化体育改革的意见》一文，提出群众体育的制度性改革措施——"制定全民健身计划"；1995年，国务院又在经过多方调研和考量后，正式颁布实施了《全民健身计划纲要》，从此，"全民健身"上升到了正式的制度文件地位，并得到更加广泛的传播。同年，我国颁布实施了《中华人民共和国体育法》，其中专门规定了"体育工作坚持以开展全民健身活动为基础"和"国家推行全民健身计划"，首次对"全民健身"的法律地位加以明确。到了2002年，党的十六大将形成比较完善的"全民健身体系"，与形成比较完善的现代国民教育体系、科技和文化创新体系、医疗卫生体系一起，作为全面建设小康社会的奋斗目标之一。2009年，国务院直接以全民健身进行命名，分别确定了"全民健身日"和颁布了行政法规《全民健身条例》。自2011年开始，国务院继续制定实施5年为一周期的《全民健身计划》，全国统一在县级以上各级地方政府制定推行《全民健身实施计划》。在国家的相关决策部署和体育工作活动开展的实践中，"全民健身"的概念被持续而普遍化地使用，已成了广为社会知晓和日益深入人心的专门词汇，成为与"群众体育"并行使用甚至远高于"群众体育"使用频次和超出其使用范围的规范用语，而且还是国家推动发展群众体育和群众体育广泛开展的重要表征。

二、全面建成小康社会：全民健身战略的内在诉求

2012年11月，党的十八大开启了中国特色社会主义新时代，全国诸多领域得到了深层次、根本性的变革，取得了全方位、开创性的成就。我国体育领域的改革与发展也同样面临新的机遇，并取得了新的进展。其中，"大体育观""大群体观"理念在推进体育强国建设和实施《全民健身条例》、以突破

---

〔1〕 于善旭：《论我国全民健身的宪法地位》，载《体育科学》2019年第2期。

性思维和突破性措施获得全民健身跨越式发展[1]的基础上得以彰显，全民健身与社会发展全局的联动更加紧密。以习近平同志为核心的党中央高度重视关心体育工作和全面建成小康社会二者的关系，亲自谋划推动体育领域各项事业的改革与发展。习近平总书记多次就体育工作发表重要讲话，其中就包括强调从国家发展全局的战略高度来看待体育发展："体育强则中国强，国运兴则体育兴""推动我国体育事业不断发展是中华民族伟大复兴事业的重要组成部分""体育是提高人民健康水平的重要手段，也是实现中国梦的重要内容，能为中华民族伟大复兴提供凝心聚气的强大精神力量"。[2]

正是在新时代这样的背景和布局下，我国全民健身发展实现了战略地位的进一步提升。2014年10月，《国务院关于加快发展体育产业促进体育消费的若干意见》中明确提出"将全民健身上升为国家战略"。将全民健身上升为国家战略，是在实施《宪法》和《体育法》《全民健身条例》以及推行全民健身计划的丰富实践的基础上，再一次通过法规性文件的方式作出的重大决策，不但使全民健身在实现和保障公民体育权利的地位上得到新的提升，而且也以国家战略的视野，将全民健身纳入国家的法治体系和法治全局，将全民健身的依法治理推至新的阶段，推向新的境界。[3]以全民健身为代表的体育事业的大改革和大发展，从目标和内容上表现出的关于体育权、健康权的重视和保障，都与全面建成小康社会的目标和意义具有高度契合性，充分表现出全面建成小康社会是全民健身战略的内在诉求，具体表现在全民健身助力全面建成小康社会的价值基础和制度基础两大方面。

（一）全民健身助力全面建成小康社会的价值基础：小康与体育的本源共生性

"小康"是一个古老的词语，出自《诗经·大雅·民劳》中的"民亦劳止，汔可小康"，意指人民生活水平处于温饱与富裕之间的一种较为殷实幸福

---

[1] 刘鹏：《贯彻〈全民健身条例〉实现群众体育新跨越》，载中华人民共和国中央人民政府网，https://www.gov.cn/gzdt/2010-03/31/content_1570573.htm，最后访问时间：2024年7月25日。

[2] 李中文、薛原：《为健康中国夯实体育之基——以习近平同志为核心的党中央关心全民健身工作纪实》，载《中国体育报》2017年8月8日，第1版。

[3] 于善旭：《从提倡到保障到战略：新中国70年全民健身事业的依法推进与提升》，载《体育学刊》2019年第5期。

的状态。[1]现代小康则是指"可以维持中等水平生活的家庭经济状况"。通俗来说,小康是处于基本温饱与富裕中间的一个阶段,即吃穿有余、闲暇倍增的生活状态。这就为体育走进民众视野奠定了物质与时间基础,也只有在"钱""闲"均备的情形下,体育行进之步伐方能更加稳健,即小康的期许与体育的渴求于人类发展史进程中具有本源共生性。

"小康社会"早在《礼记》中就有所记载,在儒家思想中体现的是"天下为家"的社会形式,古人基于当时的历史背景,对"小康社会"的期望是一种封建世袭下的私有制社会,并且国家安定、礼治文明。新中国时期,邓小平同志基于历史唯物主义的观点,将"小康社会"理解为"虽不富裕,但日子好过,我们是社会主义国家,国民收入分配要使所有的人都得益,没有太富的人,也没有太穷的人,所以日子普遍好过"。联合国粮食及农业组织划分富裕程度的标准为:恩格尔系数(用于食品开支与家庭消费支出总额之比)大于60%为贫穷;50%~60%为温饱;40%~50%为小康;30%~40%属于相对富裕;20%~30%为富足;20%以下为极其富裕。[2]在温饱到富足这一区间内,小康社会完成了总体小康、全面建设小康的基本任务。目前,我国已处在全面建成小康社会目标实现的关键时刻,在时间维度上形成一个纵向发展的历史演进谱系(详见表3-1)。体育伴随着经济的增长在全面建成小康社会过程中经历了起步、发展、成熟乃至到达国家战略高度的巅峰阶段,期间还衍生出小康体育[3]的概念,带动了群众体育蓬勃发展,充分反映出体育运动于当下及未来对全面建成小康社会的积极作用,也表现出保障公民体育权对全面建成小康社会的重要推动作用。我国为了实现到2020年国内生产总值和城乡居民人均收入比2010年翻一番的目标,维持经济中高速水平增长,体育恰能充当一种绿色GDP以促进社会建设,为全民健身助力全面建成小康社会之使命奠定基础。

---

[1] 常健:《全面建成小康社会的人权意蕴——以发展主义人权理论为视角》,载《人权》2020年第2期。

[2] 郭修金等:《全面建成小康社会进程中农村公共体育服务发展的战略使命》,载《体育科学》2016年第4期。

[3] 田雨普:《小康体育的观察与思考》,载《北京体育大学学报》2006年第6期。

表 3-1　全面建成小康社会的演进历程一览表

序号	时间	观点
1	1979.12	首次提出"小康"，四个现代化的概念就是小康之家
2	1980.12	中央工作会议："经过20年时间，使我国现代化经济建设的发展达到小康水平"
3	1983年初	确定小康生活水平的6项指标（解决吃穿用、住房、就业、人口流动、中小学教育普及和精神面貌问题）
4	1984.3	翻两番、小康社会、中国式的现代化，这些都是我们的新概念
5	1987.10	党的十三大"三步走"战略：①国民生产总值比1980年翻一番，解决人民温饱问题；②到20世纪末，实现国民生产总值第二个翻番，使人民生活达到小康水平；③到21世纪中叶，人均国民生产总值达到中等发达国家水平，人民生活比较富裕，基本实现现代化
6	1990.12	党的十三届七中全会对小康目标做了阐述：人民生活从温饱到小康，生活资料更加丰裕，消费结构趋于合理，居住条件明显改善，文化生活进一步丰富，健康水平继续提高，社会服务设施不断完善
7	2000.10	党的十五届五中全会提出了全面建设小康社会的新目标
8	2002.11	党的十六大指出：我们胜利实现了现代化建设"三步走"的第1步、第2步目标，人民生活总体上达到小康水平
9	2007.10	党的十七大提出：努力实现经济又好又快发展；扩大社会主义民主，更好保障人民权益和社会公平正义；加强文化建设，明显提高全民族文明素质；加快发展社会事业，全面改善人民生活；建设生态文明，基本形成节约资源能源和保护生态环境的产业结构、增长方式、消费模式
10	2012.11	党的十八大提出：到2020年实现全面建成小康社会宏伟目标，并构建了经济、政治、文化、社会和生态文明建设5个方面的目标体系，确立了中国特色社会主义总体布局的各项部署
11	2013.3	到2020年国内生产总值和城乡居民人均收入将在2010年的基础上翻一番，在中国共产党建党100年时全面建成小康社会，在新中国成立100年时建成富强民主文明和谐的社会主义现代化国家
12	2017.10	决胜全面建成小康社会，夺取新时代中国特色社会主义伟大胜利
13	2020.1	一以贯之全面从严治党；强化对权力运行的制约和监督；为决胜全面建成小康社会决战脱贫攻坚提供坚实保障

（二）全民健身助力全面建成小康社会的制度基础：全民健身与小康社会的目标融合性

全面建成小康社会与全民健身关系密切、相互支撑。全面建成小康社会为全民健身带来良好的发展机遇，而全民健身则可以高质效地助力全面建成小康社会的实现，二者相互交融，协同并进。习近平总书记曾经说过，"全民健身是建成小康社会的重要基础"，全民健身是社会体育的重要组成部分，亦是社会体育权的重要内容之一。因此，可以推出，对全民健身（社会体育权）的有效保障，便是对公民体育权保障的重视，而保障公民体育权可以高质效地推进小康社会的全面实现。随着全面建设小康社会的推进，全国居民人均可支配收入逐年递增。2019 年，全国居民人均可支配收入 30733 元，比上年增长 8.9%，扣除价格因素，实际增长 5.8%；全国居民人均可支配收入中位数〔1〕26523 元，增长 9.0%；按常住地分，城镇居民人均可支配收入 42359 元，比上年增长 7.9%，扣除价格因素，实际增长 5.0%；城镇居民人均可支配收入中位数 39244 元，增长 7.8%；农村居民人均可支配收入 16021 元，比上年增长 9.6%，扣除价格因素，实际增长 6.2%；农村居民人均可支配收入中位数 14389 元，增长 10.1%。〔2〕物质财富的增加进一步敦促了人们对其他幸福权利的追求，尤其对健康权、体育权的追求愈加明显。有研究表明，人均收入达到 1000 美元时，人们开始产生体育需求。〔3〕现如今，我国人均收入早已超过 1000 美元，人们对体育的需求显著增强，促使公共体育服务不断供给，大众在享受到公共体育服务后，其参与体育活动的热情定会高涨，现实中的广场舞、健身走等活动已越来越普遍，正逐步形成一种新型生活方式。

全面建成小康社会的主要目标之一，就是显著提升全民思想道德、科学文化和健康素质，形成比较完善的现代国民教育体系、科技和文化创新体系、

---

〔1〕 人均收入中位数是指将所有调查户按人均收入水平从低到高（或从高到低）顺序排列，处于最中间位置调查户的人均收入。

〔2〕《2019 年全国居民人均可支配收入》，载中华人民共和国中央人民政府网，http://www.gov.cn/guoqing/2020-03/09/content_5362699.htm，最后访问时间：2020 年 7 月 31 日。

〔3〕 张冀飞：《文化大发展大繁荣满足人民精神文化需求》，载《杭州日报》2011 年 12 月 12 日，第 5 版。

全民健身和医疗卫生体系。由此可见，全民健身的宗旨正好与全面建成小康社会的目标相契合，其也是实现全面建成小康社会的重要方式之一。此外，全民健身作为全面建成小康社会的重要基础，还体现在以下两方面：一是全民健身有助于公民切实表达体育需求，是体现民主的重要举措。以往对全民健身的指引多采取"自上而下"的行政手段，在全面建成小康社会的进程中，尤其是在社会治理的背景下，未来全民健身各项措施的提供与保障将会注重"自下而上"的意愿，服务供给主体应在公民体育需求调研基础上决定提供何种具体的服务内容，以体现民众享受体育的权利和参与基层体育治理的权利；二是全民健身战略有利于全面建成小康社会的文化繁荣，例如，物质层面的体育场地设施完善可点缀社会总体格局；制度层面的体育活动组织可为社会发展增添活力；精神层面的意志品质塑造可确保民众拥有丰富的内心世界；等等，为社会主义建设补充更为积极、健康的动力要素。

三、全民健身战略助力全面建成小康社会的实践路径

（一）全民健身提升体育权保障的质效

体育权的有效保障，涉及竞技体育、社会体育和学校体育三大领域。全民健身主要体现的是对社会体育领域的体育权保障，通过积极引导，敦促相关行政部门制定政策法规保障公民体育权的有效实现，同时敦促公权力机关积极履职，为保障公民体育权提供完备的场所、设施等，以保证实现公民体育权的硬件和软件设施都较为完备。

2020年，全国群众体育工作视频会议提及"目前，我国人均体育场地面积已达1.86平方米，提前完成'十三五'《全民健身计划》提出的目标任务。全国体育场地317万个，平均每万人拥有约23个。其中农民体育健身工程也已覆盖全国90%以上的行政村。相比2013年底，体育场地数量增长约87%，总面积增长超过30%，每万人体育场地数量增长超过82%，人均体育场地面积增长超过27%。"[1]2020年10月10日，国务院印发了《国务院办公厅关

---

[1]《从全民健身到全民健康——专访国家体育总局新闻发言人涂晓东》，载央广网，https://baijiahao.baidu.com/s?id=1677951734237812395&wfr=spider&for=pc，最后访问时间：2020年7月24日。

于加强全民健身场地设施建设发展群众体育的意见》，要求1年内编制健身设施建设补短板五年行动计划，优先规划建设贴近社区、方便可达的全民健身中心、多功能运动场、体育公园、健身步道、健身广场、小型足球场等健身设施，[1]并且对实现公民体育权过程中需要国家积极提供保障措施的要求予以进一步细化和明确。有关行政部门的积极履职，有效保障了公民体育权的实现，彰显出体育权的积极权利属性。

除了必备的硬件设施，体育公共服务类的软件设施方面也在不断完善，在我国不少地方，体育公共服务供给已成为各级政府民生工作的重要内容，成为衡量当地群众体育满足感、获得感的重要标尺。青岛市城阳区从2010年起，规划2000亩土地用于建设43处市民运动公园，如果将这些土地用于房地产开发，将带来至少100亿元的收益；毛南族在2020年实现整族脱贫，而在广西环江毛南族自治县，已经建设了大大小小数十片篮球场，乡亲们农闲时、茶余饭后都会走上球场，随时随地实现自己的体育权。[2]国务院办公厅2019年印发的《体育强国建设纲要》中也明确指出，到2035年，全民健身更亲民、更便利、更普及，经常参加体育锻炼人数比例达到45%以上，人均体育场地面积达到2.5平方米，城乡居民达到《国民体质测定标准》合格以上的人数比例超过92%。[3]由此可以看出，全民健身的战略举措为保障体育权的实现起到了推动作用。

（二）"互联网+全民健身"模式助推体育权实现的思路拓展

随着科技发展，"科技+体育""互联网+体育""互联网+全民健身"逐渐走近大家的身边。通过形式多样的线上体育教学、线上体育活动、线上体育竞赛，丰富了群众居家生活、增强了群众身体素质，更重要的是，在潜移默化中推进了体育权的高质效实现。甚至让更多人更加便捷地参与到体育锻

---

[1]《关于加强全民健身场地设施建设发展群众体育的意见》，载中华人民共和国中央人民政府网，http://www.gov.cn/xinwen/2020-10/10/content_5550216.htm，最后访问时间：2020年10月14日。

[2]《全民健身为全面建成小康社会提供体育助力》，载中华全国体育总会网站，http://www.sport.org.cn/jdxw/2020/0702/334537.html，最后访问时间：2020年8月1日。

[3]《体育强国建设纲要》，载中华人民共和国中央人民政府网，http://www.gov.cn/xinwen/2019-09/02/content_5426540.htm，最后访问时间：2020年7月28日。

炼之中，推动了全民健身战略和健康中国战略的落实与发展。

在科技快速发展的时代当下，考虑到人民群众的健身需求，大力推动科学健身，开展网络体育赛事活动，传播健身理念和健康生活方式，引导人们掌握运动技能，形成终身健身的习惯，并且实现了权利保障与权利限制的合理平衡。基于"互联网+全民健身"的模式，体育权等私权利通过新的路径得以保障，这也是我国在全面建成小康社会中对体育权保障的一大亮点举措。

（三）全民健身智慧化推动体育权保障的现代化和时代化

随着科技的不断进步，生活中处处可见智慧化设施，全民健身的智慧化趋势也日益突显。2020年8月8日，在第十二个全民健身日来临之际，在国家体育总局群体司指导支持下，由国家体育总局信息中心、科研所组织国体智慧体育技术创新中心开发的全民健身信息服务平台（www.js365.org.cn）及其微信公众号正式上线。该平台上有上万个体育设施的开放服务信息，其中包括中央财政资金补助的1000多个大型公共体育场馆信息。该平台整合利用了中软国际、中讯设计、视源、动网等提供的资源，已具备体育场馆的免费低收费开放信息公开、场地预订、赛事活动、赛事直播、体育场馆信息化建设咨询指导和数字监理等功能模块。[1]

构建该平台，是落实《全民健身计划（2016—2020年）》"推动移动互联网、云计算、大数据、物联网等现代信息技术手段与全民健身相结合……使全民健身服务更加便捷、高效、精准……提高全民健身指导水平和全民健身设施监管效率"的要求，更是贯彻《体育强国建设纲要》"运用物联网、云计算等新信息技术，促进体育场馆活动预订、赛事信息发布、经营服务统计等整合应用"的重要举措。全民健身网络平台的上线可以大幅提升场馆科学管理水平和全民健身公共服务水平，并增加体育场馆利用率。2020年5月，体育总局办公厅印发了关于推行《体育场馆信息化管理服务系统技术规范》和《全民健身信息服务平台数据接口规范》的通知，指导各地因地制宜推行两个规范。随着各场馆根据这两个规范完善软硬件设施，更多的全民健身服

---

[1]《全民健身信息服务平台正式上线》，载新华社客户端，https://baijiahao.baidu.com/s?id=1674445603777562250&wfr=spider&for=pc，2020年8月2日访问。

务信息数据将接入该平台。同时，可通过平台对场馆开放情况进行监督，对场馆开放工作提出意见和建议。

基于全民健身的智慧化趋势，公民体育权的实现路径方式也更加便捷和多样化，公民各项人权的有效实现，为小康社会的全面落成提供了保障，小康社会不仅是经济、物质上的小康，同样还有权利上的小康，只有经济、物质和权利方面都得到应有的保障，才可谓真正全面建成了小康社会。

本文原载于《人权》2020 年第 5 期

第二节　全民健身视阈下盲人助跑的法律风险及对策研究

为进一步贯彻全民健身发展战略、落实对人权的尊重和保障、切实维护体育权利落实到残疾人在内的社会各界群体，我国于 2022 年修订了《体育法》，并在该总则中进一步强调了对于残疾人体育权利的保障，扩大了对残疾人体育权利保障的主体范围，鼓励社会各界为残疾人体育权利的保障提供相应的支持。盲人作为残疾人群体的重要人群，他们的体育权利同样受到了广泛关注。据统计，我国现有盲人总数超千万，占世界盲人总数的 18%~20%，每年新增的盲人数量高达 45 万。[1] 基于此，盲人助跑运动逐渐出现在大众视野，但其中不少法律风险亦随之产生，亟需我们加以重视。

一、盲人助跑：全民健身战略下的新风尚

我国"十四五"时期是把全民健身国家战略落实落细的关键时期，整个全民健身工作要以高质量发展为主题，既要承上启下巩固提升全面建成小康社会阶段的全民健身发展成果，又要深入落实为建设社会主义现代化强国夯

---

[1] 卢文云、王志华、华宏县：《群众"健身难"问题破解路径研究》，载《体育科学》2021 年第 5 期。

实健康基础的新要求。随着我国经济社会的持续发展、小康社会的全面建成、社会财富的公平分配、社会福利的普惠性增强，残疾人权利的保障越来越受到人们的重视。而残疾人权利的保障在体育领域的延伸，就是对残疾人的体育权利进行保障。

盲人助跑就是由身体素质较好、经常进行锻炼的非残疾人作为助跑员，带领盲人群体进行日常跑步的体育运动，属于公益性日常体育健身类活动。盲人助跑员是由民间跑团自发组织、带领盲人跑者（或者称"视障群体"）进行日常跑步锻炼的志愿者群体。目前我国盲人助跑员主要包括竞技体育中参加残奥会、马拉松比赛的盲人助跑员，以及日常生活中由体育爱好者自发组织形成的公益跑团两类。下文主要基于新修订的《体育法》，以全民健身领域的盲人助跑为主要研究对象，展开相关问题的阐释和分析。随着盲人助跑员团体的壮大，越来越多的问题也随之出现，如盲人助跑员的资质问题、盲人助跑过程中发生的伤害事故的法律责任等，这些问题目前在《体育法》《中华人民共和国残疾人保障法》（以下简称《残疾人保障法》）《全民健身条例》等法律法规中尚无明确具体的规定。因此，下文将对盲人助跑员的法律责任、盲人和盲人助跑员的法律风险点和权利保障路径等问题予以探讨。

（一）全民健身助推残疾人体育权的实现

我国一直致力于号召广大群众积极参加全民健身运动，全民健身战略不仅可以有效促进健康中国战略的实现，最终实现全民健康，而且在全面建成小康社会的历史条件下，也能够不断满足人民对于美好生活的新需求。

早在1952年，毛泽东同志就提出了新中国的全民健身指导方针：发展体育运动，增强人民体质；[1] 2013年，习近平总书记在会见参加全国群众体育先进单位和先进个人表彰会、全国体育系统先进集体和先进工作者表彰会的代表时强调：发展体育运动，增强人民体质，是我国体育工作的根本方针和任务；[2] 党的十八大以来，以习近平同志为核心的党中央坚持以人民为中心

---

[1]《1952年6月10日，毛泽东为体育工作题词》，载中青在线，https://news.cyol.com//articles/2021-06/10 content，最后访问时间：2022年6月12日。

[2]《为健康中国夯实体育之基——以习近平同志为核心的党中央关心全民健身工作纪实》，载《人民日报》2017年8月8日，第1版。

的发展思想,始终将全民健康作为全面建成小康社会的重要内涵,努力为人民群众提供全方位、全周期的健康服务,这些健康服务融合了医疗、体育以及各类社会保障等内容;[1]在党的二十大上,以习近平同志为核心的党中央亲自谋划推动体育事业改革发展,提出要广泛开展全民健身活动,加强青少年体育工作,促进群众体育和竞技体育全面发展,加快建设体育强国;[2]2022年冬残奥会在我国成功举办,并且我国残疾人运动员在赛场上取得的佳绩远超其他国家。由此进一步证明了中华人民共和国成立以来,在社会主义革命和建设、改革开放和社会主义现代化建设、新时代中国特色社会主义伟大进程中,随着残疾人事业的发展,残疾人体育也在不断壮大,我国为残疾人体育权的实现也提供了重要平台和保障。[3]

在全民健身如火如荼的背景下,残疾人作为我国公民中的弱势群体,充分保障其体育权利的实现,让他们走出家门,参加体育活动,实现自己的体育权利,是"全民健身"的重要一步,是保障"健康中国"事业朝着良好态势发展的重要一环,是实现"全民健康"不可缺少的重要一节。

(二)盲人助跑的残疾人体育权保障意蕴

体育权作为一项新兴人权,是全体社会大众的一项重要权利。其内容除了包含竞技体育权、学校体育权,还包括最基本的公民体育权。著者认为,在这些体育权利中,尤其需要重视儿童、女性、残疾人、难民等弱势群体的体育权。2015年版UNESCO《体育宪章》第1条第3款特别提及学龄前儿童、妇女和女童、老年人、残疾人和土著人口的体育权。[4]在我国,随着社会、经济、文化的不断发展,残疾人的权利范围也得到了扩充,其不仅包括基本的康复服务权、生存权、发展权等内容,也包含着他们作为社会群体参加体育文化活动的体育权。

---

[1] 徐翔:《试论全面建成小康社会下的全民健身战略》,载《人权》2020年第5期。

[2] 《高举中国特色社会主义伟大旗帜,为全面建设社会主义现代化国家而团结奋斗——在中国共产党第二十次全国代表大会上的报告(2022年10月16日)》,载中华人民共和国中央人民政府网,https://www.gov.cn/xinwen/2022-10/25/content_5721685.htm,最后访问时间:2022年10月26日。

[3] 《中国残疾人体育事业发展和权利保障》白皮书,载国务院新闻办公室网,https://www.gov.cn/xinwen/2022-03/03/content_5676614.htm,最后访问时间:2022年3月3日。

[4] 徐翔:《体育权:一项新兴人权的衍生与发展》,载《体育学刊》2020年第4期。

残疾人的体育权一直是残疾人权利保障中的重要内容，我于国 2008 年 4 月修订的《残疾人保障法》中，通过法律的形式突出了"以残疾人权利为本"的理念，明确规定国家保障残疾人享有康复服务、平等接受教育、劳动、平等参与文化生活、各项社会保障等权利。我国最新修订的《体育法》第 21 条和第 23 条中也规定了国家机关、企业事业单位和工会、共产主义青年团、妇女联合会、残疾人联合会等群团组织应当根据各自特点，组织开展日常体育锻炼和各级各类体育运动会等全民健身活动，以及全社会应当关心和支持未成年人、妇女、老年人、残疾人参加全民健身活动，各级人民政府应当采取措施，为未成年人、妇女、老年人、残疾人安全参加全民健身活动提供便利和保障。前述规定为残疾人等弱势群体实现体育权提供了新的立法保障。而盲人助跑员就是为了积极响应国家的号召，保障盲人平等、安全、充分地参与到日常的跑步锻炼中，从而实现自己的体育权利而出现的，这也是残疾人体育权利保障的具体实现形式，即盲人助跑是残疾人体育权利保障的具体内容之一，具有深厚的残疾人体育权保障意蕴。

（三）我国盲人助跑的现状

盲人助跑目前在我国主要还是以公益跑团的形式存在，很多跑团中的体育爱好者们自发地带领盲人们跑步：2018 年 10 月 21 日，奥林匹克森林公园举办了"光的征途"助盲益跑活动，该活动旨在通过陪伴盲人共同跑步，让更多的盲人朋友走出家门，以更好的心态拥抱更美的生活。助盲团的团长何亚君从 2015 年组建助盲团以来，成员从开始的不足 10 人到如今已经壮大到近千人。助盲团帮助了数千名盲人走出家门，感受到生活的美好。[1]2019 年 3 月开始，浙江省湖州市吴兴区彩虹绳公益服务中心发起人朱亮就和助跑员相约一起，在奥体中心或者其他场地开展每周的例跑活动，一直持续至今。[2]

开展跑步运动可以有效地提高视障群体的身体素质，但对他们而言，能够独立走出家门都是一件非常困难的事情，参与跑步更是难以想象。绝大多

---

[1]《"光的征途"随光而行，"联想图像"杯第七届盲人长跑节圆满落幕》，载 tom 新闻网，https://news.tom.com/201810/4690672356.html，最后访问时间：2018 年 10 月 22 日。

[2]《通过一根彩虹绳，这群视障者每周都在奔跑》，载新闻周刊网，https://mp.weixin.qq.com/s/Qkvwiz329KIJLBc6fQTuA，最后访问时间：2021 年 8 月 29 日。

数视障者都非常渴望能够走出门参加体育活动，长期缺乏运动对他们的身体和心理会产生极大的负担，而盲人助跑员们帮助盲人跑步极大地改善了这一问题。据著者调研发现，盲人跑步者一般分为全盲和半盲。全盲者在陪跑中一般使用陪跑绳，助跑员也需要与其建立一定的默契，如配速契合、步幅步调一致，因而一般会为其配备有经验的志愿者；半盲者在跑步中可以看到基本的路况，能够自己跑，但反应力较弱，因此，在拐弯和上下坡时需要助跑员通过语音告知路况。跑步时两两一组，组成长队，最前面一组的志愿者多为经验丰富者，带领全队保持固定配速前进。这种默契是需要长期训练和磨合的，助跑员需要通过对方的呼吸和脚步声来感知视障者当下的情况，从而做出停下休息或者继续坚持的决定。每隔一段时间，他们要告知视障者当下的配速、需要注意的情况，同时还要承担补给点递水补给的任务。〔1〕所以，陪跑员的培训也是需要陪跑员耗费相当大的心血的，他们不仅需要蒙上双眼感受盲人在黑暗下的跑步状态、速率、步幅，还需要有足够的耐力和体力支撑他们在跑步的过程中充分照顾到盲人的需求，从而帮助他们顺利地完成比赛。

近年来，盲人助跑员队伍在我国初成规模，越来越多的专业运动员、跑步爱好者等人自发地以助跑团的形式加入到视障者的日常跑步活动中。助跑团的跑步活动基本一周至少组织一次，有些盲人会固定参加，也有些是朋友介绍或者偶然遇到，助跑团也会给志愿者组织定期的培训，志愿者多是既热爱跑步又想帮助视障者的爱心人士，大家的出发点都是为了帮助他人，且都能长期坚持下来。然而，助跑团对于盲人和志愿者双方的条件都没有明确限制，视障者只要可以独立跑步即可，没有年龄、身体条件等方面的限制，志愿者只要成年、身体健康即可，整个组织形式都较为松散，双方也不会签订严格的合同条款，这就为后期意外事故的发生埋下了"定时炸弹"。

二、我国对残疾人体育权的法治保障概览

我国坚持残疾人群体同样为公民主体，应当始终对其各项权利进行保障，

---

〔1〕《看不见的赛道和看得见的梦想，跑马拉松的视障跑者和他们的领跑员们》，载知乎 https://zhuanlan.zhihu.com/p/31907020? from_voters_page，最后访问时间：2022年1月30日。

残疾人的权利保障始终是我国全面推进依法治国道路上关注的重点问题之一。我国在 2002 年《政府工作报告》中第一次使用"弱势群体"这个词语，并强调要给予弱势群体特殊的援助，此后，残疾人群体的权利开始被一些学者关注。随着社会经济文化水平的全面提高，残疾人的体育权利也逐渐开始得到关注：根据《2020 年中国残疾人事业发展统计公报》的数据，2020 年全国新增设立社区残疾人健身示范点 1320 处，为 10.9 万户重度残疾人提供康复体育进家庭服务，培养残疾人社会体育指导员 1 万名，新增设立 13 个国家残疾人体育训练基地，开展健身周、特奥日、冰雪季会活动。全国残疾人社区文体活动参与率由 2019 年的 14.6% 上升至 2020 年的 17.8%。[1]除了积极提供硬件设施以保障残疾人体育权得以实现，我国还提供了一定的法治保障措施。

（一）残疾人体育权的"硬法"保障

21 世纪以来，为了进一步构建残疾人体育权利保障体系，完善残疾人体育权利保障的体制机制，我国在《宪法》《残疾人保障法》和《体育法》等"硬法"[2]中作出了相关的规定，为残疾人体育权的保障提供了"硬法"基础。

我国现行《宪法》虽然尚未明确规定公民体育权，但在其第 21 条第 2 款明确规定："国家发展体育事业，开展群众性体育活动，增强人民体质。"据此可得知，国家在鼓励开展全民健身活动的过程中，同样保障残疾人参与体育活动的权利。1995 年《体育法》实施，促进了残疾人体育权利保障的法治化进程，使残疾人体育权利进一步得到了法律的保障。新修订的《体育法》总则第 5 条中也明确规定："国家依法保障公民平等参与体育活动的权利，对未成年人、妇女、老年人、残疾人等参加体育活动的权利给予特别保障。"《残疾人保障法》第 41 条则规定了国家对残疾人平等参与文化生活权利的保障，而且还在该法第 5 章的文化生活中规定了体育的相关权利内容，虽然未

---

[1]《2020 年残疾人事业发展统计公报》，载中国残疾人联合会网，https://www.cdpf.org.cn/zwgk/zcc/tigb.htm，最后访问时间：2022 年 2 月 21 日。

[2] 硬法是指具有强制性法律约束力的相关法律法规，包括宪法、法律、行政法规、地方性法规、自治条例和单行条例等。体育领域有《体育法》《全民健身条例》等硬法。

单独列出，但体育权利属于文化生活权利的子权利。[1]

因此，可以得知，残疾人享有平等参与社会文化体育活动的体育权。总体而言，目前我国涉及残疾人权利保障的相关法律法规有50多部，但对于残疾人体育权利的保障并没有作出非常明确的规定，即使是最新修订的《体育法》，也只是在总则、全民健身以及学校和青少年体育等章节中作出了概括性的规定，而未进行专章规定。当残疾人的体育权利受到现实侵害时，尚无细致的专门性法律法规予以精准保障，这就导致残疾人体育权利的相关法律规定成了"无本之木，无源之水"。难以对残疾人的体育权利形成切实有效的保障，也就无法真正解决他们的诉求，法律的权威性也会大打折扣。

(二) 残疾人体育权的"软法"保障

目前学界并没有给出"软法"的明确定义。国内外许多学者多引用法国学者 Francis Snyder 于1994年对于"软法"概念作出的界定："软法是原则上没有法律约束力但具有实际效力的行为规则。"但该概念范围过于宽泛，本书将引用姜明安教授对于软法的相关定义，即软法是由一定人类共同体（非国家正式立法机关）制定或者认可的规范共同体组织和共同体成员的行为规则，是国家统一法制的组成部分，不具有国家强制力，由人们的承诺、诚信、舆论或者纪律保障实施，其争议一般由民间调解、仲裁机构处理或者争议当事人自行协商解决的非典型意义的法，[2]这一定义来阐述有关残疾人体育权利保障的"软法"规定。

早在1995年，国务院颁布的《全民健身计划纲要》就明确指出：广泛开展残疾人体育健身活动，提高残疾人身体素质和平等参与社会的能力。[3]《全民健身计划纲要》是《全民健身条例》的前身。

此外，"中国残疾人体育发展实施方案"、各个时期的《全民健身计划》、"残疾人体育健身计划"、《无障碍环境建设条例》等，对体育俱乐部、体育

---

[1] 黄世昌、谢可欣：《残疾人体育权利法理分析与法律保障研究》，载《北京体育大学学报》2020年第1期。

[2] 姜明安：《软法的兴起与软法之治》，载《中国法学》2006年第2期。

[3] 许金富：《基于科学知识图谱的我国残疾人体育研究可视化分析》，载《龙岩学院学报》2017年第5期。

场馆和设施的无障碍建设和改造等间接影响残疾人体育活动的行为进行了规定。这些法规政策极大地推动了我国残疾人竞技体育和健身体育运动的开展，与以往相比较，我国残疾人体育呈现出前所未有的新局面。2017年2月，国务院公布了《残疾预防和残疾人康复条例》，首次以法规的形式明确了体育活动在残疾人康复工作中的重要性。该政策的实施，为我国残疾人参与体育运动提供了有力支持。[1] 2021年，国务院印发了《"十四五"残疾人保障和发展规划》，该通知强调要"继续加快发展残疾人事业"，包括巩固拓展残疾人脱贫攻坚成果、强化残疾人社会救助保障、加快发展残疾人托养和照护服务等，以促进残疾人全面发展和共同富裕。但这只是政策性文件，只具有指导性作用，各地还需结合实际情况出台具体细化、操作性强的专项配套法规，以促进法规有效施行。

近年来，我国残疾人联合会、残疾人体育协会组织等制定了不少条例、纲要，但残疾人的体育权利保障在法规政策和体育基本公共服务供给等方面仍然存在诸多问题。由于这些"软法"无法以法律强制力的形式对侵害残疾人体育权利的行为形成有力约束，在一定程度上影响了残疾人体育权保障的质效。

三、我国盲人助跑的法律风险揭示

盲人作为残疾人群体的一份子，其在参与体育运动时难免会遇到法律风险。经过调研，著者认为，在盲人助跑方面所存在的法律风险点主要包括：专门性规章制度缺位、参赛拟定的契约存在瑕疵、盲人助跑员的资质"鱼龙混杂"等。

（一）专门性规章制度缺位

现阶段我国仍没有建立出完善的残疾人体育权利保障体系，既没有体系完备的"硬法"作为框架支撑，也缺乏足够多条文明确的"软法"填充血肉。在盲人助跑的过程中，当盲人在运动过程中出现人身财产损害时，我国

---

[1] 林秋、鄢行辉：《我国残疾人体育权利保障路径研究》，载《哈尔滨体育学院学报》2019年第4期。

目前的法律法规政策尚无针对性的条款予以规制，而这样的法律漏洞就会不可避免地导致前期的法律风险评估难以把握，后期相关主体在权利受到侵害时难以获得救济。

《体育法》第 61 条第 1 款规定："国家鼓励、支持体育组织依照法律法规和章程开展体育活动，推动体育事业发展。"由此可知，盲人助跑团作为公益性质的体育社会团体，其按照章程进行的助盲跑活动是受到国家鼓励、支持的。然而《体育法》中并未提及针对盲人等残疾人的社会团体的具体支持措施，盲人助跑团的具体章程、行为规范、相关责任承担等问题也没有专门的上位法予以规定。此外，针对残疾人从事体育活动的情况，《体育法》第 23 条规定："全社会应当关心和支持未成年人、妇女、老年人、残疾人参加全民健身活动。各级人民政府应当采取措施，为未成年人、妇女、老年人、残疾人参加全民健身活动提供便利和保障。"第 26 条第 2 款提到："学校应当在体育课教学时，组织病残等特殊体质学生参加适合其特点的体育活动。"第 84 条第 1 款规定："公共体育场地设施管理单位应当公开向社会开放的办法，并对未成年人、老年人、残疾人等实行优惠。"由上述规定可以看出，目前《体育法》对于残疾人的相关体育权利规定还是较为笼统的，只是提出了"支持""鼓励"等态度，但并没有对不同地区、不同年龄阶段的残疾人参与到日常体育健身活动时的具体行为规则和保护措施等细则作出专门、细致的规定。

国务院新闻办于 2022 年 3 月发布了《中国残疾人体育事业发展和权利保障》白皮书，该白皮书从国家发展促进残疾人体育进步、残疾人群众性体育活动广泛开展、残疾人竞技体育水平不断提高、为世界残疾人体育运动做出贡献、残疾人体育展现中国人权事业发展进步五个方面阐述了近年来我国残疾人体育事业的蓬勃发展，也展示出我国坚定维护人权事业发展，保障最广大人民享有最根本利益的决心。然而这仅仅是一项倡议性规定，既没有将相关的操作细则具体化，也没有法律强制力作为约束。如何将此类倡议性规定落实为具体的法律法规，对包括盲人在内的残疾人群体以及相关组织、个人形成切实有效的保障，仍然是一个亟待解决的问题。

（二）契约行为存在瑕疵

在调研中，盲人助跑团的参与人士多次提到，盲人助跑的过程中最大的法律风险点就是发生意外后的法律责任承担问题，如在跑步过程中盲人的摔伤、撞伤甚至猝死等问题。一方面，由于盲人助跑的公益性质，助跑团一般不会向志愿者强调法律风险问题，更不会签订相关的合同以明确双方的责任承担问题。但意外一旦发生，由于助跑团本身没有盈利活动，且参加的盲人大部分经济条件并不乐观，如果没有相关的合同、法律规定明确风险和责任的承担，参加助盲跑的盲人群体最基本的安全问题将无法得到保障，这会大大挫伤盲人参加跑步活动的积极性。另一方面，由于缺乏专门的法律规定，绝大部分助跑团都默认适用《民法典》中的侵权责任、意外事故责任承担以及自甘风险等原则来作为出现意外时划定责任方的依据。而由于盲人群体特殊的身体原因，使得他们在民事领域范围内多被划分为限制民事行为能力人而非民事活动中默认的完全行为能力主体，因此，《民法典》中的某些规定和原则并不能完全适用于盲人助跑这一行为，此时，法官的自由裁量权将会影响到具体案件的责任认定，没有统一明确的责任划分依据将不可避免地导致法律的天平偏向其中一边（多为弱势者一边），这也将打击志愿者参与盲人助跑活动的热情和主动性，不利于盲人助跑活动的进一步开展。

（三）盲人助跑员的资质"鱼龙混杂"

盲人助跑的法律风险除了缺乏专门的规章制度予以保障、契约行为存在瑕疵等问题，还有盲人助跑员的资质"鱼龙混杂"这一风险。

盲人助跑活动往往要求志愿者在自身擅长跑步、身体素质良好之外，还要了解盲人这一群体的身体特性、具有耐心和责任心，在跑步过程中通过声音或者牵引绳对盲人发出正确的指令以保障其安全地参与跑步活动，同时也要求志愿者和盲人尽可能地达成默契，结成对子。但是，据助跑团内相关人士介绍，大多数助跑团并不会对志愿者的资质进行审核，对于志愿者的要求还处于"能跑步、身体素质良好、成年"这种笼统的范围内。产生这一问题的原因在于：其一，盲人助跑团多属于自发组织的公益类社会团体，志愿者参加助跑团只是出于热心和帮助他人的目的，如果再用具体的资质要求进行筛选，志愿者的数量可能会大大减少；其二，盲人助跑团的组织者缺乏制定具体规则的能力和经验，盲人助跑团作为近年来兴起的社团还属于萌芽阶段，整个群体尚未发展成熟，社团初期的管理混乱、相关人员缺乏资质等问题仅靠助跑团自身还无法有效解决；其三，目前，无论是法律还是规章、制度，都没有专门对盲人助跑情景下的盲人助跑员的资质作出具体明确的规定，也没有相关部门以任何的形式对助跑员的资质进行考核，这就导致了助跑员的素质良莠不齐，既有专业运动员、体育爱好者，也有对跑步活动、盲人助跑一无所知的"新手小白"，更有甚者在跑步过程中不顾盲人的安危，全程举起手机录制。

从根本上而言，盲人助跑的目的是帮助盲人群体参与到日常的体育活动中，以期盲友们能够"走出家门在阳光下"充分行使体育权，在保证自己的身体健康的同时，也能够保障自身权利的充分行使，以填补目前我国在残疾人的人权模式构建和完善方面的空白。然而志愿者素质的参差不齐不仅导致难以达成盲人助跑活动产生的初衷，更可能会产生不良影响。

四、法治保障盲人助跑的路径优化

《中国残疾人体育事业发展和权利保障》白皮书中提到："残疾人体育是残疾人增强体质、康复身心、参与社会、实现全面发展的有效途径；是人们认识残疾人潜能与价值、促进社会和谐共进的独特渠道。发展残疾人体育，对于保障残疾人平等权利、促进残疾人融合发展、推动残疾人共享经济社会发展成果，具有重要意义。残疾人体育重在参与，这是残疾人的一项重要权利，是人权保障的重要内容。"盲人作为残疾人群体中的一份子，国家和政府鼓励、支持其通过体育活动增强体质、康复身心、参与社会，从而维护盲人群体的身心健康，保证其幸福生活。白皮书作为国家鼓励、支持残疾人积极参与体育活动的重要文件，体现了党和政府对于保障残疾人体育权利的重视，因此，著者将以此为契机，针对前文阐释的盲人助跑活动中的相关法律风险问题提出以下法治优化路径：

（一）推动专门性立法的建构与完善

《体育法》第82条第3款规定："公共体育场地设施的设计和建设，应当符合国家无障碍环境建设要求，有效满足老年人、残疾人等特定群体的无障碍需求。"此外，《体育法》对残障群体的特别保障还体现在总则第5条和第二章第21条、第23条等。这些立法内容为后期出台专门性的法律保障奠定了重要的法律基础。针对助盲跑活动中缺乏专门的法律法规这一问题，以全国人民代表大会、政府的体育行政部门、盲人联合会和残疾人联合会等为首的有关机关、部门和组织应当积极推动专门性立法的建构，详言之：

1. 建议在《残疾人保障法》中设专章规定对于残疾人体育权利的保障内容并将该章放到第五章"文化生活"之前，进一步细化对于残疾人体育权利特别保障的内容，并且要注意体育权利保障条款的实效性和可操作性，使得权利保障能够真正落到实处。例如，可以在该章中规定："全社会应当关心、支持老年人、残疾人、城乡贫民等特殊群体参加体育活动。各级人民政府应当采取措施，为老年人、残疾人、城乡贫民等特殊群体参加体育活动提供方便。"强调并扩大残障群体体育权利保障的主体范围，是为了响应近年来国家对残疾人等特殊弱势群体的体育权利的重视，以及对《宪法》中人权范围的扩大指示的遵守，从立法层面强调对残疾人体育权利的保护。

2. 应当在《残疾人保障法》中规定对于残疾人体育权利的特别保障条款。建议增加政府应为残疾人等特殊人群修建公益性的公共体育场馆或者基础设施，并为残疾人在基础体育器械或者场地的使用上提供便利，鼓励残疾人等特殊群体积极参加由政府举办的公益体育活动并给予一定奖励等条款；在第三章"教育"中可专门规定对残障青少年学生群体体育权利的特别保护措施，例如，有关教育部门可要求学校定期开展残疾学生体育活动培训，为残障学生提供特殊体育器械和专门的辅助老师，以增强保障残疾人体育权利的可操作性。

（二）实行公平公正的盲人助跑契约

《民法典》第464条第1款规定："合同是民事主体之间设立、变更、终止民事法律关系的协议。"而契约是双方或者多方当事人之间的一种协议、约定，通俗地说就是合同，但是比合同的范围更广泛。在实践中，契约有短期的或长期的，正式的或非正式的，显性的或隐性的。在狭义上，所有的商品或劳务交易都是一种契约关系；在广义上，所有的法律、制度都是一种契约关系。[1] 即合同是广义上的契约，故在本书中，将合同的概念等同于契约进

---

[1] 聂辉华：《契约理论的起源、发展和分歧》，载《经济社会体制比较》2017年第1期。

行论述。契约的核心内容有：当事人信息、标的、价款、履行因素、违约责任、解决争议的方式、生效条款、附件等。订立合同的目的就在于通过一定的内容约定双方的权利和义务，当其中一方没有履行义务或者损害了对方的权利时，对方就可以根据合同的内容请求法律的保护，以此促进公平正义的实现。

助跑团作为民事行为的集合体，在活动开始之前，以契约的形式明确双方的权利和义务以维护双方的利益具有必要性。目前，助跑团在组织盲人助跑活动中很少要求双方签订明确的合同以保障双方的合法权益。针对这一现象，著者认为：一方面，应当规范民间助跑团内部的规章制度，明确规定组织者、志愿者、盲人各方的权利和义务，并要求各方严格遵守助跑团内部的行为规则，例如，组织者在选择跑步场地时应当使得场地符合盲人跑步的条件；志愿者需严格按照规定带领盲人进行跑步；盲人应当如实告知自身身体情况；等等。另一方面，建议由相关体育行业协会或者相关的体育社会组织统一拟定志愿者和盲人在参加盲人助跑活动时有关责任承担和风险预警的格式合同和知情书并进行公示，广泛征求社会各界的意见以形成行之有效的契约。在志愿者和盲人加入助跑团之时，应当由助跑团组织者或者第三方进行风险提示并与双方签订合同，明确志愿者和盲人分别应当承担的责任和义务，从而保证盲人群体身体受到损害时能够及时有效地得到救治，避免因为责任划分不明确、各方"踢皮球"而耽误救治，酿成恶果。

（三）依法合规地提升助跑员队伍的素质和能力

由于盲人助跑员这一工作较为特殊，助跑员在工作时需要了解盲人的生理条件、在跑步过程中发出正确的指令、与盲人达成一定的默契。虽然作为日常的健身跑步，对于志愿者的要求不需要达到职业运动员水平，但基础的体育运动常识志愿者仍应掌握。故著者建议，要严格依法合规地组织盲人助跑员，具体可从以下四个方面予以完善：

1. 由残疾人联合会和助跑团共同招募、培训志愿助跑员。由残疾人联合会主要负责的竞技类助跑员选拔、招募的工作近年来已初成规模，因此残疾人联合会等相关组织目前拥有选拔、培训的经验和能力，如果能够将此类经验运用到盲人助跑团中，将极大地有利于助盲跑活动的开展。

2. 由第三方定期对助跑团内志愿者开展考察。通过资格证和定期考核的形式对志愿者作出统一的规定和要求，以改善志愿者"鱼龙混杂"的现状。通过第三方的把关提升志愿者的素质和水平，从根本上减少由于助跑员素质原因而产生的事故，既能有效保护志愿者的权益，也有利于减少盲人的身体受到伤害的情况。

3. 由相关部门给予"助盲者"适当奖励。助盲跑作为一项志愿活动，为了保护盲人群体的利益而给助跑员一方加码的行为将会极大地打击助跑员参与的积极性。考虑到这一点，著者认为，可以由相关的政府部门、组织给予助盲者一定的福利待遇，如给予一定的助盲补贴、税收减免等优惠，并将此类优惠与参与活动的时长、次数挂钩，同时相关部门和社会组织还可以设立"助盲基金"用以奖励在助盲跑活动中表现优异、有突出贡献的团体和个人，以此鼓励志愿者们积极主动地参与到助盲跑活动中。

4. 充实助跑员队伍。在充实助跑员队伍方面，可以重点吸纳社会指导员的加入。依据我国《社会体育指导员管理办法》的规定，社会体育指导员是指不以收取报酬为目的，向公众提供传授健身技能、组织健身活动、宣传科学健身知识等全民健身志愿服务，并获得技术等级称号的人员。[1]从该管理方法中可以发现，社会体育指导员与助跑员的工作内容存在相似性。且《体育法》第19条第1款规定，国家实行社会体育指导员制度。社会体育指导员对全民健身活动进行指导。因此，对于助跑员队伍的管理和规范，可以以《体育法》为依据，逐渐吸纳专业的社会体育指导员加入助跑员队伍，在国家统一的志愿服务法治框架内，遵守和执行志愿服务的基本原则和要求，将这一队伍建设完善。例如，参照相关体系将大学生村官、公益岗位人员、残疾人专干和社区工作者等招为助跑员来带领盲人进行日常的跑步活动，使得他们的工作岗位和身份职责融为一体，或是专职从事社会体育指导工作，或是对现有工作岗位职责内容进行扩展。[2]如此可在扩大和充实助跑员队伍的同

---

[1] 于善旭：《公益社会体育指导员工作纳入我国志愿服务体系的探讨》，载《体育学研究》2018年第3期。

[2] 于善旭：《论我国社会体育指导员制度的多元发展与创新》，载《体育与科学》2014年第5期。

时，保障该团队的资质合规。

本文原载于《湘江法律评论》第 18 卷

第三节 群众体育风险"破窗效应"的规避

随着全民健身的蓬勃发展，群众体育事业不断壮大，这是实施全民运动的积极一面，但由此也引发了一些群众体育风险。最为典型的案例，便是 2017 年 7 月 8 日，山东临沂"暴走团"占据主路内侧车道行走，一辆出租车从后方撞入人群，致 1 死 2 伤。类似的案件并不少见，这类纠纷倘若无法妥善解决，便会衍生出群众体育风险的"破窗效应"。

破窗效应是犯罪学的一种理论，主要是指一些不良现象倘若被放纵或者处理不当，会引发其他主体的消极效仿，甚至做出更加不良的行为，造成恶性循环。[1] 该理论在现实生活中常见的例证，是曾经遍布我们大街小巷的"牛皮癣"——广告贴纸，倘若一面墙或者一个公共设施上的小广告贴纸没有被及时清理，那么该墙面或者公共设施很快便会被小广告贴满，甚至涂鸦也会遍布其中。而该效应在群众体育风险中出现时，是具有很强的消极影响力的，倘若不能妥善处理好群众体育风险中出现的"破窗效应"，将一步步地击垮大家对群众体育的热情，使大家误认为群众体育风险较多且难以得到救济，进而迫使社会大众渐渐疏远群众体育活动，这是与我国新时代的体育发展战略相背离的。因此，群众体育风险中的"破窗效应"不容忽视，我们必须引以为戒，在依法治国的大背景下，利用好法律规避这类现象的恶化和扩散。

一、群众体育风险"破窗效应"的产生机理

随着我国老龄化现象的加剧，全民健身热潮与健身用地不足的矛盾不断

---

[1] [美] 乔治·凯林、凯瑟琳·科尔斯：《破窗效应——失序世界的关键影响力》，陈智文译，三联书店 2015 年版，第 9 页。

凸显，广场舞大爷大妈抢占篮球场、高考期间拒停跳舞、马路上跑步等一系列问题的出现，足以证明体育场馆无法满足全民健身需求的事实，但场馆的缺失不能成为违规的理由，事态发展至今，相关政府部门鲜有对这一问题的官方说明和解决方案，然而"暴走团被撞"事件的发生，本身就是一次以生命为代价的预警，这类群众体育风险的发生倘若得不到合理的法律调整，必然会诱发"破窗效应"，即群众体育风险中一个项目发生了这样的情况，未妥善处理好的话，其他运动项目中可能会出现不断效仿的行为，逐渐扩大风险发生的范围，造成不可估量的后果。

（一）体育场馆供不应求

根据2023年全国体育场地统计调查数据得知，截至2023年12月，我国建设成的体育场地多达459.27万个，占地面积40.71亿平方米，人均体育场地面积2.89平方米。[1]虽然近年来我国体育场地设施不断丰富，但在场地设施的配给和利用方面仍然存在不少短板，这些短板制约着全民健身事业的进一步发展。由此，不难发现我国当前群众体育的场馆面积真正平均到每个人身上，还是供不应求。虽然中央文件要求公共体育设施和学校体育场地设施对外开放，还辅之推行了一些实施细则、办法，意图为全民健身的进一步推广提供充足的体育场馆，但在具体落实过程中并不顺利，学校体育场馆对外开放难度很大，学校体育场馆涉及校园安全以及外来人员进行体育运动的安全隐患等诸多问题，这导致中小学体育场馆迟迟难以落实对外开放的政策。体育场馆供不应求的情况导致诸多参与群众体育运动的公民选择一些较为危险的场所进行体育活动，如公路上暴走团的出现等，进而增加了体育风险发生的几率。

（二）法律保障机制尚不完备

在依法治国、构建社会主义法治国家的推进过程中，全民健身的国家战略越发被重视，依法治体也要与时俱进。为了保障全民健身国家战略尽快得到落实，近30年来，我国逐渐形成了全民健身国家战略的政策法规体系，群

---

[1] 《2023年全国体育场地统计调查数据》，载国家体育总局网，https://www.gov.cn/lianbo/bumen/202403/content_6941155.htm，最后访问时间：2024年7月14日。

众体育理所应当适用该法规体系。有学者对此进行了条理性的梳理，发现该体系以《宪法》为龙头，以《体育法》《中华人民共和国公共文化服务保障法》为核心，以《全民健身条例》《公共文化体育设施条例》和《学校体育工作条例》为主干，以地方性全民健身法规和政府规章为支持，以中央政策和部门规范性文件为保障。[1]

但该法规体系仍存在些许不足。这些不足主要表现在：法律规定的内容过于原则性；对群众体育的规定涉略较少；专门性的群众体育法律规定层级较低；对群众体育法律风险归责方面的规定不够具体。例如，我国 2016 年对《全民健身条例》予以修订，此次修订旨在加强全民健身活动的开展力度，更好地保障公民在体育运动中的合法权利。该条例规定内容较之《体育法》要详实许多，但主要还是权利性和保障性规定，在法律责任方面，仅在其第 35 条、第 36 条、第 39 条规定中分别涉及了学校违反该条例的相关责任、高危体育项目以及相关政府机关的公权力的法律责任，对群众体育参与者的诸多违法行为所应承担的法律责任并未涉及，这也是不足之处。

当发生群众体育风险时，需要相关人员依法对风险事故做出科学合理的处理，但法律保障机制的欠缺无疑给了相关主体不作为的借口，导致更加难以维护群众体育参与者的合法权益，这势必会造成体育领域风险失序，衍生出破窗效应。再引用 2017 年山东临沂发生的"暴走团"事件，暴走团以缺少运动场地和道路施工为由，擅自占用机动车道而发生交通事故，本身具有严重的过错，倘若法律保障机制无法妥善处理好事故双方责任问题，必将导致这样的"暴走"失序局面继续恶化，误导更多其他类型的群众体育参与者忽视规则意识，从而制造出更多的风险。

（三）体育保险机制较为落后

体育风险的发生催生了体育保险，但体育保险又是体育风险救济的后盾。体育保险作为社会保障机制的一种，其可以对群众体育这样的社会活动起到很好的补救功效，在国外得到了很好的运用。而在我国，自改革开放至今，体育保险初具规模，但与当前社会经济以及体育事业发展的速度相比，差距

---

[1] 陈华荣：《实施全民健身国家战略的政策法规体系研究》，载《体育科学》2017 年第 4 期。

还很大。我国目前具有的体育保险以竞技体育类的保险为主，其次是个别地区逐渐推广的校园体育保险，而针对群众体育风险的体育保险机制还少之又少。而且体育保险的发展阶段尚处萌芽期，购买者很少，尤其是群众体育参与者购买的体育保险更是少之又少。著者通过多方了解，将较少购买社会体育保险的原因总结为如下几点：

1. 大部分群众体育参与者心存侥幸。大部分参与者觉得自己参与的体育运动强度不大，没必要购买保险，购买后只会白白浪费金钱，即使是危险系数较大的体育运动，也有人认为自己不会是倒霉者。

2. 保险险种较少，可选择性低。因为体育保险的发展阶段尚处萌芽期，其体育保险体系内的险种较少，针对群众体育的保险险种就更加稀少。很多保险是以运动项目来承保的，但运动项目种类很多，有些运动参与者找不到自己参与的运动项目的保险险种。例如，某商业保险公司特意开设了"全民运动意外保险产品计划"，该产品仅有五种运动或方式，分别是跑步、健身房、登山、滑雪、潜水（游泳）。这五种类型难以涵盖众多的体育运动项目。著者还查询到另外一家不知名的保险公司已有规划、尚未正式推出的"平安运动卫士保险（测试版）"，该保险是针对6~60周岁的群体推出的，包括全民健身版、体育活动版、强健体魄版、运动达人版四种类型，表面上看，其未限制运动项目类型，但通过其广告语"马拉松、足球、篮球、游泳、跑步、击剑、瑜伽全保障，伤残、猝死360°保障无死角"，可知承保的运动项目还是非常有限的。

3. 缺少资金购买相关保险。群众体育的参与主体是所有普通社会大众，参与者中不乏一些经济收入较低的人士，再以前述某保险公司的"全民运动意外保险产品计划"为例，该产品中的五类不同的运动项目的保险价格不同，可以选择购买1天、3天、7天、14天、30天、1年，不同的保险期，价格也是逐级递增。产品计划可以多选，将五种运动项目全部投保，并选择1年的保险期，需要花费的金额是350.3元左右。这个价格对于一般人来说可能不是一笔大的投入，但对于一些特殊人群来说，便会觉得这样的投入没有必要，不如用这笔钱去参加运动。

二、群众体育风险"破窗效应"的规避路径

群众体育风险"破窗效应"已然存在，当下我们要做的不是逃避，而是要正视其危害，通过源头防止风险、及时填补法律空白以及构建全民健身互助基金会，有效规制该乱象。

（一）源头上防止"破窗"：完善群众体育设施建设及场地开放政策

在规避群众体育风险"破窗效应"的路径中，城市管理者必须要行动起来，采取相应措施，改善现有健身用地不足的问题。体育场馆不足源自城市发展留下的"旧账"，处理该问题需要政府部门下定决心，最大限度满足健身需求。尽早确立灵活有序有效地利用城市空间的时空分配原则，这是现代治理的题中应有之义。

专门的场地设施是开展群众体育的重要前提条件，更是规避群众体育风险"破窗效应"的有效对策。在这方面，我们可以借鉴国外经验，域外在解决该问题时，主要是在开发现有场地潜力的同时，积极建设新的体育场地设施[1]；在积极开发现有场地潜力方面，我国已经提出体育场馆向社会公众开放的措施，但具体实施细则和落实情况还不尽人意。对此，我们需要着重制定一些专门推进学校体育场馆对外开放的政策，加大鼓励力度，同时还要完善学校场馆对外开放后的风险归责问题，解决学校的后顾之忧；而在新建场地方面，域外国家的做法大多是在城市建设规划中列明体育场地设施建设内容[2]，而我国国家发展和改革委员会和国家体育总局也曾经在发布的《"十二五"公共体育设施建设规划》中提及，要扩大人均体育场地使用面积；2016年，国家体育总局又颁布了《"十三五"公共体育普及工程实施方案》，提出"到2020年，人均体育场地面积达到1.8平方米"，该方案较之2012年的规划详尽了许多，但还需要其他一些细则规定予以配套实施，方可推进该方案的顺利落实，从而与时俱进地完善配套设施[3]，保障全民健身战略的顺利实施，达到在源头上防止"破窗效应"的可能性。

---

[1] 卢元镇主编：《社会体育导论》，高等教育出版社2011年版，第24~25页。
[2] 凌平、王清：《论体育运动的风险与体育保险》，载《北京体育大学学报》2003年第5期。
[3] 徐翔：《竞技体育伤害侵权责任构成要件及适用》，载《体育科研》2017年第2期。

（二）及时有效"修窗"：弥补法律规定不足

1. 原则性规定向规则性内容转变。原则性规定在一定程度上可以对法律规则起到指导性作用，但原则性规定的内容较为宽泛，没有法律规则的内容具体且易于适用。在面对法律冲突事件时，原则是要在穷尽了规则的适用后才会予以套用，可见规则是要细化于原则的。[1]我国 1995 年颁行的《体育法》中关于群众体育的规定较为泛泛，原则性内容较多，2022 年对《体育法》的修订才逐渐弥补了该短板，但仍需进一步完善相关规定以便在处理群众体育风险时可以从高位阶的法律中寻求依据。

2. 增加群众体育相关的法律法规，并提升相关规定的法律层级。我国《体育法》虽然在第二章以专章形式对全民健身进行了规定，但内容篇幅较短，涉及问题也较少。随着全民健身战略的不断推进，已然衍生出诸多群众体育法律问题，但在较高阶层的《体育法》中依然很少涉及，单纯靠后续的法律条例或者实施细则替代高阶层的法律规定不是长久之计，必须在完善群众体育相关法律法规、条例等配套法律体系的同时，尽快在《体育法》中扩充有关群众体育的相关规定，为其他相关的细则提供高层级指导，更好地保障群众体育参与者的合法权益，同时强制性地督促他们履行相关法律义务，从而更好地矫正群众体育风险的"破窗效应"。

3. 增加群众体育法律风险归责方面的规定。这部分的规定不仅要明确群众体育运动过程中参与者之间、参与者与组织者之间等主体的法律关系和法律纠纷责任承担情况，还要明确群众体育与社会的关系，通过法律的明文规定，提醒群众体育参与者不能以健身为由，扰乱社会公共秩序以及损害他人合法权益，相应的法律责任也要明确细化，从而避免临沂"暴走团"的类似乱象"破窗式"的发生。

（三）牢固"窗户"：构建全民健身互助基金会

无论是体育组织、运动员，还是普通群众体育参与者，在参与体育运动过程中所遭遇的各种类型的体育风险，都是不可能完全规避掉的。面对各种

---

[1] 徐宏怡：《法制视野下我国竞技体育纠纷"破窗效应"规避》，载《南京体育学院学报（社会科学版）》2014 年第 2 期。

各样的体育风险，尤其是群众体育中的风险，单纯靠体育运动参与者的能力去承担相应损失具有诸多困难，面对巨大的经济损失时，参与者更加束手无策。

因此，我们应当在落实全民健身国家战略的同时，尽快构建全民健身互助基金会，为群众体育参与者减免经济负担，并提供一定的体育保险保障。经过资料查询发现，中华全国体育基金会下设的专项基金会包括奥林匹克发展基金、北京马拉松公益基金等7类基金项目。这样的基金设置方式属于列举式，其弊端是难以包罗万象。因此，建议设立全民健身互助基金会，将全民健身有关的运动项目尽可能囊括其中，现有的北京马拉松公益基金、健身气功发展基金等皆可合并到全民健身互助基金会之中，并且以国家和中华全国体育基金会为依托，为全民健身提供强大的后援力。全民健身互助基金会在具体机制运作上设想如下：

首先，全民健身互助基金会的宗旨，主要是在积极推进全民健身国家战略的基础上，严格遵循法律法规的规定，依法管控和使用基金，保障体育参与者的人身、财产安全；其次，该互助基金会的资金来源主要还是以国家补贴以及社会捐赠和募捐的形式加以充实和维系运作；再次，将全国公民都纳入该互助基金会的保障范围内，借助我国的社会保障机制，将该互助基金会的全民健身互助险以社会保险的形式让全体公民承保，由此方可实现对全民健身活动的所有参与者的风险保障和救济；最后，该互助基金会财产主要用于：全民健身互助保险，该保险针对全民健身活动的所有参与者，涵盖全国所有公民；全民健身中高级别活动的奖金；幼儿、老年人全民健身的关怀基金。

本文原载于《体育文化导刊》2018年第5期

第四章　体育与刑法

第一节　体育运动预防青少年犯罪机制的设想

校园欺凌现象的泛滥引起了大众热议,而校园欺凌只是青少年犯罪的冰山一角,青少年犯罪被认为是与环境污染、贩毒吸毒并列的世界三大公害,可见其普遍性、顽固性和严重危害性。学术界和司法实务界都把焦点放在了青少年犯罪防治问题上,提出的预防手段多种多样,而我们在此提出一种新的路径,即体育运动对青少年犯罪的预防。该路径在我国还处于萌芽阶段,无论是学术理论界对这种新型路径的研究,还是实务界对该路径的实际运用,都还是寥寥无几。而该预防手段在国外早已盛行,委内瑞拉首都加拉加斯地区曾经因为当地犯罪率畸高,在当地建立了社区体育馆,从而犯罪率大幅下降;韩国中央日报也曾报道过,世界杯使得韩国国内的犯罪率减少12%,而在韩国比赛时减少了31%;[1]美国的"午夜篮球计划"[2]以及英国的"SBI项目"[3]都是通过体育运动对青少年犯罪加以预防的成功案例。这些案例都验证了体育运动对于预防青少年犯罪有着不可估量的价值。

因此,有必要通过利用体育运动的安全阀效能,结合青少年犯罪的现状、成因及犯罪预防的相关理论研究,借助文献分析、比较研究等研究方法提出

---

[1] 牟玉梅、武鹏举:《体育运动对青少年犯罪心理的影响》,载《体育科技文献通报》2008年第12期。

[2] 漆亮、周泽鸿:《体育预防青少年犯罪的正功能论析——以美国"午夜篮球"计划为例》,载《吉林体育学院学报》2015年第1期。

[3] 周泽鸿、李琳:《边缘青少年反社会行为体育干预模式探究》,载《体育文化导刊》2014年第3期。

体育运动预防青少年犯罪的具体路径，突出体育运动对青少年犯罪的重要预防作用。

一、青少年犯罪的产生机理

一个结果的发生必然是内外因共同作用而引起的。青少年犯罪亦是如此，其中，内因主要包括青少年的价值观歪曲、心胸狭隘、缺乏自控力等因素；外因则涉及青少年主体的家庭环境、学校教育和信息传播媒介。

（一）内因是本质

凡事都是由事物的内因和外因共同作用的结果，而内因的作用往往大于外因。青少年犯罪泛滥的原因亦是如此，因此，我们首先应当分析他们的自身原因。

主要有以下几个因素：①价值观歪曲。有的青少年的价值观偏离正途，没有树立正确的价值观、人生观，不在乎道德修养，没有是非界限，更谈不上善良的内心和远大的人生理想，这类青少年内心空虚消极，学习成绩也较为落后，并且大多是厌学的孩子，长时间沉迷于虚拟游戏之中，塑造了他们极为功利主义的价值观，凡事只为自己考虑，从不思量事态后果，这是引起青少年犯罪的思想根基；②心胸狭隘。一些青少年心智成熟度还远远不够，受到一点点委屈可能就会做出诸多不理智的事情，最终酿成不可挽回的惨剧，因一时之恨酿成一生的苦酒；③缺乏自控力。有的青少年遇到外界的一点点刺激，就会暴跳如雷，害人害己，无论是老师的严厉教诲还是同学们之间偶尔的过度嬉闹，都有可能导致他们无法控制自己内心偏激或委屈的想法，而做出不堪设想的事情。有的青少年是在他人引诱、诱骗的情况下，毫无自制力地跟随他人去做一些违法犯罪的事情，最终后悔不已。

（二）外因是催化

分析了内因后，外因同样不容忽视，外因往往对事态的发生起到催化、推波助澜的作用。我们认为，导致青少年犯罪的外因主要包括家庭因素、学校因素及信息传播媒介。

1. 家庭因素。家庭是青少年人生的第一所学校，家长是青少年的第一任老师。家庭和学校经常会在青少年犯错后相互推卸责任,但实质上,双方的责任都是相对的,都有着不可推卸的责任,家长有义务管教和看护好自己的孩子,学校也有义务管教和看护好自己的学生。家庭因素中,我们主要需要注意以下几点:

(1) 家庭结构。①独生子女模式催生溺爱。二胎政策之前的计划生育时期鼓励生一胎,这相对于以前的"大家庭"而言,独生子女逐渐在家庭环境中成了众星捧月般的存在,诸多家长溺爱唯一的子女,导致子女从小就树立了以自我为中心的理念,养成了自私自利、随心所欲、骄纵跋扈的不良性格,甚至有时子女在生活中犯了较大错误,家长仍然对其包容而不是加以指正,以至于青少年在学习生活中,只要遇到不合己愿的情况,就会飞扬跋扈地和他人争执,甚至大打出手,最终酿成违法犯罪的惨剧。②家庭破裂或重组。无论是家庭破裂还是重组,都会对处于青少年时期的孩子造成不可弥补的创伤,很多孩子会因此形成性格内向、孤僻自卑的心理,这些青少年是家庭变故的受害者,当他们具有了些许消极心理后,会对社会各类事物异常敏感,更容易产生敌对情绪,一旦受到不良因素影响,极易产生违法犯罪行为。据有关部门一项针对全国 8 省市 2000 名未成年违法犯罪人员的家庭情况调查发现,处于父母分居、离异、再婚和丧偶家庭的青少年人数比例占 24.1%[1]。

(2) 家庭教育偏差。有的父母选择粗暴的教育方式,无论青少年时期的孩子们犯了大错还是小错,都是一顿暴打,盲目秉承"不打不成才"的理念,造成许多青少年忍受不了这样的暴力伤害,而逃避性地选择离家出走,这些孩子本应在家庭的爱护下享受父母的爱护,可惜却不得不逃避父母而提前接触社会有害青年,最终渐渐沾染恶习,走上违法犯罪的不归路;有的父母对青少年时期的子女则是放任不管的态度,如果父母对未成年子女养而不教,孩子容易产生冷漠感,与父母感情日益疏远,外界一旦有人给予关怀、温暖,就很容易上当。据吉林省调查,全省有一大部分犯罪的未成年人曾是缺少父母关爱的"留守儿童";还有些父母是过度祖护子女,不可否认,存在一些父母是文盲加法盲,无原则地遮丑,护短"护犊",甚至于未成年子女犯罪时都

---

[1] 李培枝:《浅析中学生犯罪成因及综合治理》,载《内蒙古统计》2015 年第 3 期。

进行包庇袒护，这样的行为只会让自己的子女丧失分辨是非的能力，最终走向不归路。

2. 学校因素。学校在教育和引导青少年过程中起着重要作用，学校不但对青少年的文化素养有教育引导的义务，还对他们的道德情操有不可推卸的教育引导义务。德才兼备一直是我们秉承的正确价值观，因此，学校在青少年教育过程中的一些不足之处需要我们加以重视。①学校教育理念失衡。在充满竞争的社会中，学校也未能逃脱相互竞争的命运，功利主义不仅存在于经济利益的竞争中，现如今，学校教育也受到了功利主义思想的侵袭，学校与学校之间为了招收更多生源，不得不鼓吹自己的办学实力，而这实力中权重最大的就是升学率，从而导致学校过度追求升学率，而忽视了真正的教育培养义务，造成了部分学生重智轻德、畸形发展的乱象，对一些学习成绩偏差的学生造成了沉重打击，使他们逐渐丧失自尊心，产生悲观厌世的心态，最终在社会中迷失自我，走向违法犯罪之路；②法治教育还不够科学。学校教育中的普法教育是对青少年最基本的普法，其对青少年的法治思维培养意义重大。有的学生在违法犯罪时是根本不懂法，而有的学生则是明知其行为违法，但又知道自己属于免于刑事责任的年龄段[1]，从而大胆肆意妄为。后者的情况是我们更加应当重视的，这说明我们的普法教育有了很大进步，但是我们应当在对特定年龄段的人进行普法教育时，尽量避开一些法律规定的内容，减少一些诱发青少年违法犯罪的可能性。

学校是未成年人从家庭向社会过渡的桥梁。在校同龄人的相互交往，在未成年人的社会化过程中起着十分重要的作用。有不良品行的青少年学生成群结伙混在一起，相互认可，相互影响，交叉感染，往往会形成未成年人团伙化违法犯罪。青少年犯罪前，其在校时一般学习成绩差、不听管教，如果学校、老师因此放弃、抛弃他们，就会大大增加他们走向违法犯罪的可能性。因此，学校因素也是影响青少年犯罪的一项重要条件。

3. 信息传播媒介。不良的信息传播方式对儿童意识形态起着一定的负面

---

[1]《中华人民共和国刑法》第17条第1款、第2款规定："已满16周岁的人犯罪，应当负刑事责任。已满14周岁不满16周岁的人，犯故意杀人、故意伤害致人重伤或者死亡、强奸、抢劫、贩卖毒品、放火、爆炸、投放危险物质罪的，应当负刑事责任。"

影响，这样的现象不仅存在于美国，在其他国家同样适用，从古至今，我们大体上经历了口语文化、印刷文化、电视文化、网络文化四个阶段。在口语文化时期，成人与儿童之间没有什么秘密可言，一个 7 岁左右、具备口语能力的儿童就能理解成人世界的一切信息。因此，童年在个体获得身体活动能力特别是口语能力的时候就结束了，少年与成人之间是没有差异的，因而被视为成人的一部分——"小大人"；在印刷文化时代，成人社会的主要秘密借助于书写和印刷符号，儿童要进入成人世界必须首先通过学习获得阅读能力，知识和信息的垄断将儿童和成人分离，并使得童年时期被大大延长，少年期由此而被标示出来；进入电视文化时期后，儿童和成人之间借助于印刷文化而建立起来的分界线"在电视的猛烈攻击下变得越来越模糊，电视把成人的性秘密和暴力问题转变为娱乐，把新闻和广告定位在 10 岁孩子的智力水平"，[1]于是童年开始消逝；而最后在网络文化时代，又重新创造了十四五世纪就存在的传播条件，童年期与成人期的趋同化加剧，一个 7~10 岁左右、具备自主活动能力和对音像图形基本理解能力的孩子就能知晓成人世界的一切秘密。[2]在如此开放的信息化时代，信息传播媒介的诸多负面事物被还未有自控力的青少年接触到，从而导致一些青少年偏离正轨。著名的"犯罪学之父"切萨雷·龙勃罗梭曾经也提出过，新闻媒介是邪恶和犯罪的记录者，它会刺激犯罪人进行犯罪模仿，为犯罪人提供进行犯罪模仿的榜样，由此说明新闻媒介也成了一种新的犯罪原因。[3]根据切萨雷·龙勃罗梭的研究可以看出，新闻媒介对普通的成年人都有如此之大的影响，更何况是仍处于萌芽期的青少年。

二、体育运动的安全阀效能

体育运动有着其自身特有的社会"安全阀"的作用。这对处于社会转型期，正在构建和谐社会的中国来说具有重大意义[4]。习近平总书记在 2017

---

[1]《圣路易斯快邮》对尼尔·波兹曼《童年的消逝》一书的评论。
[2] 姚建龙：《超越刑事司法——美国少年司法史纲》，法律出版社 2009 年版。
[3]［意］切萨雷·龙勃罗梭：《犯罪人论》，黄风译，北京大学出版社 2011 年版。
[4] 刘咸：《竞技体育安全阀作用的社会学分析》，载《南京体育学院学报》2006 年第 6 期。

年6月14日会见国际足联主席因凡蒂诺时的讲话中,对校园足球的"道"做了一些科学解释,其中一点是"育人的本质",该点不只是校园足球的"道",还是整个体育运动所具有的"道",这个"道"也就是我们此处所说的体育运动的安全阀效能之一。[1]

我们在研究竞技体育时,常常更多地着眼于竞技体育的经济效益,研究竞技体育的产业化发展问题,或探讨竞技体育在丰富与发展社会优秀文化中的作用与意义,考虑其社会效应中的社会安全阀功效的研究并不多。本研究拟从竞技体育为社会提供的特定的社会安全阀效应入手,探讨我国竞技体育存在的价值与优势。

(一) 对青少年身体健康的调节

体育运动能对人的身体健康起到积极的调节作用,而且是多方面的调节,这是体育的基本功能或基本价值。有学者研究发现,参与体育运动能促进剧烈的体力活动和能量消耗,体育在促进人的身体健康方面的作用主要表现在:运动负荷可以促进人体细胞层次的结构变化,从而促使一些细胞的形态、数量、构成发生变化,最终改善神经、呼吸、循环、消化,特别是运动器官等的系统功能,还可以引起人们体形、体格、体力的变化,提高人们整体的健康水平。[2]

体育运动对青少年的心肺功能、肌肉力量、肠胃蠕动、神经系统的发育、疾病免疫以及智力发育方面都起着积极的引导开发作用。肌肉活动需要消耗大量的氧气和排出更多的二氧化碳,于是呼吸器官需要加倍工作,久而久之,胸廓活动范围扩大,肺活量提高,肺内每分通气量(即每分钟的通气量)加大,增强了呼吸器官的功能,对预防呼吸道常见病有良好的作用;如果在青少年开始体育运动之前,加强腹肌、腰肌、背肌、四肢支撑力及下肢肌肉力量的锻炼和进行一些条件反射的训练,使青少年通过这些触觉刺激和肌肉训练,在脑中枢建立联系,就可使得他们的动作变得灵敏,肌肉变得发达;体

---

[1] 《习近平会见国际足联主席因凡蒂诺》,载人民网,http://cpc.people.com.cn/n1/2017/0614/c64094-29339980.html,最后访问时间:2017年8月30日。

[2] 虞重干、张军献:《体育——构建社会主义和谐社会的纽带》,载《上海体育学院学报》2006年第1期。

育运动还可使青少年的肠胃蠕动和消化能力增强，食欲增加，营养吸收完全，使青少年发育得更好；青少年参与体育运动时，其机体各部分的协调运动都是在神经系统统一控制和调节下进行的。因此，在进行体格锻炼的同时，神经系统本身也在经受锻炼和提高；体育运动中的各种动作受神经系统的直接支配和调节，人在运动时，肌肉中的神经可将各种刺激反应传到大脑，从而促进大脑的发展，使大脑对动作反应更加灵敏。体育运动对青少年身体健康的促进作用主要表现为：青少年机体各部分的协调发展，即体质的增强，使生命体具有更旺盛的生命力和更强的活动能力。

（二）对青少年心理健康的调节

柏拉图说过："这种受过美育的青年，运用体育锻炼，通过同样苦练的过程，他会变得根本不需要什么医术，除非万不得已。"[1]柏拉图早已认识到体育运动的重要性，认为体育不仅可以维持身体机能的健康，还可以深入净化心灵、灵魂，对人的身心皆大有裨益。除了柏拉图，马克思也曾提及体育运动对人们心理机能的积极引导作用，在其看来，倡导青少年参加体育运动，是促进其人格健康发展的重要途径，健全的人格是阻却违法犯罪的内在控制机制。[2]

根据心理学专家所称，心理健康主要包括两种情况：一种是无心理疾病，另一种是指具有一种积极适应与发展的心理状态。根据心理学中的"身心交互作用理论"，身体健康与心理健康有着较为密切的联系。前文我们已经论述过，体育运动对我们的身体健康有着巨大的积极作用，因而体育运动和心理健康也必然是紧密相连的。有学者曾经专门设计过调研内容，通过科学的实验数据对青少年犯罪心理特征、犯罪心理根源等问题加以分析，最终证明了体育运动对青少年心理健康的积极引导作用。[3]体育运动有助于纠正青少年的"模仿心理"倾向，并且有助于青少年的健康成长，在体育运动过程

---

[1] [古希腊]柏拉图：《理想国》，郭斌和张竹明译，商务印书馆2002年版。

[2] 雍自元：《预防青少年犯罪的新途径：体育运动》，载《安庆师范学院学报（社会科学版）》2011年第9期。

[3] 牟玉梅、武鹏举：《体育运动对青少年犯罪心理的影响》，载《体育科技文献通报》2008年第12期。

中，青少年可以感觉到运动的乐趣，并享受运动带来的各种快感，同时还可以借助舆论媒体、报纸书刊等媒介了解到诸多知名体育明星、运动员，从而将这些正能量人物作为自己崇拜的偶像，学习、模仿他们的技术动作，这样便会大大提高青少年对体育的热情，从而调节青少年的"负面模仿心理"，引导他们建立"正面模仿心理"，更好地预防青少年模仿其他违法犯罪的行为。

（三）转换减压的方式

体育运动对青少年的减压功效显著。减压的途径有很多种，有的人选择一个人孤独地封闭在某个空间中减压；有的是通过吃零食、购物予以减压，有的则是选择在大汗淋漓的体育运动后，让自己神清气爽，忘却烦恼。人们在进行体育运动时可以表达出自己的喜怒哀乐，无论是参与体育运动之中还是观赏体育运动，都可以让人们对社会的不良情绪得到缓解。观赏竞技体育比赛并参与体育运动之中，能够缓解青少年情绪中的负面因子，使其负面情绪不会轻易积攒，从根本上遏制潜在的违法犯罪行为。观赏和参与体育运动可以转移青少年的注意力，无论是心情烦躁还是抑郁不得志的状态，只要参与体育运动，将注意力集中在体育运动的竞技、放松中，就能有效避开通过报复社会以达到发泄的危险路径，最终必然会减少社会中的青少年犯罪现象。

韩国的 Wangsan-ri 和 Cheoin-gu 教授，通过多项科学合理的分析，验证了体育活动是否能够降低风险以及可能影响青少年暴力行为的因素，并强调了体育运动在降低青少年犯罪风险和网络游戏成瘾方面起到了转移注意力、转换释放压力的作用，[1]这也充分说明了竞技体育运动可以通过转换青少年释放压力的对象，从而减少对其社会和他人的违法犯罪活动。

（四）构建社会主义和谐社会的重要纽带

人文精神是指对人的生命存在和人的尊严、价值、意义的理解和把握，以及对价值理想或终极理想的执着追求的总和。它关注人性的不断拓展和完

---

〔1〕 Wangsan-ri, Cheoin-gu, Effects of Sport for Preventing Violence and Computer Game Addiction in Youth, *Science and Technology*, 9（2016），pp. 279~284.

善，以追求真、善、美等崇高的价值理想为核心，以人的自由和全面发展为终极目的。它的实质就是追求人性真、善、美的高度和谐统一。而体育人文精神是人文精神在体育领域的特殊化，是作为人文形态的体育精神，是身体运动技能和优秀的人类品质通过人体得到的一种精神升华，是人类体育运动发展的"精神内核"，包含着体育和人文的双重内涵。体育人文精神对构建和谐社会具有积极的影响与作用。

1. 体育运动的文化理念为和谐社会的构建提供了精神支持。现代奥林匹克运动之所以被全世界人民广泛认同，就在于它是建立在具有普适性的人文精神基础之上的，这里的人文精神就是和谐思想。现代奥林匹克之父顾拜旦提出的"体育即和平""参与比取胜重要"等观念中蕴涵的"和平精神""参与精神"就是奥林匹克精神中的人文要素。这种人文精神同"更快、更高、更强"所体现的奥林匹克"竞争精神""奋斗精神"同等重要。[1]此外，奥林匹克精神中的相互了解、友谊、团结和公平竞争等精神，也是和谐社会构建与发展中不断进取、永不放弃的奋斗精神的体现。

2. 体育运动的团队合作精神可以提升大众的凝聚力。维护社会和谐的基础必然是寻求（理想的）非暴力的方式来转变冲突，以便各方对结果感到满意。[2]有很多体育运动需要密切的团队合作，而赛场上的团队合作必然会为赛场下的队员和谐，以及在日常生活中重视团队精神和和睦共处理念的增添色彩，从而将运动场上的和谐带入我们的社会当中，为整体的和谐社会构建添砖加瓦。

3. 体育运动的公平、公正、平等的体育精神为和谐社会的构建与发展提供思想基础与理论支撑。《奥林匹克宪章》的基本原则中提出，"奥林匹克主义是增强体质、意志和精神并使之全面发展的一种生活哲学。奥林匹克主义谋求把体育运动与文化和教育融合起来，创造一种在努力中求欢乐，发挥良好榜样的教育价值并尊重基本公德原则为基础的生活方式"；"奥林匹克主义

---

[1] 虞重干、张军献：《体育——构建社会主义和谐社会的纽带》，载《上海体育学院学报》2006年第1期。
[2] Jonathan Lea-Howarth, "Sport and Conflict: Is Football an Appropriate Tool to Utilise in Conflict Resolution, Econciliation or Reconstruction?", *University of Sussex*, 9 (2006).

的宗旨是使体育运动为人的和谐发展服务,以促进建立一个维护人的尊严的、和平的社会"[1]。因为只有首先促进人的发展,才有可能最终推动整个社会向良性的、向善的方向发展。这也正好道出了奥林匹克教育的中心环节——人的和谐发展。而人的和谐发展首先需要的是人与人之间的平等。奥林匹克主义所强调的是容忍,是共处,是整个世界的和谐。在体育面前,人人平等,每个人都享有参加体育的权利,任何形式的歧视或不公正都与奥林匹克格格不入。

4. 体育运动是真善美的融合与统一。体育人文精神以追求真、善、美等崇高的理想为核心,以人的发展为终极目的,关注人的存在意义与价值,是人的本质最深刻、最集中的体现,也是人的主观现实性与超越性的统一。体育运动能带给社会、带给人类一种观赏的魅力和一种精神的动力。对于和谐社会而言,就是精神文化生活和素质境界的提升。体育运动之于每个社会个体,具有真、善、美的整合价值。人们在参与体育运动的过程中,乐在其中,从无悔倦;在运动竞赛的观赏中,解除人我之间的藩篱,达到物我一体、人我合一的境界,这是最理想的人际和谐状态。此外,体育人文精神汇聚了人类创造的全部智慧和崇高理想,涵盖了人的生命的全部意义且通过体育文化的理想世界使其得到了张扬与升华。

三、路在何方:构建体育运动预防青少年犯罪机制

美国著名犯罪学家赫希曾经说"游手好闲是一切罪恶的根源"[2],而体育运动恰恰可以减少游手好闲的可能性。我们会对一些服刑人员安排劳务工作,让他们在劳动中反省自己,并通过劳动打发他们的闲散时间。曾经的劳教制度虽然弊病百出,但其通过对一些人员进行劳教,减少了他们游手好闲的机会,因而其减少犯罪活动的功能还是不可否认的。不过这些遏制犯罪的方式都没有体育运动效果佳,前文分析了体育运动的安全阀效能,我们可以发现,体育运动不但可以有效转变青少年发泄、释放压力的方式,减少青少

---

[1] 朱林、兰自力、王联聪:《体育在社会主义和谐社会构建中的作用》,载《北京体育大学学报》2007年第10期。

[2] 姚建龙:《法学的童真——孩子的法律视界》,上海三联书店2015年版。

年犯罪事件的发生，而且可以增强青少年的综合身体素质。

（一）初级预防：三者有机统一的事前预防

初级预防意在防止犯罪行为的发生，减少犯罪的可能性，对青少年违法犯罪的源头加以遏制。其作为预防机制中的基础预防，主要针对还未实施违法犯罪的青少年。我国当前对体育的重视程度大大提升，《中华人民共和国国民经济和社会发展第十三个五年规划纲要》明确提出"推进健康中国建设，广泛开展全民健身运动，发展体育产业"，在这样的大好形势下，利用体育运动对青少年犯罪加以预防的路径充满光明，初级预防是学校体育、社会体育与竞技体育的三者有机统一。

1. 以学校体育抑制青少年的违法犯罪动机。学校教育本身就是青少年培养的一个重要环节，在该环节中，充分发挥好学校体育的作用，可以有效提升青少年的身体素质和心理素质，从而预防青少年违法犯罪事件的发生。2017年3月5日，十二届全国人大五次会议在人民大会堂开幕，两会上关于青少年体育教育和体育改革等话题也成了讨论热点，李克强总理在政府报告工作中还强调了学校体育的重要地位，尤其强调了体育课是学校体育的核心，体育课的好坏决定了学校体育的成功与否。学校体育对青少年的身体、心理健康的塑造起着不可小觑的作用，学校体育运动的开展，不但可以改善学生学习之余无所事事的状态，防止学生在课余时间接触社会上的闲散人员，还可以让学生在学校体育活动中了解体育竞赛的团队精神，减少学生自私自利的消极思想。

2. 以社会体育净化青少年的生活环境。社会体育运动同样具有重要作用，父母在闲暇之余应当多带孩子参加一些健康积极的体育运动，从而和学校体育形成良好的衔接，推动体育运动的全覆盖预防；由于社会体育运动是初级预防的一个方面，所以可以尽可能多地提供各类体育运动项目，可以适当强制让所有青少年参与到体育运动中来，并提供更多的选择项目的机会，让他们不再觉得枯燥无味，从而分散青少年的注意力，将体育运动广泛普及给所有青少年。

3. 以刺激的竞技体育弱化青少年的违法犯罪倾向。竞技体育可以让参与者尽可能多地发泄和消耗精力，在一定程度上能起到事前预防犯罪的效能；

除了吸引青少年参与竞技体育比赛，还可以鼓励青少年在闲暇之余观看竞技体育比赛，让他们在激烈的竞技体育比赛中通过呐喊等方式宣泄内心的压抑，以代替可能存在的犯罪发泄路径。

（二）高级预防：犯罪矫正

高级预防比初级预防的目的性和强制性更强，该阶段的预防目标主要是那些已经触犯法律的青少年，被定罪并开始服刑或者缓刑的状态。矫正主要是指改正、纠正，犯罪矫正就是指纠正罪犯不良心理倾向和行为习惯的刑罚制度。矫正制度源于西方国家，主要是指通过监禁隔离、教育感化、心理治疗和技术培训等措施，使罪犯逐步适应社会生活而进行的活动。在我国现有的矫正手段中，通过劳动的手段对罪犯进行矫正曾经受到学术界和实务界热捧，他们认为通过劳动手段进行犯罪矫正有助于增强罪犯体质，保持其身心健康。[1]

在著者看来，体育运动的安全阀功能完全可以取代劳动而作为犯罪矫正的手段之一，因为在进行犯罪矫正时，还常常将矫正与教育联系在一起，而这个教育涉及文化、法治教育等各方面。体育运动不仅是良好的犯罪矫正手段，还是良好的教育方式，因此，体育运动在高级预防机制中，能够起到很好的犯罪矫正的功能。在高级预防中，主要是利用监狱体育的安全阀效能对不同类型的青少年犯罪分子进行犯罪矫正，并对他们的二次犯罪起到应有的犯罪预防作用。

青少年是人类成长过程中的一段关键时期，介于童年与成年之间。在这段时期里，人类会经历一段青春期，也就是性成熟的过程。青年是介于十五六岁至三十岁左右的阶段[2]，少年是介于十岁左右至十五六岁之间[3]。基于此，结合我国关于刑事责任年龄的划分，高级预防针对的青少年主体主要

---

[1] 夏宗素：《罪犯矫正与康复》，中国人民公安大学出版社2005年版。
[2] 《联合国正式定义"青年"：介于15岁与24岁间的群体》，载新华网，http://xinhua.net.com/world/2016-05/04/c_128957354.htm，最后访问时间：2024年7月20日。
[3] 《联合国正式定义"青年"：介于15岁与24岁间的群体》，载新华网，http://xinhua.net.com/world/2016-05/04/c_128957354.htm，最后访问时间：2024年7月20日。

为未满 12 周岁而从事违法犯罪的青少年、12~16 周岁之间的犯罪青少年。[1]

第一，对于未满 12 周岁的青少年，还可依靠校园体育、社会体育以及竞技体育对他们进行犯罪矫正。具体的运动项目多种多样，可以是高耗体能的运动，也可以是一些简单休闲的体育运动。根据我国《刑法》第 17 条的规定可知，未满 12 周岁的青少年在我国是免于刑事处罚的，属于不负刑事责任的主体。这说明这个年龄段的青少年，无论从事任何违法犯罪的行为，都不会受到刑罚的惩戒，因此就有必要借助体育运动的安全阀效能对这类主体进行犯罪矫正和预防。而且因为他们不会受到刑罚的惩戒，也就不会受到自由刑的处罚，他们还可以正常在社会、家庭中接受教育和生活，继续发挥校园体育、社会体育和竞技体育三者的作用，而这些不同的体育运动以不同的方式起到其应有的作用，便可通过安全阀效能矫正这类青少年的不良行为。

第二，对于 12~16 周岁之间的犯罪青少年，需要通过足球、篮球等高耗体能的运动或者让人心静的太极拳运动对他们进行犯罪矫正与预防。我国《刑法》第 17 条第 2 款规定："已满 12 周岁不满 14 周岁的人，犯故意杀人、故意伤害罪，致人死亡或者以特别残忍手段致人重伤造成严重残疾，情节恶劣，经最高人民检察院核准追诉的，应当负刑事责任。已满 14 周岁不满 16 周岁的人，犯故意杀人、故意伤害致人重伤或者死亡、强奸、抢劫、贩卖毒品、放火、爆炸、投放危险物质罪的，应当负刑事责任。"其中社会危害性非常严重的罪行，会导致这个年龄段的青少年难逃有期徒刑及以上的处罚，需要在监狱中接受应有的惩戒和教育、矫正。此时校园体育和社会体育便很难发挥作用，主要靠监狱体育的安全阀效能对他们进行矫正，而足球、篮球等高耗体能的运动，可以起到快速消耗他们的体能的作用，让他们有更少的

---

[1] 如此划分，是因为我国《刑法》规定，未满 14 周岁的人，不管实施何种危害社会的行为，都不负刑事责任，即完全不负刑事责任年龄；已满 14 周岁不满 16 周岁的人，犯故意杀人、故意伤害致人重伤或者死亡、强奸、抢劫、贩卖毒品、放火、爆炸、投放危险物质罪的，应当负刑事责任，即相对负刑事责任年龄。14 周岁到 16 周岁的人不犯前述之罪的，不追究刑事责任。16 周岁以上的是完全刑事责任能力人。

精力思考犯罪或者再犯罪的事宜。此外，在这类强调团队意识的运动项目中，可以让他们更加重视团队合作的重要性，便于他们和团队更好地融合。而太极拳运动可以让人内心安详，减少浮躁的暴力心理。我国《监狱服刑人员行为规范》第 25 条[1]、《监狱教育改造工作规定》第 32 条[2]、第 34 条[3]的规定，都为体育运动对这类青少年犯罪分子进行犯罪矫正提供了法律支持。

（三）突出体育赛事的媒介作用

在信息传播媒介方面，可以引导青少年多观看体育赛事。通过观看体育比赛，不但可以提高他们对体育运动的兴趣，更好地参与到体育运动中来，还可以促使他们在观看比赛的过程中，通过激动的叫喊而发泄心中的一些不快，便于心理压力的释放。同时还可以分散青少年关注其他消极媒介内容的精力。心浮气躁的青少年可以多看看太极拳运动、台球、高尔夫球比赛，舒缓身心，平复浮躁的心理；排斥他人的青少年，可以看看足球、篮球、排球等运动比赛，了解团队合作的积极效能，认识到团结才是力量，减少个人主义的倾向。

本文原载于《山东体育学院学报》2018 年第 5 期

第二节　体育恐怖主义犯罪之危害及其防治

现如今，恐怖主义犯罪在世界各地持续频繁地发生，对民众身体和心理造成了严重的创伤，严重扰乱了社会安定。恐怖主义犯罪成为世界各国刑法学界研究的热点问题，各国在司法实践中，增加了对恐怖主义犯罪预防等措

---

[1]《监狱服刑人员行为规范》第 25 条规定："参加文娱活动，增强体质，陶冶情操。"

[2]《监狱教育改造工作规定》第 32 条规定："监狱应当组织罪犯开展丰富多彩的文化、体育等活动，加强监区文化建设，创造有益于罪犯身心健康和发展的改造环境。"

[3]《监狱教育改造工作规定》第 34 条规定："监狱应当根据自身情况，成立多种形式的文艺表演队、体育运动队等，组织罪犯开展文艺、体育活动。"

施,并召开了诸多"反恐"学术会议,为"反恐"提供了大量的学术理论支撑。但同时,由于恐怖主义发生的因素以及侵袭的领域不同,出现了诸如"生态恐怖主义""独狼式恐怖主义"等新名词。体育,一直被视为促进人类和平的竞技交流活动。在战争中断体育赛事的同时,体育也一直宣称要让战争走开。但直到今天,体育领域也没能远离政治纷争。早在20世纪70年代开始,体育领域就逐渐受到恐怖主义的侵袭,1972年慕尼黑奥运会期间的恐怖袭击震惊全球,预示着体育运动可能成为暴力政治或社会极端主义的攻击目标。自那时以来,世界各地的一些体育赛事逐渐开始成为恐怖分子的目标,这引起了社会对风险管理和安全规划的高度重视。而近年来恐怖主义对体育领域的侵袭也呈现出不断加重的趋势。例如,恐怖主义对2016年欧洲杯和"里约奥运会"进行侵袭,制造了许多暴恐犯罪并造成了大面积的人员伤亡和心理恐慌。鉴于体育领域中的恐怖主义在产生原因、作用范围、危害的表现形式等方面,与传统恐怖主义存在较多差异,且呈现出共性指导下自身独立发展的诸多个性,因此,我们有必要将其视为一种独立的恐怖主义类型,即体育恐怖主义。

一、体育恐怖主义的内涵

(一)恐怖主义之定义

恐怖主义是历史性的概念,是一种融合了时代变迁的"客观实在",至今没有明确而全面的定义。同时,恐怖主义不仅仅是简单的概念和事物,它已经形成为一种文化,至少是亚文化。恐怖主义之所以重要,就是因为它具有复杂性,以及它在历史发展过程中的经历和所起的能动作用。[1]所以,从某种程度上说,我们也许不能在"恐怖主义是什么"上达成一致观点,但我们应该能够明确辨析一些恐怖主义的情形和危害。

"恐怖主义"最初是一个社会政治学概念,康树华先生曾经也指出,"目前尚不存在一个被广为接受的恐怖主义犯罪的定义"。[2]有学者认为,凡"主

---

[1] 张家栋:《恐怖主义论》,时事出版社2007年版,第62页。
[2] 康树华:《当代有组织犯罪与防治对策》,中国方正出版社1998年版,第96页。

义",都是把某种观念奉为信条,从而在行为上达到一定程度的系统性和一贯性,而把恐怖奉为信条,在恐怖观念和恐怖行为上达到一定程度的系统性和一贯性的,便是恐怖主义。[1]当代主流观点认为,并不是所有的暴力行为都是恐怖主义。综合已经存在的恐怖主义的定义,可以发现,关于恐怖主义的界定大致有四个共性:暴力行为想要被归为恐怖主义,首先,它必须是有预谋的,是一种意图和决定的产物,而不是"一时兴起",更不是意外事故;其次,它要有政治活动动机,不是单纯的谋财害命;再次,其对象是"非战斗人员";最后,恐怖行动者是"次国家团体"或"秘密组织"分子。[2]

而依照全球恐怖主义数据库的定义,恐怖行动是指特定的犯罪行为,其本质为"威胁要使用或确实使用非法武力和暴力,透过恐惧、压迫、恐吓的手段来达到政治、经济、宗教或社会目的"[3]。在此定义下,恐怖行动不仅会对其所针对的目标产生伤害,而且对其他个人、社会也会造成间接的恐惧和威胁。恐怖主义常常需要有一定的组织,甚至是其他国家级组织的支持,才能完成足够规模的行动。我国于2016年1月1日起开始实施的《中华人民共和国反恐怖主义法》(以下简称《反恐怖主义法》)的第3条第1款规定也明确了恐怖主义的概念,"本法所称恐怖主义,是指通过暴力、破坏、恐吓等手段,制造社会恐慌、危害公共安全、侵犯人身财产,或者胁迫国家机关、国际组织,以实现其政治、意识形态等目的的主张和行为"。

(二)体育恐怖主义之内涵

体育恐怖主义本身属于恐怖主义的内容之一,因此,其定义的特点与恐怖主义相同,也是具有历史性的,而且该定义的出现也晚于恐怖主义。正如"独狼式恐怖主义"是奥巴马于2011年"9·11"事件10周年前发表公开谈话时才提及;[4]"生态恐怖主义"的出现则是与工业发展以及经济发展所造成的环境破坏有着密切的关系。中南民族大学的刘之雄教授曾经在2016年举办

---

〔1〕 李慧智:《反恐学》,人民出版社2003年版,第34页。

〔2〕 富育红:《美国公共外交的反恐作用与局限》,载《美国研究》2019年第1期。

〔3〕 LaFree, Gary and Laura Dugan, "Introducing the Global Terrorism Database", *Terrorism and Political Violence*, 19 (2007), pp. 181~204.

〔4〕 奥巴马认为"独狼式恐怖攻击"将会是未来美国针对恐怖行动最需要重点关注的问题。

的首届"海峡两岸反恐对策及公共安全防控机制研究"研讨会上提出,"传统上我们对恐怖主义的理解过于狭窄,比如说我们前些年发生的一些犯罪案件,有些犯罪人去学校、幼儿园以小朋友为侵害对象,我们通常定性为恶性犯罪案件,但我们并没有从恐怖主义这个角度思考问题,所以我们是不是需要观念上的转换,不能完全从政治动机意义上来理解恐怖主义"。由此,著者认为,现如今体育领域发生的诸多暴恐事件亦是如此,故提出"体育恐怖主义"的想法。起初,在体育领域发生的一些暴力袭击案件,因为对恐怖主义犯罪的狭义理解而产生了是否将其定性为体育恐怖主义的争论,例如,2016年欧洲杯期间,捷克与克罗地亚比赛至86分钟时,有球迷向球场上扔照明弹,据英国 BBC 报道称,克罗地亚主帅安特明确将球迷的这种行为叫做"体育恐怖主义"[1],而这样的行为在我国还仍然被学术界和司法界认定为"球迷暴乱"。

虽然已经开始有人使用"体育恐怖主义"这个专有名词,但至今没有明确统一的"体育恐怖主义"的定义,而且不同研究领域对其批判的重点也有所不同。在社会学领域,关键的立场倾向与法兰克福学派的批判理论相联系,特别是在20世纪中叶,社会学提出了对工业合理化的批判,并且随着商业文化产业的发展,逐渐对现代资本主义和文化领域腐败提出新的马克思主义批判,而且批判时主要是从人文地理角度切入,结合主体、文化环境、地理环境等因素对一项事物、理论提出尽可能科学的评判。英国学者 Richard Giulianotti 和 Francisco Klauser 便结合前述角度对"体育恐怖主义"的内涵加以研究,他们在研究权力、空间和规模之间的相互影响时,认为空间地理为理解恐怖主义威胁和反恐政策如何在体育大型活动中渗透以及产生城市空间提供了有效的补充。[2]

由此,著者借鉴国外学者的经验,结合区域空间、规模以及权力内容三者的关系,尝试对"体育恐怖主义"内涵加以确定:体育恐怖主义应该是指

---

[1] 《克罗地亚主帅谴责"体育恐怖主义"》,载搜狐网,http://mt.sohu.com/20160618/n455050804.shtml,最后访问时间:2017年2月20日。

[2] Richard Giulianotti, Francisco Klauser, "Sport Mega-Events and 'Terrorism': A Critical Analysis", *International Review for the Sociology of Sport*, 2012, pp. 307~323.

极端分子由于政治、民族、宗教等因素，个人或者组织有预谋地采取暴力攻击、恐吓威胁等手段，在竞技体育赛事过程中对体育运动员或者体育运动中的其他不特定主体，或者借助竞技体育赛事的影响力，对体育运动参与主体以外的大众加以毁灭性威胁伤害，以达到其追求的政治、宗教等社会目的，从而严重扰乱体育赛场秩序、危害社会公共利益以及相对方合法权益，并威胁国家安全的行为。

二、体育恐怖主义的现状及危害性

（一）体育恐怖主义的现状

随着有关体育赛事的国际恐怖主义活动在20世纪70年代末以后愈演愈烈，一些恐怖分子想借助在大型体育赛事上制造恐怖事件以增强其组织的影响力。尽管赛事承办方为防止恐怖活动在安全方面采取了大量的措施，但还是防不胜防。从1972年慕尼黑奥运会，到2015年11月发生在法国巴黎法兰西体育场附近以及巴黎东部10区、11区的，由"伊斯兰国"极端组织策划实施的恐怖主义犯罪活动，都造成了大量的人员伤亡（详见表4-1）。[1]而2016年12月在伊斯坦布尔的贝西克塔斯足球场外发生的恐怖袭击，造成38人死亡，166人受伤。过去20年来，对体育场馆的恐怖袭击次数逐渐增加，而2016年体育恐怖主义的乱象极大地困扰了整个世界，特别是欧洲。2016年，恐怖主义浪潮席卷欧洲，其中两起恐怖袭击事件使得体育赛事被破坏或取消：3月布鲁塞尔爆炸事件和7月尼斯市卡车袭击事件。这两次袭击都威胁到了2016年欧洲赛事的顺利举办。2016年7月欧洲杯以及巴西奥运会期间，各类体育赛事暴恐事件不断发生，造成了诸多人员伤亡和大众恐慌。除此之外，为了更好地了解奥运会东道国所发生的恐怖主义袭击的一般模式，我们使用了全球恐怖主义数据库（GTD）来比较奥运会时期上一年发生在东道国的恐怖袭击和伤亡人数与同一时期恐怖袭击和伤亡人数（见图4-1）。

---

[1]《巴黎之殇》，载石家庄日报社数字报，http://sjzrb.sjzdaily.com.cn/html/2015-11/15/content_1210601.htm，最后访问时间：2016年11月6日。

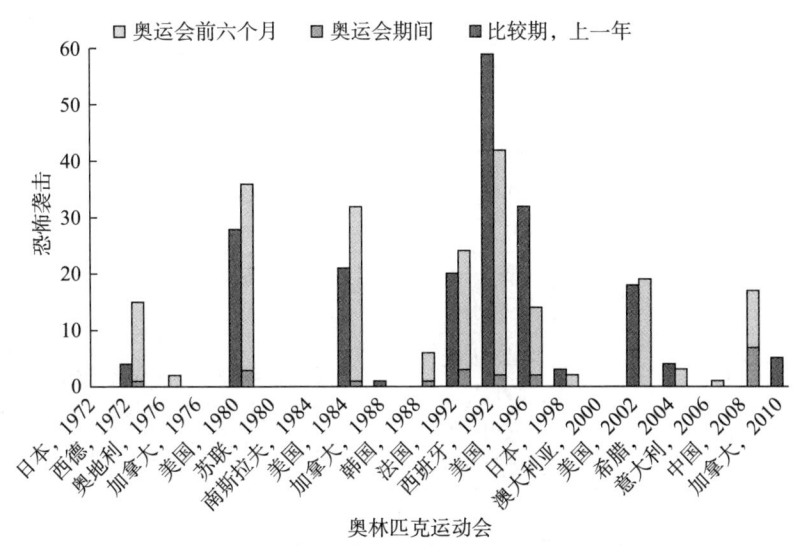

图 4-1　奥运会东道国遭受的恐怖袭击[1]

表 4-1　重大体育恐怖袭击事件一览[2]

时间	地点	伤亡情况	项目	事件概括
1972.9.5	慕尼黑	11人死亡	奥运会	"黑九月"袭击奥运村，绑架以色列运动员
1994.7.2	麦德林	1人死亡	足球	因在世界杯赛上打入乌龙球，哥伦比亚球员埃斯科巴遭枪杀
1996.7.28	亚特兰大	1人死亡，百余人受伤	奥运会	奥林匹克公园露天音乐会发生炸弹爆炸
2004.10.24	哥伦比亚与委内瑞拉边境	15人死亡	足球	哥伦比亚某业余足球队遭集体绑架，10人遭枪杀
2006.5	伊拉克安巴尔省	13人死亡，2人失踪	跆拳道	伊拉克15名跆拳道运动员遭到绑架，13人惨遭肢解
2009.3.3	巴基斯坦拉合尔市	8人死亡，多人受伤	板球	恐怖分子袭击大巴，造成警方多人死亡，6名斯里兰卡板球队队员受伤

---

〔1〕 Tom Andrew, "Terrorism and the Olympics", *Start*, 2012, pp. 36~40.
〔2〕 刘松：《体育恐怖袭击事件探析》，载《南京体育学院学报（自然科学版）》2014年第6期。

续表

时间	地点	伤亡情况	项目	事件概括
2010.1.2	巴基斯坦勒基马瓦特区	88人死亡	排球	货车炸弹冲入一个村庄的排球场，酿成血案
2010.1.9	安哥拉与刚果边境	2人死亡，9人重伤	足球	多哥国家队参加非洲杯的途中遭袭，2人身亡，多名主力受伤
2013.4.15	波士顿	3人死亡，近200人受伤	马拉松	波士顿马拉松比赛终点线附近发生2起爆炸
2015.11.13	巴黎	至少128人死亡，250人受伤，其中99人伤势严重	足球	"伊斯兰国"极端组织位对位于巴黎北郊的法兰西体育场附近以及位于巴黎东部的10区、11区发起恐怖袭击

甚至有恐怖组织开始利用体育明星效应，想方设法地吸纳体育明星加入其组织，恐怖组织对体育圈最成功的渗透，便是洗脑前德甲杜塞尔多夫俱乐部球员纳扎尔·特拉贝尔西，使其结束足球生涯加入恐怖组织。特拉贝尔西加入恐怖组织后，还策划袭击了比利时一个空军基地和美国驻巴黎大使馆。2003年，特拉贝尔西被捕后被判处10年监禁。大范围的恐怖主义渗透和袭击事件对体育运动造成了诸多负面影响，这也从另一个角度反映出体育的脆弱性。体育赛事的安全保护体制亟待加强，以防止体育恐怖主义日趋强盛，避免世界体育受到恐怖主义重创。

（二）体育恐怖主义的危害性

"奥林匹克之父"顾拜旦在《体育颂》中曾感叹："体育，你就是和平！"[1]在这个世界上，正因为有奥运会、世界杯以及其他大型国际体育赛事，来自世界各地的人们才能欢聚一堂，庆祝狂欢的节日。但一次次的体育恐怖主义袭击不断刺激着国际体坛的神经，体育绝非伊甸园，尽管体育拥有包容各种差异的胸怀，但也无法避免可能会被恶意极端者在胸口插上一刀。

1. 阻碍体育赛事的正常进行。这其中涉及赛事的延期甚至取消、比赛场

---

[1]《让恐怖主义远离体育》，载凤凰网，http://sports.ifeng.com/pinglun/detail_2013_04/17/24312203_0.shtml，最后访问时间：2016年11月18日。

地的转移等情况。体育恐怖主义袭击一般都会造成人员伤亡及恐慌，必然会导致大范围的人员骚动和混乱，从而影响到体育赛事的正常进行。例如，由于达喀尔拉力赛的途经地——毛里塔尼亚接连发生恐怖袭击事件，加之与恐怖组织有联系的毛里塔尼亚劫匪威胁将向参加拉力赛的车队开枪，组委会被迫将原定于2008年1月5日举行的达喀尔拉力赛取消。此时，正值达喀尔拉力赛的30周年，恐怖主义让"而立之年"的达喀尔拉力赛留下了遗憾。类似的事件在2007年的达喀尔拉力赛上就曾出现过，因为安全问题，组委会取消了第十赛段和十一赛段的比赛。在失去了一年紧张而刺激的比赛之后，2009年的达喀尔拉力赛移师至南美洲境内举行。再比如，2004年12月12日，皇家马德里和皇家社会在前者的主场伯纳乌球场进行比赛，当比赛踢到第88分钟时，警方接到电话称恐怖组织"艾塔"在球场安放了炸弹，主裁判因此终止了比赛，和警方一起疏散球员和观众。尽管事后被认为是虚惊一场，但还是让这场球赛延期至2005年1月5日才得以进行最后的几分钟比赛。除此之外，2016年里约奥运会的举办前期，由于法国遭遇的恐怖袭击以及巴西本土不断遭受的暴恐行为，自始至终都让大众对巴西能否成功举办当年的奥运会持怀疑态度，庆幸的是，在巴西加强安保措施的情况下，该次奥运会期间虽然发生了些许暴恐行为，但也算是成功举办了下来，否则必然会影响比赛的正常进行。

2. 运动队（员）退赛。在体育恐怖主义的威胁、伤害之下，不但普通民众大为恐慌，参赛的运动队员也会因此担惊受怕而无法正常发挥出运动技能水平，甚至放弃参与比赛。2010年1月9日，正在安哥拉参加非洲杯赛事的多哥国家队乘坐的大巴在行驶到安哥拉与刚果边界处时，遭到武装叛乱分子乱枪扫射，在袭击发生后，尽管多哥国家队全队上下愿意参加非洲杯的比赛，藉以悼念丧生的队友和工作人员，但多哥政府还是派专机接回队员，并退出非洲杯的比赛。2009年3月3日，斯里兰卡板球队在巴基斯坦境内遭到恐怖分子的袭击，斯里兰卡政府接到其球队遭袭的消息后，立即宣布取消其与巴基斯坦之间的板球赛，并让其队员回国。

3. 丧失或影响比赛举办权。2009年3月3日，斯里兰卡板球队在巴基斯坦境内遭到恐怖分子的袭击，致使8人死亡，6人受伤，巴基斯坦也因此被剥夺了 2011 年板球世界杯赛的举办资格。[1]前文提及 2016 年欧洲发生了诸多恐怖主义事件，最严重的便是 3 月布鲁塞尔爆炸事件和 7 月尼斯卡车袭击事件，这两次袭击都威胁到了 2016 年欧洲赛事的举办。法国虽然通过严格的安全和高科技监控措施，成功举办了大型体育赛事活动，举办期间没有发生让人恐慌的事件，然而，在体育赛事刚结束后不久，7 月 14 日，一辆重型货运卡车被故意推入人群，在尼斯庆祝巴士底狱节当天，导致 86 人死亡。[2]这些暴恐案例，都对大型体育赛事的举办形成了诸多阻碍，严重时甚至导致赛事被取消。

三、体育恐怖主义滋生的土壤

体育恐怖主义的形成和当下的社会背景有诸多联系，正如美国学者哈克所说的：恐怖主义不是从真空中产生的，它是一种对社会现实的激进反映，恐怖主义的泛滥正是基于对社会不公正的强烈反感和不满。基于政治矛盾、宗教意识形态差异以及新闻媒体渲染等因素，体育恐怖主义在现代社会中越发严重。政治上的极端主义导致诸多难以通过正常渠道解决问题的组织或个人，不惜采取极端暴力手段向当权者反抗，对不同的主体实施暴恐行为，其中包括体育运动涉及的主体，甚至以极端手段酿成血案，以表明其政治意愿。在这样宏观的背景下，体育恐怖主义的滋生难以避免。

（一）政治土壤：政治是把双刃剑

霍夫曼认为，恐怖主义是通过暴力或暴力威胁故意制造或形成恐惧，以追求政治的变迁。[3]体育和政治本身就是交织融合在一起，最具代表性的便是"体育外交"一词，我国早期的"乒乓球外交"，以及美国前总统特朗普刚上台时应邀和日本前首相安倍晋三打高尔夫球的事件被人们称为安倍的"高尔夫外交"，这都是很好的例证。体育运动对政治有诸多积极影响，反过来，政治因素对体育运动的发展也有诸多积极影响，政治可以不断推动体育

---

〔1〕《体育屡遭恐怖主义伤害》，载腾讯新闻网，http://news.qq.com/a/20100110/000269.htm，最后访问时间：2016 年 11 月 18 日。

〔2〕 "How sport terrorism took over Europe and Pakistan in 2016"，http://blogs.tribune.com.pk/story/44273/how-sport-terrorism-took-over-europe-and-pakistan-in-2016/。

〔3〕马敏跃：《从雅典奥运会看北京奥运会的安保》，载《体育文化导刊》2005 年第 9 期。

运动的繁荣发展。社会学理论学者 C. L. R. 詹姆斯于 1963 年在他的回忆录《出界（跨越界限）》一书中，以自己的亲身经历为基础，研究分析板球在政治中的作用，用板球分析政治与文化之间的联系、不同阶层种族之间的联系以及上层文化和底层文化之间的联系，探讨板球如何在英国殖民统治中发挥作用，又如何影响西印度群岛的去殖民化进程。

除了积极影响，政治因素也会对体育运动产生一些消极影响。国家政治对立是体育恐怖事件发生的重要原因之一，体育恐怖主义的产生就是政治因素影响的恶果。例如，1972 年 9 月，德国奥运会上发生的"慕尼黑惨案"，是奥运史上最早、最严重和伤亡人数最多的一次恐怖事件，恐怖组织"黑九月"成员突袭奥运村，最终杀死 11 名以色列运动员和教练员；第二次恐怖事件发生在 1996 年的美国亚特兰大奥运会上，当时，一名携带自制钢管炸药的反奥运分子，在一场露天音乐会上引爆了炸弹，造成 2 人当场毙命，110 多人受伤。

（二）媒体土壤：媒体报道焦点失衡

媒体主要是指能大规模地向社会传播信息的传播工具，包括书籍、报刊、广播电视台、电影录像等。在科技飞速发展的当今社会，生活的各个方面都已被大众传媒包围，媒体在社会生活中的作用也越来越重要。然而凡事皆有两面性，媒体也属于一把"双刃剑"，如果对此技术运用不当，则会导致不应有的负面效果。著名的"犯罪学之父"切萨雷·龙勃罗梭也认为，新闻媒介是邪恶和犯罪的记录者，它会刺激犯罪人进行犯罪模仿，为犯罪人提供了进行犯罪模仿的榜样，由此说明新闻媒介也成了一种新的犯罪原因。[1] 前英国首相撒切尔夫人曾经对老乔治·布什说过："Democratic nations must try to find ways to starve the terrorist and the hijacker of the oxygen of publicity on which they depend."[2]（民主国家的政府必须找到一种方式，令所有的恐怖分子、劫机犯们失去在公众舆论中赖以生存的空间。）通过对该段话深入分析后发现，政府、恐怖分子和媒体这三者通常是卷入恐怖事件的主体，而媒体和恐怖主义事件之间又存在着千丝万缕的关系，媒体对体育恐怖主义的影响亦是如此。

---

[1] [意] 切萨雷·龙勃罗梭：《犯罪人论》，黄风译，北京大学出版社 2011 年版，第 25 页。
[2] Tim Dunne's, "Terrorism and Media in Lisbon", *Portugal*. 转引自：刘仁山等：《国际恐怖主义法律问题研究》，中国法制出版社 2011 年版，第 42 页。

对于恐怖组织来说，频繁地在媒体上抛头露面未必是一件坏事，媒体即使是以批判性的视角进行报道，也会使得恐怖组织的影响力得以扩大。例如半岛电视台曾因播放本·拉登讲话视频，被西方学者斥责为本·拉登的"传声筒"，而半岛电视台之所以能够异军突起，成为比肩 CNN 的顶尖国际媒体，一个非常重要的原因，就是它能够获得独家的本·拉登讲话视频。这种情形下，本·拉登与半岛电视台甚至存在着一种相互依存的关系。而且电视、网络等媒体不停地重复播放体育恐怖主义事件的镜头，尤其大部分媒体将暴力恐怖行为作为焦点予以报道，这样的报道虽然可以让一些人了解体育恐怖主义的残忍性和社会危害性，但同时也会让许多人从这种暴力的镜头之中寻求刺激，更有甚者在生活中开始模仿这样的暴恐行为，从而"制造"出更多的体育恐怖主义分子，这样的结果与媒体报道的初衷是相违背的。

著者相信，大部分媒体报道这些内容是为了警示大家远离体育恐怖主义，不过，他们将焦点集中于暴恐行为本身以及暴恐事件制造者的方式是错误的，这正如网络最初疯传诸多校园暴力事件的视频一样，刚开始大家疯传这些视频是为了对施暴者加以怒斥，对受害者施以同情，并且希望司法机关予以介入，利用法律手段惩治施暴者，但往往适得其反，可能导致部分学生开始模仿那些校园暴力伤害视频中的暴力行为。媒体和有关部门认识到这一点后，渐渐地减少了对这种暴力行为的报道。

（四）体育赛事的高影响度

为何恐怖主义和恐怖分子始终热衷于袭击体育赛事呢？体育赛事日益庞大的影响力或为主要原因。体育赛事是所有时代最重要的全球媒体活动之一，而恐怖分子的任何攻击都是旨在对犯罪事业进行宣传，扩大国际影响力。美国安全专家曾表示，自 2001 年"9·11"事件之后，恐怖袭击发生了一定的变化，不再只瞄准军事地区，而开始将目光投向民用设施，这类设施通常具备人多、目标明显易于攻击、影响力大等特点。体育赛事正好符合这些条件，从而成为恐怖主义阴霾不散的目标。[1]解放巴勒斯坦人民阵线的领导人乔

---

〔1〕《恐怖主义为何屡屡瞄准大赛？》，载网易体育网，http://sports.163.com/13/1231/15/9HEBPG8R0005227R.html，最后访问时间：2016 年 11 月 18 日。

治·哈巴什曾说:"像在慕尼黑奥运会的暴恐袭击行为……从纯粹的宣传视角来看,选择奥林匹克运动会这样的大型体育赛事对于恐怖袭击的声势有极强的间接扩散作用。它就像从地球的四个角落可以看到的一座山上画巴勒斯坦的名字一样"。[1]乔治·哈巴什的这句话从另外一个角度强调了体育赛事的高影响力。

恐怖分子发动恐怖袭击大多是为了引起大众的注意,让大家关注他们的行为,而体育赛事往往具有极大的影响力,规模之庞大,关注人数之多,目标明显而易于攻击,社会影响力之大,导致诸多恐怖分子借助其高影响力对体育比赛运动员以及整个体育领域的相关主体发动恐怖袭击,从而形成体育恐怖主义。有被抓捕的恐怖主义犯罪分子曾经说:"我们必须杀死他们最重要或最有名望的人,由于我们不能接近他们的政治家,我们必须杀死艺术家和运动员。"由此可以看出,体育赛事对于恐怖主义犯罪分子而言,就是一块容易攻击且收效甚大的"肥肉"。通过整理收集到的历次体育恐怖主义事件可以发现,恐怖分子往往是将奥运会、足球赛、马拉松等社会关注度较高的大型体育赛事作为目标。无论是2016年7月在法国举办的"欧洲杯"足球赛,还是8月在巴西里约举办的奥运会,都有一些小型恐怖袭击事件发生,而且在赛事举办前,还有诸多借助体育赛事而产生的恐袭谣言和前期恐怖袭击预备活动的发生。比如,在"欧洲杯"举办期间,一名自称效忠"伊斯兰国"的法国男子持刀杀害了一对警察夫妇,他们3岁的儿子幸免于难,之后持刀歹徒被警察击毙,事后,"伊斯兰国"宣称对该事件负责;[2]巴西里约奥运会期间,中国男篮于2016年8月3日凌晨抵达里约热内卢,然而在前往下榻酒店的路上却遭遇枪战,所幸男篮一行人以及随队的媒体人员安然无恙,全部平安抵达酒店。[3]在如此高影响力的赛场出现袭击事件,自然会引发全球尤其体育界的关注。

---

〔1〕 Anthony Richards, "Terrorism: The Olympics and Sports: Recent Events and Concerns for the Future", *European Political Science*, 2005, pp.43~55.

〔2〕《欧洲杯为遭割喉警察默哀,恐怖主义吓不倒足球》,载腾讯体育网,http://sports.qq.com/a/20160616/003370.htm,最后访问时间:2016年10月31日。

〔3〕《男篮里约经历惊魂一幕,去酒店途中竟遭遇枪战》,载腾讯体育网,http://sports.qq.com/a/20160804/023987.htm,最后访问时间:2016年10月31日。

奥运会、世界杯、欧洲杯等国际性比赛都是全球瞩目的大型体育活动，体育恐怖主义犯罪分子希望以较小的投入营造出最大化的恐怖氛围，而在全球各个国家运动员参与、社会影响力巨大的体育赛场制造最大范围的影响，可以使他们的各种目的得到宣扬和实现。此外，像奥运会和世界杯这样的大型体育赛事，往往聚集了世界各地的各色人群，便于恐怖分子进行伪装和行事。虽然近年来各国都在不断加大对体育赛事的安保投入，不断加强安保工作，但相比重要的军事和政治目标，体育赛事还是更容易遭袭。

四、体育恐怖主义的防治措施

（一）关注体育安全，增强安保入场措施

衡量一个国家或城市是否具备举办体育赛事的主要条件，便是其实施体育安保措施的能力与强度，该能力决定了体育赛事能否顺利进行。无论是区域性的体育赛事还是国际性的竞技体育比赛，都离不开完善的安保措施。我们把精力大部分集中在享受体育带来的愉悦感，而忽视了体育赛事背后暗藏的安全隐患。体育暴恐事件的发生，一次次地警示我们要重视体育赛事安保措施的细致化。2012年伦敦奥运会，英国政府为保障赛事顺利进行，对安保费用预算进行多次追加，由于受到恐怖组织以及北爱尔兰极端组织的威胁，在奥运会赛事过程中，英国国防部总共部署了1.7万名士兵。[1]而在2016年里约奥运会期间，为确保里约奥运会的安全，巴西启动了有史以来最大规模的安保联动计划，来自军队和警察系统的8.5万名人员协同作战，其中包括2万名军人和6.5万名警察，这一人数要比2012年伦敦奥运会的安保人数多出一倍，其中军队主要负责保卫奥运场馆，而警察则在城市其他地方巡逻，包括地铁、公交和街道。里约州安全部长贝尔特拉梅还表示："反恐对奥运来说是最优先考虑的问题，巴西虽然没有恐怖主义活动历史，但我们始终将反恐放在第一位，绝不会对恐怖主义掉以轻心。"[2]

增强体育赛事的安全保障措施需要从以下几点着手：①体育赛事前期的

---

〔1〕 马冠楠、刘桂海：《竞技体育政治功能新探》，载《体育文化导刊》2011年第7期。

〔2〕《里约，还敢约吗？——奥运安保形势分析》，载新华网，http://news.xinhuanet.com/sports/2016-06/23/c_129084176.htm，最后访问时间：2016年11月2日。

风险评估是必不可少的。赛前必须对可能发生的恐怖活动威胁以及各类突发性事故加以体系化的评估预测，构建恐袭预警机制，细化预警级别，从而为相应级别的防控机制提供科学合理的依据；②将高科技运用至体育赛场以提升反恐技术。例如，诸多大型体育赛事是对公众普遍开放的，因而有必要在观众入场时采用生物识别技术，包括相关的指纹辨识、声纹辨识、眼球虹膜辨识等高新技术对观众进行方便快捷的身份识别，从而降低体育恐怖主义事件发生的概率；③除了整体的预防保障措施，还需要每个参赛团队内部建立应急响应小组（ERT）。该应急响应小组需要长期守护在赛场周围，随时准备应对各种类型的风险发生，只有在出现安全事故时，他们才会真正发挥作用。虽然现实中一般是处理一些细小的冲突或事件，但只要发生暴恐等严重安全事故，应急小组（ERT）成员就可以先于其他安保人员，在第一时间发现或一定程度上遏制事故严重化，尽可能地减少这类安全事故对赛事及其他人员的危害性；[1]④反恐是一个国际性任务，体育反恐亦然，我们需要加强国际反恐情报合作，从而遏制体育暴恐行为的泛滥，尽量从源头湮灭或减少体育恐怖主义的势头。我国外交部长王毅先生，在 2016 年 10 月 21 日由中国外交部主办的"全球反恐论坛"框架下第二次打击网络恐怖主义研讨会上也提及，"要实现安全，各国要同舟共济，不能只求独善其身，更不能以牺牲别国安全谋求自身绝对安全；要考虑安全问题的历史经纬和现实状况，全面客观看待，多管齐下应对；要以对话取代对抗，以共赢取代零和，在平等互信基础上加强安全合作；要以发展促安全，以安全固发展，两者并重以实现长期繁荣稳定。我们愿与国际社会一道，共同营造公道正义、共建共享的全球安全格局"。[2]由此也可以看出，对抗体育恐怖主义，国际间的合作是必不可少的。

（二）发扬人文体育精神，抵制体育恐怖主义

《奥林匹克宪章》指出，奥林匹克精神就是相互了解、友谊、团结和公平

---

[1] "Sport and Terrorism", Australia's leading sport sector agencies, https://www.clearinghouseforsport.gov.au/knowledge_base/organised_sport/sports_administration_and_management/sport_and_terrorism.

[2]《王毅在"全球反恐论坛"第二次打击网络恐怖主义研讨会开幕式上发表主旨讲话》，载中华人民共和国驻札幌总领事馆官网，http://www.fmprc.gov.cn/ce/cgsap/chn/zgyw/t1407794.htm.，最后访问时间：2016 年 11 月 1 日。

竞争的精神。[1]体育精神主要提倡的便是人文思想，并且排斥一切对体育运动有害的因素，这种精神也就是我们常说的人文体育精神。竞技体育主要追求的是对人类极限的不断突破与挑战，从而体现出人类对自由、和谐以及美好生活的向往与追求。体育本身是纯洁无瑕的，在当今复杂的社会中，更是大众放松、解压的最佳选择之一，通过体育运动，我们可以净化身心，使自己身心舒畅愉悦。这样的体育不应被社会暴力、恐怖甚至战争侵蚀，体育更不应成为各个国家、种族斗争的工具。我们要做的不是让体育恐怖主义这样的社会不良因素玷污体育精神的纯净，而是应当让体育精神遍布世界的每一个角落，渗透到各个种族的内心深处，从而让人们暂时抛弃争执斗争的枷锁，尽情享受体育运动带来的健康快乐。

（三）调整新闻媒介报道焦点

有研究指出，新闻、网络等媒体对恐怖主义以及诸多暴力行为画面的播放与报道，非但没有遏制恐怖主义事件的发生，反而为许多犯罪分子提供了学习和模仿的平台。媒体对体育恐怖主义的过度渲染会导致更多的暴恐行为发生，新闻媒体在报道此类事件时对一些暴力镜头重复播放，本身是想通过报道这些体育恐怖主义事件来引起大家的警醒，但这样的报道方式与报道理念背道而驰，反而会引起许多观众对这类事件的好奇心，甚至有些人会学习这些暴力手段，体育暴力的泛滥最终会导致体育恐怖主义的肆虐。这正如亚洲犯罪学学会副主席、台湾犯罪学学会理事长杨士隆教授，于2016年9月在武汉大学主办的首届"海峡两岸反恐对策及公共安全防控机制研究"研讨会上作的关于"独狼式恐怖分子之特性、攻击模式与防治对策"的学术报告中提及的如何预防独狼式恐怖主义犯罪一样，要想有效遏制孤狼式恐怖主义活动的发生，新闻媒体也应当起到相应的作用，即在报道恐怖主义犯罪时应当尽量不要聚焦在犯罪者身上，而要将焦点放在那些受害者身上，着重强调他们的无辜与需要帮助，如此就有可能冲淡或降低独狼式恐怖行动所诱发出来的自我英雄式的满足感，这个是相当重要的。因此，我们在预防体育恐怖主

---

[1] 秦旸：《恐怖袭击的体育蔓延：体育中的政治、民族与宗教冲突》，载《南京体育学院学报（社会科学版）》2014年第1期。

义发生的过程中,也需要新闻媒体对体育恐怖主义事件进行适当的报道,把焦点放在受害者身上,让大家了解他们是多么的悲惨,引起大家的同情心,这样才有可能有效地提高大家对体育恐怖主义的仇恨心理,促使大家远离体育恐怖主义。

(四) 以法理为基础加强体育安全的法治建设

我国于2016年1月1日实施《反恐怖主义法》,相比以前将恐怖主义犯罪规定于《刑法》中有了很大的进步,但是该法还处于刚刚起步阶段,还存在一些不完善的地方,需要我们日后根据司法实践具体情况加以修改完善,使其尽善尽美。体育恐怖主义、孤狼式恐怖主义以及生态恐怖主义等新型问题都暴露出了该法的滞后性,十八届三中全会提出的依法治国理念要求我们尽快完善相关法律法规,方可真正做到有法必依、违法必究、执法必严。

加强体育安全的法治建设,就是要将国家法治建设与体育权利相结合,[1]对所有实施与体育精神相违背的体育恐怖主义袭击行为的组织或个人,对他们所属国家或地区参与国际性体育比赛的资格加以限制或取消,其中包括体育知识产权、体育赛事转播权等一系列体育权利;除此之外,我国还要尽快在《体育法》中明确"体育恐怖主义"的概念和内涵,或者在《反恐怖主义法》中加以明确,并且补充相应的惩戒措施,以提高大众对体育恐怖主义的认识和抵制,世界各国在相关反恐公约之中也应当尽快对体育恐怖主义达成共识,在有法可依的情况下加强合作,从而有效地遏制体育恐怖主义的泛滥。

本文原载于《民商法论丛》2018年第66卷

第三节 意大利体育赛事赌博法律规制及借鉴意义

职业体育之所以影响范围广且能够吸引大量爱好者,主要在于其参赛人

---

[1] 秦旸:《恐怖袭击的体育蔓延:体育中的政治、民族与宗教冲突》,载《南京体育学院学报(社会科学版)》2014年第1期。

员诚信保持高水平技能，进而维持着竞赛的刺激性和观赏性。如果在这样的竞赛过程中出现团队与团队之间以及运动员和相关组织之间的赌博行为，纯洁的职业体育赛事就会遭到破坏。总部设在多哈的体育安全国际中心（ICSS）和巴黎索邦学院联合调查研究的对全球体育赌博的调查报告让人瞠目结舌，报告结果将体育赌博产业归结为一个全球性跨行业的现象。报告调查对象从芬兰到澳大利亚，包括萨尔瓦多、南非、中国等全世界大多数国家和地区。犯罪集团利用威胁、敲诈、贿赂等手段操纵比赛，让比赛结果朝着自己有利的方向进行，最终达到牟取暴利的目的。报告指出，赛车、自行车、曲棍球、手球运动的赌博问题虽然不严重但也要小心，犯罪势力触角涉及低级别赛事、本国赛事、青年队以及女子队。

每年全球赌博及博彩涉及金额最高的五个国家和地区分别为中国内地、韩国、意大利、英国和中国香港特别行政区。中国内地排名第一，每年在赌博和博彩上涉及的金额大概是2.15万亿欧元。[1]受益于中国球迷人数众多，中国内地的博彩、体育彩票以及体育福利等合法支出为1.25万亿欧元，而非法体育赌博支出为9000亿欧元，由于很多赌博形式在其他国家是合法的但在中国目前是非法的，这导致了很多人选择到黑市和地下赌博机构参与赌博，一定程度上增加了非法赌博的涉及金额。在我国，体育赛事赌博始终是一类非法行为，但体育赛事赌博在世界各国都具有一些类似的特性，研究意大利的体育赛事赌博法律规制问题也具有必要性，可以为我国有关部门管控体育赛事赌博行为提供诸多经验借鉴。

一、意大利体育赛事赌博概览

意大利是欧洲第二大博彩发达国家。米兰理工大学2016年发布的收入统计显示，意大利在线赌博市场收入在2016年达到10.26亿欧元，比2015年全年高出1/4；赌场的垂直博彩收入为4.39亿欧元，同比增长了1/3；体育博彩的发展也较为不错，达到3.5亿欧元（同比上升31%）；而扑克则排名第三，

---

〔1〕《米兰体育报关于全球赌博分析情况》，载网易体育网，http://sports.163.com/photoview/00CO0005/115964.html#p=9UAJJ4C400CO0005，最后访问时间：2018年2月1日。

为 1.33 亿欧元（下跌 10%）；其他产品，包括宾戈、彩票、虚拟博彩、交易投注和赛马等项目总计收入为 9700 万欧元左右。[1] 意大利一向有赌球、踢假球的"传统"，在几大联赛里受赌球毒害最深，最为著名的就是"电话门"事件。2006 年 5 月 4 日，《米兰体育报》刊登了都灵检察院暗中调查的最近几年莫吉与意甲裁判指定员之间的电话内容，立刻在国际足坛引起轩然大波，由此引发的各种调查层出不穷。

乐透在意大利是一个传统且流行的博彩游戏。虽然其历史悠久，但它在当今时代仍有很大的潜力去适应玩家不断变化的心理。意大利在 2006 年对乐透进行了一些创新，出现了具有全新功能的即时乐透，包括即时开奖、集中开奖、全国抽奖和第三周开奖等方式。SuperEnalotto（意大利超级大乐透彩票）是由意大利彩票管理部门（Sisal）在 1997 年发明的玩法，总共从 90 个号码中抽取 6 个号码，如果击中 6 个开出的号码，就赢得全部头奖，中奖的概率是 1/622614630。其数额惊人的奖金已经在意大利确立了 SuperEnalotto 的地位，2023 年奖金已累计达 3.42 亿欧元，再次刷新奖金数额的纪录。

基于预测体育比赛结果的投注游戏，是意大利目前最受欢迎的，也是其流行文化中历史较为悠久的。该游戏通过与 Totalizator 连接的投注点网络进行分发，通过 Totalizator 实时注册的投注具有极强的安全性。意大利的足球彩票 Totocalcio（单式彩票）就是这样的一种投注游戏，通过 schedina（彩券）来预测夺冠球队，球迷在上面通过表格来预测可能获胜的队，往往引起球迷们的热烈讨论和激烈辩论。该游戏从 1946 年推出的那一刻起，就成为所有意大利人极为感兴趣的一种娱乐方式，即使是那些对足球和游戏热情都比较低的人，也成功被之吸引。随后该游戏引入了创新元素，即在足彩中增加了 Totogol（复式彩票）。

上述方式日益受到当地政府的重视，一度将投注视为非法赌博。这为借助法治来管理和规范这些行为铺平了道路。自 2002 年以来，所有投注都被置于 AAMS（国家行政自治机构）的控制之下。投注包括奥运比赛（篮球、足

---

〔1〕《意大利博彩市场发展趋势》，载法国侨网，https://mp.weixin.qq.com/s/EIAnyJd15RGzjQgDo358nw?poc_token=HDBDpGajXNyU0jsZbj1h6pqlAnMNTZ5tORitW8A9，最后访问时间：2024 年 7 月 20 日。

球、自行车赛、越野滑雪、网球、帆船和排球等）以及赛马，这些赛事包含了意大利国内和国外的竞技体育比赛。在意大利传统上有两种类型的投注：总分式和固定利率式。在总分投注的情况下，奖金会被分配给那些所有下注预测正确的人；在固定利率式的投注中，结果取决于个别事件或一系列相关事件的结果，获胜者奖金等于下注的金额乘以下注时的固定利率。

二、意大利体育赌博的法律调整问题

根据意大利最高法院（Corte suprema di cassazione）的判例法可知，意大利立法机构正在增加适用赌博和博彩业务的政策，意大利立法的目的不是限制消费者赌博的倾向或削减赌博的可用性，而是增加税收。

（一）意大利对赌博犯罪的界定

赌博的定义可以在 "2006 年博彩业在欧盟内部市场的研究" 中找到：包括任何信息社会服务在内的任何服务中，存在的以赌钱的方式投注赌金的机会，包括彩票和彩票投注交易。[1]《意大利刑法典》第 721 条或多或少采用了这一定义，旨在惩罚在公共场所或私人俱乐部进行的赌博活动，其规定："赌博是完全基于不确定事件的结果，为了个人利益而进行的游戏。"

过去几年，意大利学说[2]已经得到建立和发展，以区分赌博和简单的博彩游戏。上述内容是基于第 721 条所述的两个标准，这些标准是来自个人利益和不确定事件的结果。在此基础上，赌博包括：宾戈、黑杰克、彩票、轮盘赌、老虎机和视频扑克；简单的博彩游戏包括：体育赛事赌博、赌马、扑克、桥牌等。强调玩家在游戏中的个人贡献属于第二种，这一点很重要。[3]《意大利刑法典》第 718 条规定，惩罚在公共或私人俱乐部进行的赌博活动。但重要的是，赌博有时是合法的，特别是在有公共授权的情况下，公共授权有多种方式，如通过国家补助，注入收入的可能性就更大了。

（二）控制体育赛事赌博的重要制度

1. "许可制度"。"许可制度" 是指国家行政自治机构（AAMS）授予第

---

[1] Filpo 2007, 1016.
[2] See Pioletti 1970, p. 30.
[3] See Manzini 1948, X, 868.

三方执照以达到控制与体育赛事赌博有关的活动和目的的制度。[1]该制度于1948年提出，经过了多次修改。该制度主要是与国家行政自治机构（AAMS）相互配合。国家行政自治机构（AAMS）可以将许可证分租给第三方或私人社团，从而使该第三方或私人社团能够控制特定类型的投注。此授予功能涉及体育赛事和其他不同的游戏，如基于数字的游戏。其与刑事立法（第401/1989号法令）的限制一起，确保国家保留了对博彩行业的垄断权，直到欧洲法院决定进行干预。为了遵守欧盟的法律以及欧洲法院判例法，2006年，意大利对许可制度进行了详细的修改，该制度要求当事人（国家行政自治机构和私人社会）制定一个法律示范合同，规定他们之间的权利和义务。新的"许可制度"的特点是：增加了更多的投注机构；更少的义务和整体限制谁可以组织和管理博彩游戏；减少国家的控制和参与。[2]不过，2006年推出的"许可制度"并没有解决意大利在欧洲法院法官作出关于赌博的决定时所面临的所有法律问题。"D. L. 第149/2008号法令"旨在执行欧洲法院声明和决定的规则。特别地，它维持了对相同的游戏的让步；建立了赛马博彩新的选择程序和经济规则；为CONI和UNIRE提供一笔资金，以改善竞争对手的质量和健康；规定了视频扑克等博彩机的合同和经济规则。

2. 国家行政自治机构（AAMS）管理制度。国家行政自治机构（AAMS）主要设有中央办公室、消费税部门、博彩部门、资源的组织和管理部门等，主要的职能有：打击非法赌博，支持打击非法赌博，不断改善公共赌博活动供应；维护广大群众的信任，维护消费者的合法权益；管理赌博市场；提供休闲时间以符合个人和公众更广泛的利益。[3]其负责管控整个赌博市场调控相关的活动。与此同时，AAMS继续在烟草制造业履行一些更传统的责任。[4]意大利政府在博彩业和烟草制造业，以及在税收收入与维护消费者保护等其他重要公益活动和打击非法赌博的重要活动之间保持平衡起了很大的

---

〔1〕 在制定"许可制度"之前，意大利将所有的博彩游戏作为垄断行业进行管理。
〔2〕 See Corrado 2003, p. 97.
〔3〕 Paul M. Anderson, *Sports Betting Law and Policy*, T. M. C. Asser Press, 2011.
〔4〕 本书中有关AAMS的相关信息和数据来自AAMS官方网站，www.aams.it，最后访问时间：2018年2月1日。

作用。AAMS 在博彩、赌博领域扮演着关键角色，其职责不仅包括为确保行业的合理发展而制定指导方针，也包括监督保障获得许可的单位严格按照规定行事。正是在这种背景下，其制定的措施要求，在没有得到合法授权的情况下，严厉禁止非法利用互联网将博彩、赌博传入网络游戏中。该制度为禁止非法博彩市场的泛滥，明确各方主体责任，遏制非法博彩的不良后果起到了至关重要的作用。基于 AAMS 的各项举措，公众逐渐对博彩和相关法律法规有了更深的认识，因此使博彩行业的发展得到了极大提升。

三、欧盟法院对体育赌博的认定与意大利国内法的差异

在欧洲诸国，大部分赌博是以合法形式存在的，诸多大城市随处可以看到公共赌场。而体育赛事赌博在各国逐渐风靡，加之网络科技的飞速发展，网络赌球也逐渐取代了以往传统的电话委托等方式而成为主要的下注形式，这促使更多参与赌博的人在家边看直播边在网上进行投注。

一些跨国的赌博公司在欧盟其他成员国提供赌博服务，其中网络赌博让这些国家尤为反感。在欧盟，并没有专门规范赌博的条例，并且赌博也不是《欧盟服务指令》的调整对象，这就不可避免地会造成一些冲突，尤其是欧盟法规定的服务自由与禁止网络赌博的矛盾更是欧盟有关机构经常讨论关注的焦点。而以公共政策或者打击犯罪为由，对外国的赌博公司进行抵制，也是多数欧盟成员国持有的意见。[1]欧盟法在这方面的规定主要是其第 43 条和第 49 条，必须被解释为排除国家立法。其规定，如果没有执照或国家法律规定的许可，而私自进行有组织的赌博活动的，则无法取得执照或授权。

意大利作为欧盟成员国之一，在一些关于体育赛事赌博的案件审理上，亦与欧盟法院的理念产生了不少的冲突，主要体现在以下两个典型案例上。

第一个是"Tonrero"案。首先，在意大利，体育赛事赌博并不等同于非法赌博。然而，意大利法官有时会试图将体育赛事赌博纳入第 718 条的范围。"Tonrero"是意大利一种未经授权的博彩活动，其参与者面临犯罪后果。然

---

〔1〕 黄世席：《德国体育赌博的法律规制研究及其对我国的借鉴意义》，载《体育与科学》2010 年第 4 期。

而，意大利法官在"Tonrero"案中的判决并没有解决与赌博有关的问题，这促使意大利立法者制定了一项新的法案，进而解决非法进行体育赛事博彩活动的问题。[1]

L. n. 401/1989 法令第 4 条对下列情况予以刑事制裁：

· 非法使用游戏"乐透"和其他由国家或社会控制的游戏；

· 由 CONI 和/或 UNIRE 控制的比赛；

· 其他与人类和/或动物有关的投注例子的非法行为。

第 4 条 co. 4 规定，对任何未经具体授权而行使、控制和管理赌博的人，无论该人是意大利人还是其他国家的人，都要对其进行刑事制裁。实质上，该规定将赌博置于意大利国家的控制和指导之下。

基于该原因，意大利的法律受到了欧盟法院的严厉批评，欧盟法院宣称它违反了《欧盟法》第 43 条和第 49 条（"Gambelli"[2]和"Placanica"[3]的判决）。在欧盟法院的眼中，意大利法律所规定的刑事处罚以及对外国投注机构的整体限制，都违背了建立和提供服务的自由。根据欧盟法院（Court of Justice of The European Union）的说法，意大利可以控制赌博活动，但不能同时保持垄断地位，因为它是提供和管理投注游戏的唯一机构。意大利宪法法院颁布的第 284/2007 号裁决同时呼吁和指示意大利法官因上述原因不适用国家立法。[4]

第二个是 Piergiorgio Gambelli 案。在 Piergiorgio Gambelli 案中，欧盟法院于 2001 年 3 月 30 日发布命令，2001 年 6 月 22 日，Tribunale di Ascoli Piceno 法庭将一个问题解释为《欧盟法》第 43 条和第 49 条，由法院根据前述规定作出初步裁决。

在对 Gambelli 先生和其他 137 名被告参与的非法秘密组织赌博和收集、

---

[1] See Beltrani 1999, p. 140.

[2] ECJ, Judgment of 6 November 2003, Case C-243/01, Criminal proceedings against Piergiorgio Gambelli and Others, ECR 2003, I-13031; see Zagato 2005, p. 206.

[3] ECJ, Judgment of 6 March 2007, Joined cases C-338/04, C-359/04 and C-360/04, Criminal proceedings against Massimiliano Placanica (C-338/04), Christian Palazzese (C-359/04) and Angelo Sorricchio (C-360/04), ECR 2007, I-1891.

[4] See Montagna 2007, 3653.

传播赌博信息罪的公诉中提出了这个问题，即他们的行为涉嫌构成欺诈国家罪。特别是检察官和法官调查发现了一个复杂组织，该组织通过互联网与在利物浦成立的英国博彩公司斯坦利国际博彩有限公司建立了一个复杂的意大利机构组织。在此基础上，他们被指控在意大利与海外博彩公司进行合作，非法收集应当由国家保存的博彩信息，该行为违反了 L. n. 401/1989 法令。在意大利立法者眼中，该行为与意大利国家奥委会管理的体育博彩不相容，因此可能构成 L. n. 401/1989 法令第 4 条下的刑事犯罪。

法院在对本案审理过程中还提出："明确刑事惩罚的国家立法必须在相关成员国的许可或授权的情况下收集赌博相关的证据，体育赛事赌博尤其需要这样。只有基于总体利益的必要条件，并且具有可行性，才可以限制自由权利，而不是为了达到这一目的而不加区别地适用进而超出必要条件。在这方面，意大利国家法院应该明确该类立法是否考虑到其适用是否符合上述要求，以及它所施加的限制是否具有合理性。特别是，如果一个成员国通过煽动和鼓励消费者参与彩票、赌博和博彩，以期给公共财政带来经济利益，那么该国就不能援引公共秩序政策而减少投注的机会。"

四、结论及对我国的经验启示

意大利对体育赛事赌博依法享有一定的控制权，通过特定法律（L. n. 401/1989 法令第 4 条），可以对未经许可或授权而从事投注活动的人实施刑事制裁。但是，正如我们所看到的那样，这些条例被裁定为违反欧盟关于成立和提供服务自由的法律。通过 AAMS，意大利正在慢慢精简关于赌博和博彩的法律，使公共和私人社区都参与到这些做法中，而不必进行复杂的法律限制。随着越来越受欢迎的互联网赌博形式和新博彩游戏的创建，意大利在完善的立法的帮助下，最大化地将博彩收入作为国家的收入只是时间早晚的问题。逐步发展博彩的一个重要的解决方案和建议，可能是创建一个"博彩规则"，该规定结合了意大利本国、欧洲和国际的法律原则和法理学。"英国赌博法"就是一个具有这样的原则的法律的典范，该法规定了欧洲关于成立自由和提供服务自由的原则。意大利目前的立法模式与以前的完全不同，并且通过 "Decreto-Bersani" 提高了私人公司通过公开招标接管体育投注的可能性。更重要的是，通过整个意大利博彩行业可以创造更多的竞争机会，激发经济市场的全面发展。

　　我国曾经对赌球活动开展过强有力的打击活动，并且逮捕了数名足协高层，国务院有关部门还曾经对体育单项的调研以及央视重磅栏目重点关注，这都表明我国对非法体育赌博的关注已经上升到国家层面。尤其在新时代的背景下，习近平总书记提出建设体育强国、发展体育强国，势必会带动诸多产业的发展，体育博彩业也是其中受益一方。在这样的新形势下，更加需要注重对非法赌博的提防与规制。我国现有的体育博彩法律法规仍然处于较为滞后的阶段，非法的体育赌博现象层出不穷。我国的体育赛事赌博始终被定性为非法行为，而随着市场经济和体育产业的飞速发展，我国现存的体育彩票业难以满足市场和大众需求，进而滋生出许多地下非法体育赛事赌博活动。因此，我国亟需站在法律高度对整个行业予以科学合理的规范，从根本上遏制非法体育赛事赌博的发生。在规范过程中亦不能单纯以各类赌博类犯罪苛以刑罚，还应当借鉴意大利体育赛事赌博方面的规范方式，逐渐将体育赛事赌博中的一些类型予以合法化和公开化，在我国《刑法》《体育法》等相关法律法规中明晰合法体育赛事赌博的内容，再辅之多部门的联合监管，这样既能扩大国家的财政税收收入，又能有效遏制非法赌博的肆意泛滥。

第五章　体育与廉洁

第一节　廉洁办奥的理论渊源和路径探索

2008年，我国在首都北京成功举办了夏季奥运会，在此之后，我国又顺利拿到了2022年冬季奥运会和冬季残疾人奥运会的举办权。作为国际性大型体育赛事，奥林匹克运动会涉及赛事场地的划批、场馆的建设、志愿者及其他工作人员的选拔及服务保障等事项。从前期筹备到成功举办的各个环节，需要各方主体的大力协作，同时也存在滋生腐败的风险。

2016年3月，习近平总书记在听取北京冬奥会冬残奥会筹办工作情况汇报时，提出了"绿色办奥、共享办奥、开放办奥、廉洁办奥"[1]十六字办奥方针，并提醒在冬奥会和冬残奥会的筹办过程中，必须重视依法治国和廉洁办奥的重要思想。全面推进依法治国是习近平法治思想的核心要义之一，也是我国构建法治中国的重要助推力。而反腐倡廉作为习近平法治思想中的重要内容，对全面依法治国具有积极促进作用，需要全方位予以贯彻落实。对党纪国法的违反和践踏是腐败的本质体现，提升广大党员干部法律思维、带头学法、守法是反腐倡廉的根本目标。党员干部对于普通群众而言，具有鲜明的模范带头作用，普通老百姓也必然会引以为榜样，加以学习，以提升全民的法治观念，实现全民遵法守法。另外，党员干部必须严格依纪依法行使权力，自觉践行廉洁自律，方可广泛提升全面依法治国在民众心中的地位。

---

[1]《绿色办奥共享办奥开放办奥廉洁办奥 办成一届精彩非凡卓越的奥运盛会》，载《人民日报》2016年3月19日，第1版。

习近平总书记于 2021 年 1 月 18~20 日在北京、河北考察并主持召开 2022 年北京冬奥会和冬残奥会筹办工作汇报会时，再次强调"北京冬奥组委要更好履行职责，严格执行各项规章制度，严格预算管理，控制办奥成本，勤俭节约、杜绝腐败，让北京冬奥会、冬残奥会像冰雪一样纯洁干净。"[1] 可见，北京冬奥会、冬残奥会各项工作的筹办离不开习近平法治思想中的廉洁观的引导，而廉洁办奥对开展反腐倡廉、全面推进依法治国具有不容忽视的作用。

一、廉洁办奥的理论渊源：习近平法治思想中的廉洁观

习近平法治思想是在 2020 年 11 月召开的中央全面依法治国工作会议上被正式提出的，是中国共产党立足于坚实经验、结合时代发展提出的科学思想，理论与实践意义重大，政治与法治价值深厚，对我国各项事业的发展具有强大的推动力。习近平法治思想理论内涵丰富，其中廉洁观是其重要的内涵之一。

（一）廉洁奉公是重要标尺

"廉者，政之本也。"廉洁从政，秉公用权，是我们党的光荣传统和优良作风。[2] 廉洁奉公是党纪国法赋予党员干部的义务，也是党员干部应有的道德风范和精神品格。习近平总书记强调，共产党员要做共产主义远大理想和中国特色社会主义共同理想的坚定信仰者和忠实践行者。我们要具备坚定不移地走中国特色社会主义道路的信念，同时还需胸怀共产主义的崇高理想，矢志不移贯彻执行党在社会主义初级阶段的基本路线和基本纲领，做好当前每一项工作。能否坚持全心全意为人民服务的根本宗旨，廉洁奉公是衡量一名共产党员、一名领导干部是否具有共产主义远大理想的客观标准之一。[3] 由此可见，廉洁奉公已然成为衡量一名党员是否具有共产主义远大理想的重

---

[1]《习近平在北京、河北考察并主持召开北京 2022 年冬奥会和冬残奥会筹办工作汇报会》，载中国新闻网，https://www.chinanews.com/tp/hd2011/2021/01-21/968595.shtml，最后访问时间：2021年1月22日。

[2]《廉洁奉公，永葆共产党人政治本色——论学习贯彻习近平总书记在"七一勋章"颁授仪式上重要讲话》，载《人民日报》2021 年 7 月 4 日，第 1 版。

[3]《在发展中国特色社会主义实践中不断发现、创造、前进》，载人民网，http://jhsjk.people.cn/article/20101215，最后访问时间：2021 年 1 月 22 日。

要标尺。

(二) 党风廉政建设和反腐败斗争关系党和国家的生死存亡

共产党的生死存亡直接关系到国家的生死存亡,想要国家繁荣昌盛,必须维系共产党的长期发展和壮大。通过深刻总结古今中外的历史教训可知,将党风廉政建设和反腐败斗争提到关系党和国家生死存亡的高度来认识,有助于提升我们全党的思想觉悟和办事质效,继而在共产党的带领下更进一步地保障国家的繁荣与富强。习近平总书记也反复强调,要把作风建设作为夯实党执政的群众基础的切入点,全力抵制形式主义、官僚主义、享乐主义,反对奢靡之风。这也为我国全面开展反腐倡廉建设提出了新的着力点。共产党作为我国各项事业的领导者,倘若被腐败侵蚀,势必会影响到各方面工作无法公平、公正、高质效地开展,继而严重阻碍共产党和国家的持续前行,甚至会威胁到国家的生存。

(三) 以零容忍态度惩治腐败,积极建设廉洁政治

腐败的危害性是人所共知的,廉洁政治是反腐倡廉中需要重点把握的内容,我们必须积极构建廉洁政治,营造良好的政治生态。习近平总书记曾强调,在深入开展反腐败斗争中,必须严格保持高压反腐力度,对腐败犯罪持续维系零容忍态势。腐败,不仅会对国家、社会造成严重损害,更会降低党和政府在人民心中的地位。因此,党员干部必须深刻认识到腐败的极端危害性,时刻保持头脑清醒,对腐败的诸多诱惑持零容忍态度,并全力抵制腐败。此外,习近平总书记还对积极建设廉洁政治发出过动员令,提出"干部清正、政府清廉、政治清明"的总要求。"为政清廉才能取信于民,秉公用权才能赢得人心。"[1]因此积极构建廉洁政治是以零容忍态度抵制腐败的重要举措。

(四) 运用法治思维与法治方式正风反腐

我国的正风反腐工作包含防范、揭露、追查和惩治腐败。在正风反腐的道路上,我们必须时刻把握法治思维和法治方式,这是习近平法治思想对学法懂法提出的更高要求。习近平总书记强调,必须加强对法治的信仰和敬畏,

---

[1]《习近平讲话发出建设廉洁政治动员令》,载人民网,http://jhsjk.people.cn/article/20294878,最后访问时间:2021年1月22日。

凡事都要在良法之下依法开展，杜绝出现法外之地。于纪检监察机关而言，不仅要以国家法律为准绳，而且必须严格遵循党章等党内法规开展各项工作，无论是对监督、执纪、调查处置等工作的强化，还是巡视巡察、问责追责，一言一行、一举一动都要坚持合规合纪合法。

此外，纪检监察机关的法治意识、法律思维、法治素养也要更进一筹，要在习近平法治思想的指引下，全面提升纪检监察机关工作的规范化和法治化水平。结合实践工作，深刻认识共产党的领导和依法治国、政治与法治的一致性，结合本职工作内容，将政治意识与法治思维、政治把握与法治方式有机结合起来，形成合力，避免不必要的张力，继而高质效地达到政治效果、纪法效果、社会效果的融合。为了让人民群众深刻体会到公平正义，应当在积极强化政治监督和日常监督的同时，广泛解决立法、执法、司法、守法等领域的突出问题，营造良好法治氛围，提升法治信仰度。为了进一步提升反腐倡廉的质效，还要维系纪检监察体制改革的初愿，积极完善执纪执法相关法规制度，高质效实现纪法贯通和法法衔接，继而将法治思维高质效地融入政府反腐工作中。

（五）把权力关进法律和制度的牢笼里

权力易滋生腐败。在各项工作之中，必须严格约束权力，以保障权利。为此，将权力关进法律和制度的牢笼里，成为一种重要方式。在习近平法治思想中，具体表现为：坚持抓住领导干部这个"关键少数"，这是全面推进依法治国的关键问题；党的执政权和国家立法权、行政权、监察权、司法权主要由领导干部具体行使，这是全面依法治国的关键。[1]在全面推进依法治国的进程中，只有对这些"关键少数"常抓不放，坚持依法治权，通过各项法律法规严格约束他们的权力，把权力关进法律和制度的笼子里，方可实现最终的法治追求，保障国家和公民的合法权益不受侵害。而对权力的限制，在事前预防层面就需要重点考虑党员领导干部的廉洁性问题，因此，该内容也是习近平法治思想中的廉洁观的重要组成部分。

---

[1] 李林：《习近平法治思想的核心要义》，载《中国社会科学报》2020年11月23日，第4版。

二、廉洁办奥的源起、内涵及必要性

(一)廉洁办奥的源起和深刻内涵

"廉洁"最早出现在战国时期诗人屈原的《楚辞·招魂》:"朕幼清以廉洁兮,身服义而未沫。"东汉学者王逸《楚辞章句》中说:"不受曰廉,不污曰洁。"所谓廉洁,就是拒收他人赠送的钱财、礼物,保持自己的人品清白不受玷污。自公权力产生之始,就随之滋生了腐败,腐败的危害性是有目共睹的,其不仅会对某个领域造成侵蚀,更会对国家和人民造成巨大的威胁,因此廉政尤为重要。所谓廉政,是指廉洁的政治状况,即国家各项政务活动保持清廉公正,国家工作人员的公务行为合规合法,不被腐败污染。现如今,廉政不仅是反腐败工作的重要组成部分,而且开始向生活的各个方面延伸扩展。

体育赛事领域也开始重视廉洁观的积极效能,基于曾经遭受过腐败侵扰的原因,国际奥委会开始关注奥运会中的廉洁性问题,并开始建立廉洁组织。在发生盐湖城申办贿赂丑闻之后,国际奥委会于 2008 年通过了《奥林匹克和体育运动善治的基本通则》,提出要加强最高级别的能力、诚信和道德标准,加强组织的问责、透明和控制,推动善治理念的达成。[1]我国结合国内具体国情和国际形势,对 2022 年北京冬奥会提出"节俭奥运、廉洁奥运、阳光奥运"的办赛目标。但廉洁办奥并非起源于 2022 年北京冬奥会的筹办,而是源于 2008 年北京奥运会的筹办。[2]北京奥运会筹办期间,正值我国改革发展、社会转型的关键阶段,不乏一些"失范"和腐败现象干扰社会的有序发展。在此大背景下,诸多国外机构、媒体对北京奥运会的资金使用、场地建设等方面的廉洁性问题持续关注,为此,党中央、国务院对筹备和举办奥运会相关工作的廉洁性高度重视,特此做出"节俭办奥运、廉洁办奥运"的重要指

---

〔1〕 王润斌、肖丽斌:《新发展理念下北京冬奥会举办理念的贯彻与前瞻》,载《上海体育学院学报》2019 年第 1 期。

〔2〕 黄树贤:《构建惩治和预防腐败体系的成功实践——开展廉洁奥运工作的经验与启示》,载《求是》2010 年第 10 期。

示，为"廉洁奥运"工作提供了坚强的政治保证。[1]最终也顺利保障北京奥运会完美实现了廉洁办奥的目标。

随着政治、经济、文化的飞速发展，"廉洁办奥"理念已然成了党的十九大关于党风廉政建设和反腐败斗争工作的延伸，为新时代我国实现社会主义现代化提供了保障。习近平总书记再三强调，举办北京冬奥会、冬残奥会意义重大，我们要言必信、行必果、扎实工作、步步为营。我们要拿竞技奖牌，还要拿精神奖牌、廉洁奖牌。[2]中国主办冬奥会的理念，同我们共建"一带一路"、推进绿色文明建设和反腐倡廉的努力一脉相承。[3]不过，廉洁办奥的理论内涵尚未得到明确，在此，著者根据习近平总书记关于"廉洁办奥"的各项论述，将"廉洁办奥"定义为：在筹办奥运会期间，各相关部门及工作人员要廉洁自律，依法依规履行筹办事务、提供公共服务的工作，严禁违背廉洁纪律和法律法规；执纪执法机关要坚持有腐必反、有贪必肃，努力为奥运会的筹办营造廉洁纯净的环境。

（二）廉洁办奥的必要性

第一，廉洁办奥与中国共产党的初心和使命相一致。在办奥的过程中，必须确保廉洁本色，坚决抵制腐败行径。习近平总书记在党的十九大报告中指出，中国共产党人的初心和使命，就是为中国人民谋幸福，为中华民族谋复兴。在办奥过程中，必须加强廉洁性要求，提高反腐的警觉性，坚决抵制腐败滋生的违法乱纪现象。要警惕腐败分子把人民赋予的权力用做谋取私利的工具，肆意收受贿赂，攫取非法收益；要警惕部分企业依靠贿赂、找关系而非公平竞争的方式，获取市场优势地位和大量的不正当利益。这些腐败的行径与中国共产党的初心相悖，与国家根本目标和战略相抵触，严重侵害最广大人民群众的根本利益，影响社会和谐，对党、国家和人民都造成了巨大

---

[1] 姜岩、张金慧：《借鉴"廉洁奥运"经验 加强党风廉政建设》，载《发展》2016年第10期。

[2]《要拿竞技奖牌，还要拿精神奖牌、廉洁奖牌》，载人民网，http://jhsjk.people.cn/article/30608816，最后访问时间：2020年1月22日。

[3]《习近平会见国际奥委会主席巴赫》，载人民网，http://jhsjk.people.cn/article/30604284，最后访问时间：2020年1月22日。

的威胁。

第二，廉洁办奥是全面推进依法治国、依法治体的必然要求。法治原则是我国宪法的基本原则之一，更是治理国家的基本方略。依法治国早已在我国《宪法》中予以明确，上升到了根本法的高度。依法治国的质效有赖于各级政府机关依法行政的质效，而廉洁奉公是衡量各项工作质效的重要标准，倘若摒弃廉洁奉公，势必会造成执法不严、执法不公的现象，严重影响法律的公信力，阻碍依法治国工作的推进。在体育领域亦是如此，依法治体过程中同样需要把握各主体的廉洁性。办奥责任重大，必须严格守好每一场赛事从始至终的各个环节，确保做到执法必严、违法必究，对腐败零容忍。可以说，廉洁办奥，正是全面推进依法治国、依法治体的必然要求。

第三，廉洁办奥直接影响奥运会的筹办质效。奥运会作为一项国际性的大型体育盛会，公平竞争是其核心精神之一，无论在哪一个环节出现腐败，都会影响奥运会的筹办质效，更是对奥林匹克精神的污化。例如，奥运会历史上最臭名昭著的腐败事件，就是美国盐湖城申办2002年冬奥会时的贿选事件。盐湖城为了获得2002年冬奥会的举办权，曾拿出45万美元对当时的奥委会成员及其亲属进行贿赂。奥委会也对此事进行了严肃处理，6名奥委会委员被开除，9人被严重警告，另有4人辞职，奥委会还以此为契机对奥运会的申办规则进行了修改。澳大利亚在奥运会申办中也存在有违廉洁的违规违法的腐败恶行。在奥委会投票决定2000年奥运会举办地的前夜，当时的澳大利亚奥委会主席向两名拥有投票权的奥委会委员分别行贿了3.5万美元。而在第二天的投票中，澳大利亚的悉尼如愿获得了举办权，悉尼相比申办对手北京的优势，恰好就是两票。[1]因此，必须深入贯彻廉洁办奥理念，对腐败提高警惕，保证体育运动的纯洁性，确保奥运会公平、公正地举办。

第四，廉洁办奥是建设廉洁政治的必然追求。廉洁政治是人类孜孜以求的政治目标，也是共产党人一以贯之、不懈追求的奋斗目标。[2]体育虽然不

---

〔1〕《欧洲奥委会主席被捕 揭秘奥委会腐败丑闻》，载腾讯新闻网，https://sports.qq.com/a/20160823/032109.htm，最后访问时间：2021年1月27日。

〔2〕《社会主义廉洁政治的本质属性》，载中国共产党新闻网，http://fanfu.people.com.cn/n/2013/0114/c141423-20193210.html，最后访问时间：2021年1月23日。

是政治，但具有一定的政治性。尤其在筹办国际性大型体育赛事的过程中，我们举全国之力，在共产党的领导下，自上而下集合了诸多行政机关、国家机关工作人员和社会人士等群体，共同为奥运会这样的大型体育赛事贡献力量。在此过程中，深刻把握廉洁办奥，正符合廉洁政治的公共性、透明性、法治性、为民性的要求。具体而言：①公共性是廉洁政治的逻辑起点，廉洁政府拒绝公共权力的非公共使用。只有坚持廉洁办奥，方可时刻提醒和约束公权力机关或工作人员不得以权谋私，损害廉洁政治的公共性，侵犯公共利益和公民个人合法权益；②透明性是廉洁政治的关键要素。为便于公民有效参与公共决策，政府应当及时通过各类媒介平台将相关政府政策信息告知公民。透明程度愈高，廉洁的程度也愈高。筹办奥运会过程中，积极对相关工作事项进行公开，保障公民知情权，维系各项工作的公平、公正性，正是廉洁办奥的追求之一，这也与构建廉洁政治的透明性相契合。如各大体育赛事场馆建设的公开招标、相关工作结果的公示，正是该透明性的表现；③法治性是廉洁政治的重要保证。法治作为依法治国中的核心内容，突出强调了法律的至高地位，所有公民，不分种族、地位、身份，都必须依法办事，在法律面前人人平等。廉洁办奥便是在坚持习近平法治思想引领下产生的科学指引，必然少不了法治性，并且还是对依法治体的贯彻与落实；④为民性是廉洁政治的最终归宿。廉洁政治要求我们健全党和政府主导的维护群众权益机制，认真解决群众反映强烈的疑难问题。体育运动是我们每个人的一项新兴人权，[1]筹办奥运会这样的国际性大型体育赛事，不仅是对我们体育权的一种重视和保障，而且可以带动体育产业以及其他经济、政治、文化的发展，最终都将体现为对我们公民个人的各项权益的保障，提升公民整体幸福感。为达到提升公民幸福感的目的，需要坚持廉洁办奥的指引，否则便会导致奥运会在筹办过程中滋生腐败，适得其反。因此，构建廉洁政治的为民性，也需要坚持廉洁办奥。

第五，廉洁办奥是营造良好体育政治生态的迫切需要。政治生态是习近平总书记2013年1月在十八届中央纪委二次全会上第一次提出的。党的

---

[1] 徐翔：《体育权：一项新兴人权的衍生与发展》，载《体育学刊》2020年第4期。

十八大以来，习近平总书记多次强调，"做好各方面工作，必须有一个良好政治生态"〔1〕。因此，想要做好体育方面的工作，亦需要营造良好的政治生态，为各项体育事业的发展奠定基础。党的十九大报告指出，广泛开展全民健身活动，加快推进体育强国建设，筹办好北京冬奥会、冬残奥会。这些体育工作的开展，必须以习近平总书记系列重要讲话精神为根本指导，营造良好的体育政治生态，形成体育政治生态的良性循环。只有严格秉持"廉洁办奥"的理念，方可为营造良好的体育政治生态保驾护航。

三、新时代廉洁办奥的路径设计

（一）强化干部思想认识，立足法治思维方式

强化干部思想认识，是新时代廉洁办奥的基本前提。一方面，体育事业广大领导干部在开展各项工作时，要坚持习近平新时代中国特色社会主义思想，形成强大的体育改革合力；另一方面，筹办奥运会的各主体必须强化习近平法治思想和廉洁办奥意识，严于律己、廉洁奉公、遵纪守法地完成筹办奥运会的各项工作。严厉杜绝在奥运会相关的项目招标、建设等方面滋生腐败；此外，我们发展体育事业，必须坚持以人民为中心的发展思想，把人民是否满意作为奥运会筹办工作的主要评价标准，满足广大人民对体育运动的需求，让人民能够积极参加体育健身活动，共享体育改革发展的成果。

立足法治思维方式，是对新时代廉洁办奥的重要要求。法治思维是以法治为价值追求和以法治规范为基本遵循来思考问题、指导行动的一种思维方式，它是法的思维之一种。〔2〕党的十九届五中全会提出，到2035年基本建成法治国家、法治政府、法治社会。全体党员干部遵法、守法、学法、知法是全面依法治国的重要前提，同样是全面依法治体的重要前提。筹办奥运会不只需要各相关部门积极履职以及公民个人贡献力量，更需要党员和作为"关键少数"的领导干部起好领导和带头作用。因此，需要进一步强化"关键少

---

〔1〕 兰薇：《营造"山清水秀"的良好体育政治生态》，载《检察日报》2019年6月11日，第8版。

〔2〕 《提高领导干部法治思维能力》，载中国共产党新闻网，http://theory.people.com.cn/n1/2020/1113/c40531-31929461.html，最后访问时间：2021年1月26日。

数"的法治思维，敦促他们夯实法律知识，深化法治认识，强化法治思维。加强法治学习，不仅要把重要的法律精神、法律原则和法律规范学懂弄通，也要对法治内涵、法治文化和法治体系深入研究；不仅要认真学习宪法法律、党纪党规，更要系统理解中国特色社会主义法治理论和法治文化成果。[1]

（二）强化纪检监察职能，加大监督检查力度

纪检监察机关是反腐倡廉工作的重要机关，也是贯彻落实廉洁办奥的主要监督检查机关。应当明确纪检监察机关的职责定位，紧紧围绕国家体育总局"备战"、奥组委"办赛"两个监督重点，积极发挥驻体育总局纪检组、监察局的职能优势，围绕筹办、备战奥运会集中开展督导检查，事前监督、事中监督两手抓，把全面从严治党的要求贯穿始终。应当在成立督查组的基础上，加快建立健全各项规章制度，积极强化监督检查，了解赛事组织、场馆规划和工程进展等情况，以高标准做好场馆规划设计，统筹推进项目建设，重点加强对工程建设质量、资金使用、物资采购等领域的监督检查，防止各类违规违纪违法问题发生，为实现"办赛精彩、参赛出彩"保驾护航。

（三）完善责任落实机制，加强监督协作配合

"纵有良法美意，非其人而行之，反成痹症。"[2] 良好的制度在于执行。廉洁办奥指导理念一经形成，就必须让其发力、生威，确保其在奥运会筹办过程中落地生根。"善除害者察其本，善理疾者绝其源。"要想铲除不良作风和腐败现象滋生蔓延的土壤，根本上要靠有力执行。纪检监察机关作为廉洁办奥的主要监督执纪力量，可以通过完善责任落实机制、加强监督协作配合的方式，加大廉洁办奥的贯彻执行力度。

1. 完善责任落实机制。冬奥会筹办工作由体育总局重点负责，在中央冬奥会工作领导小组领导下进行。纪检监察组要牢牢扭住体育总局主体责任"牛鼻子"，架起监督"探头"，进一步明确冬季运动管理中心党委和领导班子作为具体参赛单位，是直接责任人，必须坚决贯彻落实中央关于"廉洁办

---

[1] 吴晓娴：《着力提升"关键少数"的法治思维能力》，载《南方日报》2023年8月29日，第2版。

[2] 习近平：《论坚持全面依法治国》，中央文献出版社2020年版，第266页。

奥"的决策部署；纪检监察组通过对国家体育总局冬季运动管理中心纪委干部进行培训、业务指导、派员帮助工作等方式，帮助其提升监督执纪能力，着力完善一级抓一级、层层抓落实的责任落实机制；积极加强对相关单位和人员履行"廉洁办奥"主体责任的监督。将监督向赛区、场馆、项目延伸，综合运用明察暗访、督察督办、约谈提醒、下发监察建议等方式，层层压紧压实"廉洁办奥"主体责任，确保廉政风险防控措施落到实处。

2. 加强监督协作配合。纪检监察组要注重加强与北京冬奥组委纪检监察部门的信息共享和协作配合，与冬奥组委监察审计部、体育部等部门加强协作沟通，研究构建各司其职又相互配合的监督机制，着力形成监督合力，形成廉洁办奥的有机统一体。严格预算管理、控制办奥成本是各部门协作中必须重视的内容，各部门必须加强财务管理和监督审计，尤其需要冬奥组委监察审计部门积极履职，为纪检监察组及时提供违纪违法线索，第一时间发现违规苗头，确保实现"节俭办奥、廉洁办奥、阳光奥运"。

（四）从严从重从快查处服务保障冬奥会工作中的各类腐败问题

从严管党治党，是营造良好体育政治生态的关键环节。营造良好体育政治生态，离不开从严管党治党。要强化体育事业党员领导干部责任担当，严把责任关。加强对《中国共产党章程》《关于新形势下党内政治生活的若干准则》《中国共产党党内监督条例》等党章党规的学习，切实增强从严管党治党意识；切实担负起全面从严治党主体责任，以上率下，勇于担当；认真履行监督责任，有案必查，有腐必惩，净化体育政治生态。[1]日常监督和专项监督两手抓，两手都要硬，重点围绕"2021世锦赛"等一系列赛事和冬奥会测试的服务保障工作，以及赛时"吃住行游购娱"等公共服务工作中是否存在相关腐败问题进行专项监督检查。对不敢担当、作风不实、推动工作不力、落实不力的，甚至弄虚作假、失职渎职、以权谋私的个人及单位严肃问责。

此外，还要严肃查处服务保障冬奥会工作中的形式主义、官僚主义问题。加强领导干部作风建设，严把作风关。作风建设是维系政治生态的重要抓手，

---

[1] 兰薇：《营造"山清水秀"的良好体育政治生态》，载《检察日报》2019年6月11日，第8版。

更是廉洁办奥的一项重点工作。在体育事业以及冬奥会筹办组各部门中，深入贯彻"三严三实"的要求，全面改善思想作风、工作作风、领导作风，使党员干部不敢、不能、不想沾染歪风邪气，以优良党风带政风促行风。围绕服务保障任务落实工作，结合12345市民服务热线和12388全国纪检监察机关统一举报热线"接诉即办"反映的问题线索，重点监督检查北京冬奥、冬残奥相关工作统筹推进情况，坚决纠正相关部门在服务保障过程中或协调解决问题时存在的落实决策部署不力等违反政治纪律和政治规矩的行为，对不担当、不作为、推诿扯皮、贻误工作等形式主义、官僚主义问题从严从重从快查处。

（五）深化巡视制度，发挥巡视利剑作用

巡视制度在《中国共产党章程》第14条第1、2款有明确规定："党的中央和省、自治区、直辖市委员会实行巡视制度，在一届任期内，对所管理的地方、部门、企事业单位党组织实现巡视全覆盖。中央有关部委和国家机关部门党组（党委）根据工作需要，开展巡视工作。"由此可知，巡视是指中央与省级党的委员会，以巡视组为执行机构，依照相关规定，对下级党组织及领导干部进行监督的制度，[1]限于党内范畴。从实践效果看，党的十八大以来，国家依据巡视制度严厉查处了一批违法违纪干部，推动了国内政治风气好转，彰显出巨大的制度威力。

为了提升廉洁办奥的质效，深化巡视制度势必会成为一项高效措施。该制度不仅具有政治监督功能，还具有政治教育和政治保障功能。我们可以在廉洁办奥过程中积极发挥该制度的政治效能，但仍需要全面坚守巡视职能的定位，进一步完善巡视整改机制，同时坚持巡视巡察一体推进和巡视工作规范化建设，方可系统化地发挥巡视制度的优势，全面贯彻落实廉洁办奥理念，保障2022年北京冬奥会得以公平、公正、廉洁举办。

---

[1] 刘焕明、刘晓彤：《新时代党内巡视制度的政治功能》，载《学校党建与思想教育》2021年第2期。

第二节 欧洲《打击操纵体育比赛公约》的解读及对我国建构廉洁体育竞赛的启示

2022年初，中共中央办公厅出台的《关于加强新时代廉洁文化建设的意见》完成了从"廉政文化"到"廉洁文化"的转变。这既体现了党中央在新时代新征程下正风肃纪、崇廉拒腐的坚定决心，同时也体现出了深刻的法治内涵。在党的二十大报告中，习近平总书记两次提到"廉洁"，其中专门强调"加强新时代廉洁文化建设"。这些都直接推动了廉洁政府、廉洁校园、廉洁医院以及廉洁体育竞赛等的建设。体育领域的腐败问题多和竞技体育紧密相连，操纵体育比赛便是其中重要的表征。

近些年来，运动员违规投注比赛、违法操纵比赛结果等现象又有所反弹。少数运动员、教练员、裁判员等体育从业人员参与赌博、打假球，严重违背了体育诚信和职业道德，损害了体育形象，败坏了社会风气，严重阻碍了廉洁体育竞赛的建构。体育比赛受到恶意操纵，毫无疑问是对体育精神的严重损害，是对其他运动员权利的严重侵害，更是对其中相关主体廉洁义务的公然挑衅。当前，体育组织、官方机构都将操纵体育比赛视为威胁体育公平性的毒瘤，而免受兴奋剂及恶意操控比赛的干扰是各项体育比赛的重要追求。奥林匹克委员会的主席雅克·罗格针对操纵体育比赛和兴奋剂谁更危害体育竞技的问题解释道："兴奋剂只会影响一个独立的运动员，而操纵体育比赛则会影响整个赛事。"此外，他指出非法赌博是导致操纵体育比赛的主要原因。[1]因此，打击操纵体育比赛行为，已成为全球体育组织和体育运动执法机构的当务之急。2022年7月，我国发布了《体育总局、公安部关于严肃查处赌博、假球等违规违纪违法行为 切实强化行业自律自治的通知》，准备对操纵体育比赛的行为进行严厉打击。基于此，我们有必要借鉴欧洲委员会《打击操纵体育比赛公约》（简称《公约》）中的国际经验，同时结合我国反腐倡廉的

---

[1]《国际奥委会将成立工作小组，应对非法体育博彩》，载中国奥委会官网，http://www.olympic.cn/news/olympic/2011/0302/39386.html，最后访问时间：2020年12月12日。

实际情况，高质效地肃清我国体育赛场上的毒瘤。

一、《打击操纵体育比赛公约》的制定基础

（一）打击操纵体育比赛对国际合作的强烈需求

操纵体育比赛不只是一个国家内部的行为，涉事机构、博彩利益链条一般都具有跨国性质，这给相关犯罪调查工作在信息搜集、证据搜查等环节增加了难度。因此，基于全面从严打击操纵体育比赛的目的，国际间的交流与配合起着重要作用。早在2009年，欧洲足坛就被爆出了大规模的赌球丑闻。德国警方逮捕了17名赌球嫌疑人，涉及地区和人数都是欧洲足坛前所未有的。警方在针对德国、英国、奥地利和瑞士的搜查中，发现欧洲足坛多达200场比赛当中，有9个欧洲国家受到赌球集团操控，[1]其中包括比利时、瑞士、克罗地亚、斯洛文尼亚等8国联赛的部分比赛。大型体育比赛通常由不同国家的运动员、裁判员参加，其天生具有的国际性导致操纵体育竞赛的恶行向各国家侵袭，打击操纵体育比赛的行动离不开各国政府和体育组织的支持及共同合作。

（二）国际性文件为《打击操纵体育比赛公约》的问世提供制度基础

在《公约》问世之前，操纵体育比赛行为就已受到各界关注，不少国际性文件都或多或少地对打击操纵体育比赛行为有所涉及，这些早期的国际性文件，为《公约》的问世奠定了良好的制度基础。首先，国际性文件为《公约》的颁布执行提供了纲领性支持。例如，《欧盟运行条约》呼吁欧盟及其成员国，尤其是欧洲委员会要加强与国际组织在体育领域的合作。[2]《欧洲体育大宪章》强调了反对非法操纵比赛以及保护体育运动的纯洁性等重要内容。其次，国际性文件为《公约》的具体执行提供了有效衔接。《公约》第二章至第七章中规定的打击操纵体育比赛行为的权力和程序建立，就需要相关国

---

[1] J. Gordon Hylton, "How FIFA Used the Principle of Autonomy of Sport to Shield Corruption in the Sepp Blatter Era", *32MD. J. INT'L* L, 134（2017）.

[2] 《欧盟运行条约》第3条规定："操纵体育比赛损害了体育运动的核心价值，操纵体育比赛再加之体育博彩，为跨国有组织犯罪提供了巨大的商机，必须采取有效措施来促进国内和国际合作打击操纵体育比赛，同时促进制定符合相关国际文书的全球协作应对措施。"

际公约、条约来衔接各缔约主体的职责履行。例如，在对操纵体育比赛犯罪分子的引渡机制上，就需要《欧洲引渡公约》与《公约》有效衔接；在为操纵行为的管辖、司法、执法提供支持方面，就需要《欧洲刑事事项互助公约》《打击涉及欧洲共同体官员或欧洲联盟成员国官员的腐败行为公约》《反腐败刑法公约》《反腐败民法公约》等国际性文件的支持。

基于前述现实挑战和制度基础，欧洲委员会于 2012 年邀请了《欧洲文化公约》的各缔约方，就《打击操纵体育比赛公约》的制定进行谈判，最终，对体育事业发展具有重要意义的《打击操纵体育比赛公约》得以颁布。

二、《打击操纵体育比赛公约》的内容阐释

（一）《打击操纵体育比赛公约》的基本特点

《公约》的主要内容由三部分组成，规定了九章共 41 条内容。第一部分规定了相关主体的权利与义务；第二部分强调了国际交流与合作，从罪行的预防、司法审理，到执法的各个环节都进行了相应规定，这部分内容是《公约》的核心价值所在，即实现打击操纵体育比赛的国家间的交流与合作；第三部分则是《公约》成立与运行的程序性规定，如后续事项的相关规定，成立后续事项委员会、公约的签署、公约条款的保留与批准加入，这一部分内容属于公约颁行后的技术性事项，故在此不加以赘述。著者主要针对《公约》前两部分重要内容予以分析解读。

1. 全方位出发，赋予各缔约国相关主体权利和义务。《公约》的第一部分，将篇幅集中于对各缔约国以及国际各级当局、体育组织、比赛组织者和体育博彩经营者等相关主体的义务规定中。上述主体之间的交流与合作，对于操纵体育比赛行为的打击任务扮演着至关重要的角色，对于寻求有效的共同政策也必不可少。

对于体育组织者与竞赛组织者的权利与义务，一方面，体育组织者和竞赛组织者应当在打击操纵体育比赛的活动中采用相关的规则、实施妥善的管理措施。《公约》第 7 条规定，有关体育组织和竞赛组织不仅负有禁止比赛利益相关者参与有关体育比赛的下注等赌博行为的义务，而且还应严格控制内部消息的传播与滥用，鼓励建立有效的信息披露制度。同时，第 7 条还规定

了体育组织依法筹资的权利与义务。因为体育组织资金的来源会在较大程度上影响该组织的廉洁性。[1]《公约》第 8 条对体育组织的筹资办法予以规定，强调对体育组织经费应具备的透明度，以及建议各体育组织者可在必要时考虑扣留财政资金或比赛利益相关者因操纵比赛而受到制裁的资金支持。

在博彩监管机构及其他相关机构的权利与义务方面，《公约》为博彩监管机构及其他相关机构设定的义务主要是及时交换信息、对体育博彩机构的出资者予以限制、预先提供博彩类型与项目等，集中规定于《公约》第 9 条。体育产业所产生的巨大市场，让体育博彩业也迅猛发展。国际足联发布的官方数据显示，2018 年世界杯期间，全球范围内的体育博彩营业额估计有 1360 亿欧元。[2]因此，对于体育博彩业来说，体育比赛的结果有较大的市场和利益驱动，而博彩监管机构具有管控体育博彩机构的重要职能。因此，需要对博彩监管机构进行严格约束，要求其必须依据相关体育博彩法规执法办事。《公约》第 9 条明确规定，当博彩监管机构在监管工作中发现违法、违规或可疑的体育博彩等违反规定的情形时，向官方主体通报信息，同时针对 18 岁以下的人群作出限制。《公约》还要求博彩监管机构结合科技发展，设置体育博彩业的系统支付手段，并要求各缔约方对资金流动设定特定的门槛，对支付者、收款者和相应金额能够予以追踪。

在博彩经营者的权利与义务方面，《公约》第 10 条对博彩经营者设定了诸多义务，其中，对博彩经营者开办的业务和提供的博彩产品业务作出严格限制，如限制参与提供体育博彩产品的自然人或法人以自己的产品作为赌注、滥用体育组织的发起人或部分所有者的身份来操纵体育比赛或滥用内部信息、竞赛的利益相关者参与编制比赛的赔率、控制比赛组织者或利益相关者。博彩经营者是操纵体育比赛的活跃分子，也是操纵体育比赛的重大资本力量来源。博彩经营者在资本利益的驱动下，其操纵行为呈现出多元化的形式。除

---

[1] Scott J. Gregory, "Do not Bet on It? Economic and Legal Implication of Legalized Sports Betting and Daily Fantasy Sports in the United States", *Ohio States Business Law Journal*, 10（2016）.

[2] "FIFA Analysis Estimates Bookmakers Took € 136B in Bets on 2018 World Cup", https://www.fifa.com/tournaments/mens/worldcup/2018russia/news/136bn-betting-turnover-and-no-suspicious-betting-behaviour-at-russia-2018.

了贿赂裁判、运动员的传统形式，还存在着非法交易内幕信息等新形式。在巨大利益的诱惑下，不能期望博彩经营者自觉遵守相关法律法规，需要对其义务予以严格规定。

2. 注重国际合作，刑事实体和程序性法律联动打击操纵体育比赛。前文提及，国际合作是打击操纵体育比赛的重要路径，《公约》在第七章专门规定了有关司法和其他事项上的国际合作内容。具体而言，国际合作主要涉及刑事实体性和程序性法律合作两方面内容：

（1）刑事实体性法律合作。《公约》要求各缔约方应做到：当操纵体育比赛的行为涉及胁迫、腐败或欺诈行为时，其国内法能够对其进行刑事制裁。在国际社会中，大部分国家都对影响体育比赛公平的行为进行了规定，例如，英国在2010年推出了贿赂法案，将包括足球世界杯赛事委员会在内的体育主体认定为可贿赂的对象；美国在其联邦法典中确立了体育贿赂法的罪名，美国法学会制定的《模范刑法典》中也明确设立了操纵公开竞赛罪，以供各州参考。[1]同时，《公约》第17条要求各缔约国对正犯、间接正犯、教唆犯的行为依据国内法予以规制，这体现了《公约》对遏制操纵行为的严厉态度以及肃清体育竞技环境的重大决心，并保证了《公约》与国内法的有效衔接，继而保障了各国刑事实体性法律的合作。

（2）刑事程序性法律合作。《公约》第四章的内容为管辖权、刑事诉讼程序和执法措施的相关规定，以程序性、技术性事项为主，对《公约》的顺利执行起着重大的保障作用。

第一，确定属人管辖和属地管辖原则。《公约》第19条规定，各缔约方应对该公约所涉罪名以属人管辖原则和属地管辖原则为主，同时还为各缔约国提出管辖保留的空间。当两个或以上的缔约国主张对相关罪行具有管辖权时，应相互协商，以期确定最适当的管辖。这样的管辖规定，可以有效解决国际间的管辖冲突，为国际间程序性合作提供了合法依据。

第二，协调国际和区域性文书及适用。除了管辖问题，国际和区域性司法文书效力也是程序性合作所关注的重要问题。《公约》第26条明确规定，

---

[1] 吕伟：《美国规制操纵体育比赛犯罪研究》，载《武汉体育学院学报》2015年第1期。

缔约方应在统一或对等立法基础上商定有关国际和区域的文书及适用，且要在国内法基础上相互合作，对于《公约》第15~17条所述罪行，在最大范围内进行调查、起诉。

第三，在刑事司法事项的国际合作措施方面，应当以国际、区域的双边引渡和刑事事项互助条约为基础，最大范围内在打击操纵比赛行为上进行合作，同时放宽对引渡等刑事司法事项的适用条件。《公约》第16条第4款规定，如果已经加入司法协助条约的当事国收到了未加入条约的当事国的刑事事项引渡或法律援助请求，可以在遵守其本国法律规定的基础上，认定该公约为引渡的法律依据，为请求国提供相应的协助。

3. 结合本国实际，鼓励各缔约国依法独立监督和保障。《公约》第34条提出了各缔约国根据国内法的条件与保障实现体育竞赛廉洁目标的方式。该条第2款提出："鉴于有关程序或权力的性质，这些条件和保障在适当情况下，应包括司法或其他独立的监督，证明适用的理由以及此类权力或程序的范围和持续时间的限制。"各缔约国应依照国内实际情况，确保能够通过司法、监察方式或其他与本国实际情况相符的独立监督形式进行监督。该条规定意在鼓励缔约国依照本国法治特点与实际情况进行监督。同时，该条第1款提出："缔约国对于第2章至第7章所规定权力和程序的建立，其实施和适用应遵循其国内法规定的条件和保障，其中应规定对人权和自由的充分保护，并将相称性原则纳入其国内法。"《公约》在对相关权力和程序的建立进行规定的同时，也结合各缔约国的实际情况，为打击操纵体育比赛行为的目标提供落地支持，成功提升了打击操纵体育比赛行为的工作质效。

4. 秉持保障人权原则，执法过程遵从合法性与比例性原则。在打击操纵体育比赛恶行的任务中，《公约》第2条确定了适用的指导性原则，包括人权原则、对私人生活和个人数据保护等原则。《公约》并不是冷冰冰的强制性规定，不会为了达到相关效果而强制要求缔约国适用，其中仍有对人权的保护与尊重，并且在有必要限制相关权利的时候，仍坚持比例性原则，避免过度的权利限制。《公约》第14条规定了对个人资料的保护，例如，各缔约方应采取立法或其他必要措施，以确保所有反对操纵体育比赛的行为均符合国内、国际上有关个人数据保护的法律规定和标准。同时，在尊重数据主体的权利和数据安全的前提下，收集、处理和交换个人信息时应当充分考虑该行为的合法性、充分性、相关性和准确性。[1]

（二）《打击操纵体育比赛公约》的短板揭示

1.《公约》中的部分条款内容宽泛，有待精确化。《公约》关于打击操纵体育比赛的相关规定具有一定的科学性和先进性，但某些内容仍较为笼统，给各缔约国在国内的适用上造成了一定的困难。例如，《公约》第三章"信息的交流"，要求各缔约国建立处理操纵体育比赛的官方平台，自行探索发展或加强合作的可能方法。《公约》将官方平台的建立等其他相关内容的设立权交由缔约国家，泛泛的规定虽给各缔约国依据本国国情自由设立提供了一定的空间，但在实际操作中，也存在着各国官方平台之间的对接困难，例如，平台信息交换的内容、时效等具体交换执行的路径等内容有所欠缺。此外，《公约》仅仅规定各缔约国将官方平台的名称和地址告知欧洲委员会秘书长即可，而事实上，《公约》应基于多数欧洲国家签订《公约》的积极性与参与程度的现状，对官方平台设置的基本内容，以及其他需要协调和衔接的内容予以规定。因此，公约需要对部分条款内容予以精细化完善，使相关规定能够加以落实，方可真正实现打击操纵体育比赛的初愿。

2.《公约》的缔约主体有限，期待扩大化。《公约》是在欧洲委员会的组织下，由欧洲国家签署制定的。虽然《公约》表示欢迎其他非欧洲国家的加入，但当前其成员仅为部分欧洲国家。因此，其全球影响力和在全球范围内打击操纵体育比赛行为的效力有限。而非欧洲国家未经参与谈判与讨论，就引渡问题、国内立法衔接、刑事司法协助事项等《公约》内容让渡本国的权力，并接受相应的义务限制存在一定难度。因此，若没有相关组织的号召或部分国家的引领，仅寄希望于其他国家后续主动加入存在难度，因而《公约》并不能被称为具有大型国际影响力的文件。打击操纵体育比赛的任务离不开全球性的交流与合作，只有世界各国的广泛加入，才能建立完善的信息共享机制，刑事司法互助等制度方可得到完善。最终，才能从根本上起到打

---

[1] 徐伟康、徐艳杰、郑芳：《大数据时代运动员数据的法律保护》，载《天津体育学院学报》2019年第5期。

击操纵体育比赛的作用。因此,在大型体育赛事举办期间或大型体育会议、论坛召开期间,可以将加入《公约》的有利之处及相关权利义务作为讨论协商的内容,号召更多国家加入。而更多国家的加入能够加快实现减少体育操纵事件之目标。

三、《打击操纵体育比赛公约》对我国建构廉洁体育竞赛的启示

通过前文对《公约》的设立基础、对缔约国相关主体的权利义务、打击操纵体育比赛的国际合作、鼓励各缔约国依法独立监督和保障等内容的详细梳理和归纳式的解读,著者发现,《公约》对于国际间打击操纵体育比赛的恶行能够起到科学、有效的打击作用和适度的人道主义关怀。结合当前我国新时代新征程下对廉洁文化建设的进一步要求,以及开展的"严肃查处赌博、假球等违规违纪违法行为"等体育领域反腐行动,我国可以从该《公约》中汲取相关经验,以提升我国打击操纵体育比赛、建构廉洁体育竞赛的工作质效,最终达到净化竞技体育生态的目的。

(一)制定《打击操纵体育比赛条例》以明晰各方权利和义务

我国对于操纵体育比赛的行为暂无明确法律规定,仅在 2022 年由国家体育总局发布了《体育总局、公安部关于严肃查处赌博、假球等违规违纪违法行为切实强化行业自律自治的通知》,通过该通知指导相关工作的开展。而《体育法》作为保障体育运动健康发展、体育比赛有序进行的基石,其多为原则性规定等弹性条款,对于操纵比赛问题亦无规定。虽然新修订的《体育法》中对虚假竞技体育和利用体育赛事从事赌博的行为有了进一步的系统规定,例如,第 109 条规定,国家机关及其工作人员在组织体育赛事活动时,有违反体育道德和体育赛事规则、弄虚作假、营私舞弊等行为的,由其所在单位、主管部门或者上级机关责令改正;对负有责任的领导人员和直接责任人员依法给予处分。此外,第 112 条还规定:"运动员、教练员、裁判员违反本法规定,有违反体育道德和体育赛事规则,弄虚作假、营私舞弊等行为的,由体育组织按照有关规定给予处理;情节严重、社会影响恶劣的,由县级以上人民政府体育行政部门纳入限制、禁止参加竞技体育活动名单;有违法所得的,没收违法所得,并处一万元以上十万元以下的罚款。利用体育赛事从事赌博

活动的，由公安机关依法查处。"但这些规定尚需和其他法律法规加强衔接适用性。比如，需要与《刑法》的相关罪名衔接时，虽然可以利用《刑法》有关贪污贿赂罪对相关犯罪主体定罪量刑，但《刑法》未从操纵体育比赛罪行的特殊化角度出发，未将操纵赛事行为的恶劣性纳入到定罪量刑的标准，若同时缺乏一些贪污贿赂罪等罪名的构成要件，如当事人不具有贪污贿赂犯罪的主体身份，不符合贪污贿赂罪等罪名的基本构成要件时，容易使当事人逃脱法律的制裁，难以实现依法治体的目标。

此外，2015年，国家体育总局颁行了《国家队运动员、教练员选拔与监督工作管理规定》，其中规定了运动员、教练员、裁判员选拔与监督的程序，以及违法违规的处罚内容，来作为对我国运动员、裁判员选拔参考标准被指不够公开透明，尤其关于操纵体育赛事的乱象公开透明度不强的回应。因此，我国应当及时参照《公约》，结合我国《宪法》《体育法》《刑法》《监察法》等相关法律法规，制定本土化的《打击操纵体育比赛条例》，通过法定方式明确操纵体育比赛的内涵和外延，细化体育赛事相关当事人的权利义务，继而才能对操纵体育比赛行为起到威慑作用，将打击操纵体育比赛行为贯彻落实到实处。

（二）强化纪检监察职能，加大对廉洁体育竞赛的监督检查力度

前文对《公约》的内容阐释中提及，《公约》第34条第2款明确提出倡导设立司法或其他独立的监督机制。基于我国的国家机构体制，新时代监察体制改革之后，纪检监察机关是反腐倡廉工作的重要机关，也是贯彻落实廉洁体育竞赛的主要监督检查机关。党的十八大以来，以习近平同志为核心的党中央深入推进纪检监察体制改革，全力构建党中央统一领导、全面覆盖、权威高效的监督体系。2016年1月12日，习近平总书记在十八届中央纪委六次全会上强调："要坚持党对党风廉政建设和反腐败工作的统一领导，扩大监察范围，整合监察力量，健全国家监察组织架构，形成全面覆盖国家机关及其公务员的国家监察体系。"党的十九大作出深化国家监察体制改革，将试点工作在全国推开的重大战略部署，继而实现了由国家监察委员会和地方各级监察委员会作为专门的监察机关，将原先由纪委、公安、检察院分散的反腐职权集中到了监察委员会，较之改革之前，明显扩大了监察对象的范围。在

我国，体育领域的腐败犯罪同样受到监察委员会的监督，依据《监察法》第15条的规定，监察机关有权对"法律、法规授权或者受国家机关依法委托管理公共事务的组织中从事公务的人员""公办的教育、科研、文化、医疗卫生、体育等单位中从事管理的人员"和"其他依法履行公职的人员"进行监察。这其中恰好涵盖了我国从事体育领域的管理人员，包括体育行政机关的管理人员和体育协会、体育运动团队中的教练员等管理人员，他们都具有行使公权力的特征。例如，中国足球主教练这一主体，是由中国足协任命的，而中国足协是根据法律授权和政府委托管理全国足球事务的社会组织。因此，该主体身份符合《监察法》规定的范围，理应接受监察机关的监督。

基于此，我国在打击操作体育比赛行为的过程中，应当明确纪检监察机关的职责定位，以平衡体育自治与监察监督为基本原则，进一步更新监察法律规范，以权力清单明晰权力和监督边界，[1]紧紧围绕体育领域，尤其是体育竞赛中的廉洁风险点，积极发挥驻体育总局纪检组、监察委员会的职能优势，适时围绕不同的体育竞赛以及竞技体育的日常管理，集中开展督导检查，事前监督、事中监督两手抓，把全面从严治党的要求贯穿始终。此外，应当在成立督查组的基础上，加快建立健全各项规章制度，积极强化监督检查，了解赛事组织、场馆规划和工程进展等情况，高标准做好场馆规划设计，统筹推进项目建设，重点加强对工程建设质量、资金使用、物资采购、运动员选拔等领域的监督检查，防止各类违规违纪违法问题发生，为实现廉洁体育竞赛保驾护航。

（三）通过建立信息交流平台以增强体育赛事数字化管控

建立体育信息交流与处理平台，提高对国际体育管理的参与度，推行体育赛事数字化管控，是我国构建体育强国的必经之路。数字化的应用在很大程度上影响着体育赛事以及体育产业的管理。俄罗斯世界杯中首次引入了VAR（Video Assistant Referee）技术，这项技术具有更精准的传感系统，能够

---

[1] 王小光：《体育协会脱钩改革与体育监察体系的应对转型》，载《上海体育学院学报》2021年第2期。

协助裁判对比赛进行监督和判罚。[1]国际足联与瑞士数据公司就联合打击假球达成了合作协议，该公司为国际足联提供一整套的监测、情报以及培训服务，利用"欺诈检测系统"来分析比赛中出现的疑似赌球、操纵比赛结果的行为。当监测预警系统在比赛前，哪怕只有一小时的时候发出警报，国际足联也可以立刻通知球队延迟开赛，并且更换裁判。[2]

《公约》第12条建议各缔约方建立相关信息共享机制，并表示各组织和机构负有将信息内容共同分享的义务。我国虽然尚未加入《公约》，但应借鉴该《公约》的先进经验，积极建立我国体育赛事内部信息交流平台，这不仅有助于我国及时发现体育竞赛中的廉洁风险点并打击体育赛事中的恶性行为，而且能够提升我国作为体育大国的国际地位。我国在建立体育赛事内部信息交流平台的过程中，可以作为牵头人与他国签订双边或区域信息交换协议。体育比赛的内部信息[3]直接决定着该比赛能否公平公正地进行。将不合规、可疑的投注信息在接收之后进行汇总、分析，在适当之时发出预警，能够有效协调各方打击操纵体育比赛间的合作关系。

（四）通过提升普法力度以加强事前预防质效

在打击操纵体育比赛恶行的过程中，必须重点关注利益相关者的源头预防机制的建立。《公约》第6条、第8条和第10条中提到，可以通过教育、培训和信息传播等方式，提高包括年轻运动员在内的比赛利益相关者对操纵比赛风险的认识；各缔约方应当鼓励本国体育博彩经营者通过教育、培训和信息传播等方式，提高其所有者和雇员对操纵体育比赛行为认知的敏感度；加强相关主体对操纵体育赛事的行为影响、行为后果的认知，提高他们的防范意识。德国足球水平一直以来处于世界前列，不仅是因为运动员的刻苦训练，还得益于该国对打击操纵体育比赛行为的事前普法性预防。对运动员、

---

〔1〕 "What does a Video Assistant Referee（VAR）actually do?", https://www.fifa.com/worldcup/videos/what-does-a-video-assistant-referee-var-actually-do.html.

〔2〕 "FIFA strengthens global football integrity programme with Sportradar agreement", https://www.fifa.com/who-we-are/news/fifa-strengthens-global-football-integrity-programme-with-sportradar-a-2866086.

〔3〕 内部信息是指与某人凭借其在一项运动或竞赛中的地位而进行的任何比赛有关的信息，但不包括已经公开发表的或常识性的，易于引起公众关注的信息或在根据有关比赛的规章制度。

裁判员进行教育、培训，相比于对操纵行为进行调查和惩处所需的花费和造成的结果来说，能够在一定程度上提高打击操纵体育比赛的工作效率，以及减少操纵体育比赛的不利后果的产生，无疑是最经济且收效最优的方案。未来我国在完善立法的基础上，应加大相应的普法教育、运动员职业道德教育力度，才能有效提升对操纵体育比赛恶行的事前预防效果。

第三节 贯通协同四项监督对体育领域腐败治理的优势和方法研究

党的十八大以来，全面从严治党、惩治各领域、各环节的腐败成为时代热点，而在"十三五"以后，健康中国和体育强国战略进入建设新阶段。就体育领域而言，因举国体制和市场化经营的融合运作，以及相关强力规则的缺失，该领域的腐败呈现出群发性、高频性、复合性的特征，影响全民健身国家战略的深入实施，延误全面建成体育强国的建设进度。面对日益复杂的体育领域腐败问题，原有的单一化反腐措施已无法适应当前现状，需结合新时代新征程特点，构建一套行之有效的腐败治理方案，打通原先腐败治理的未通节点，真正做到包括体育领域在内的反腐治理全覆盖。在原有监督治理体系存在局限的背景下，党的十九届四中全会提出了以党的领导为前提，以各领域腐败为对象，以整合强化国家纪检监察力量为方式，以全面深化新时代国家监察改革与国家治理现代化为目标的新时代"大监督"——四项监督。四项监督的制度内核与当前体育领域反腐所面临的困难相契合，将四项监督制度协同贯通运用到体育领域反腐，具有极高的可操作性和重大的现实意义。

四项监督坚持纪律监督、监察监督、派驻监督、巡视巡察监督统筹衔接，其中以党内监督为核心，推动各类监督融合贯通、相互协调。这实质上是以各纪检监察制度上下贯通、左右衔接、集成联动的方式，将政治监督这一宗旨，通过不同的方式集中反映到各领域各部门的反腐斗争中，保证一体推进三不腐的底层逻辑在各环节、各领域契合新形势下党风廉政建设和反腐败斗争的深层内涵。[1]基于此,讨论四项监督在具体领域的实际应用,是全面从严治党和全面深化改革有机融合的必然之举。由于体育领域本身的特殊性、领导管理上的多样性、涉及主体的广泛性等限制,如何正确地将四项监督系统运用到体育领域的腐败治理中,是一个值得研究和探索的问题。

一、"四项监督"的内涵与特征

四项监督,即纪律监督、监察监督、派驻监督、巡视巡察监督所构成的整体性监督,它们并非是单独运作的,而是相互依托、相互配合,以一体推进的形式,共同形成四项监督全覆盖的总体格局,保证国家监督合力不断增强,在党和国家的监督体系中起着支柱性作用。[2]四项监督目标任务一致、功能互补,具有内在统一性和制度协同性。就共同点而言,本质上都是政治监督,担负"两个维护"的重大政治任务,且都把党员领导干部这个"关键少数",特别是主要负责人作为监督重点,但这并不意味着四项监督是四种相同的监督方式,不同监督方式有其不同的逻辑内涵,区分得当方可让四项监督协同贯通,整体推进,以期应用到体育领域的腐败治理中。

(一) 纪律监督的内涵与特征

在我国,95%以上的领导干部、80%的公务员是共产党员,党员占据公职人员的大多数。[3]坚持党的领导是纪检监察监督工作的第一要义,因此,纪律监督作为四项监督之首,具有独特的政治地位。纪律监督实质上是党内监督,加强党内监督,是列宁无产阶级政党建设思想的重要内容。列宁的党内监督思想强调党内要有铁的纪律和严格的集中,从而保证党能够取得革命胜利和巩固执政地位。[4]中国共产党的党内纪律监督职权由党的纪律检查委员会行使,其重在加强对全体党员遵守党的六大纪律、贯彻执行党和国家的路

---

[1] 马雪松、冯源:《纪检监察"四项监督"统筹衔接:制度体系、监督能力与治理效能》,载《中共福建省委党校(福建行政学院)学报》2022年第4期。

[2] 《如何正确理解四项监督逻辑关系》,载中央纪委国家监委网站,https://www.ccdi.gov.cn/lswh/lilun/202101/t20210118_234037.html,最后访问时间:2023年7月14日。

[3] 褚宸舸:《监察法学》,中国政法大学出版社2020年版,第2页。

[4] 龚志成:《列宁的党内监督思想研究》,载《湖北行政学院学报》2020年第4期。

线方针政策、落实重大决策部署等情况的监督。

就其特征来看，其主要体现为内部性、首要性、严格性。其一，就内部性而言，纪律监督是党内监督，即针对中国共产党党员和党组织的监督，其监督依据为各项党内法规。其二，就首要性而言，纪律监督作为党的自我监督，有着超然的地位。我国《宪法》规定，中国共产党领导是中国特色社会主义最本质的特征，具体体现在四项监督中，就是以党内监督为特点的纪律监督作为首要监督，领导并影响其他三项监督，共同推进，这是坚持党的领导在四项监督中的应有之义。其三，就严格性而言，《中共中央关于全面推进依法治国若干重大问题的决定》强调，"党规党纪严于国家法律，党的各级组织和广大党员干部不仅要模范遵守国家法律，而且要按照党规党纪以更高标准严格要求自己"。纪律监督的严格程度要明显高于其他三项监督，主要表现在适用依据（即党内法规）的严格性、问责程序和方式的严格性等。[1]

（二）监察监督的内涵与特征

监察监督的行权主体是国家监察机关，即各级监察委员会独立行使监察权。《监察法》第15条及相关法律法规的规定，打破了监督对象局限于党员与体制内人员的限制，优化了国家政治权力资源配置，形成了全领域、全链条、全覆盖的新时代国家监督制度体系。

监察监督有着广泛性和交叉性的特点。首先，广泛性主要是指监察对象的广泛性，正如前文所述，监察监督的诞生使国家监察力量可以覆盖所有行使公权力的公职人员，保证各行各业各领域相关工作人员能被纳入监察对象之中；其次，对于交叉性而言，基于纪委监委合署办公的工作特点，监察监督往往与纪律监督同时被提起，因此，对于监察监督的讨论不可拘泥于单一监督体系中。纪律监督和监察监督虽在监督对象和监督方式上都有所区别，但基于始终坚持党的领导的根本要义和纪委监委合署办公的工作特点，纪律监督和监察监督二者为互相配合、相互深化的关系。

（三）派驻监督的内涵与特征

派驻监督是党和国家监督体系中的重要组成部分，是指上级纪委监委派

---

[1] 徐翔、金桐：《试论我国反腐倡廉党内法规建设的经验和对策措》，载《中共石家庄市委党校学报》2023年第4期。

驻纪检监察组或监察专员对某一纪检监察对象进行监督。派驻监督是在党中央集中统一领导下对于纪检监察专责监督的重要制度安排，在党和国家监督体系中具有十分重要的作用，是四项监督贯通协同中的重要连接点和实施途径。派驻监督是一般纪检监察监督的制度拓展，其中既有纪律监察，也有监察监督，更注重对派驻在单位的党员干部和公职人员遵纪守法、履职尽责状况的监察。[1]

派驻监督的第一大特点是"自上而下性"，即由上级乃至中央纪委国家监委对特定纪检监察对象进行的强制性驻扎式监督。根据《纪检监察机关派驻机构工作规则》（以下简称《工作规则》）第3条得知，"派"的权威通过派驻监督的自上而下性得到充分体现，该特点使派驻监督兼具"派"的权威性和"驻"的灵活性。第二大特点是"政治性"，即派驻监督本质上仍属于政治监督。派驻监督坚持以习近平新时代中国特色社会主义思想为指导，以深入贯彻全面从严治党战略为己任，以坚定不移推进党风廉政建设和反腐败斗争为目标，以一体推进三不腐为工作底层逻辑，充分发挥出监督保障执行、促进完善发展的作用。第三大特点是"灵活性"，派驻监督可以被灵活运用到突发领域、复杂领域、问题突出领域等各种领域，必要时可承担"救火队长"的关键作用，在运用上具有灵活性。

（四）巡视巡察监督的内涵与特征

巡视巡察监督是党内监督的战略性制度安排，是四项监督贯通协同的核心要素，是全面从严治党的利器。巡视巡察实质上是上级党组织对下级党组织履行党的领导职责的政治监督，政治性是其根本属性。这就要求在工作中要不断提高政治判断力、政治领悟力、政治执行力，把发现和推动解决影响党的领导、党的建设、全面从严治党的根本性全局性问题作为监督重点，确保全党沿着正确的政治方向，做到令行禁止、与中央步调一致。[2]巡视巡察监督内涵丰富，其具体使用可分为巡视和巡察两种方式，《中国共产党巡视工作条例》第6条规定："党的中央和省、自治区、直辖市委员会实行巡视制

---

〔1〕 王尘子：《重构与嵌入：新时代派驻监督的改革实践与质效提升》，载《中共天津市委党校学报》2022年第3期。

〔2〕 喻少如、褚宸舸：《纪检监察学原论》，高等教育出版社2023年版，第145~147页。

度，设立巡视机构，在一届任期内，对所管理的地方、部门、企事业单位党组织实现巡视全覆盖。中央有关部委、中央国家机关部门党组（党委）和中管金融企业、中管企业、中管高校等党委（党组）根据工作需要，开展巡视工作，设立巡视机构，原则上按照党组织隶属关系和干部管理权限，对下一级单位党组织进行巡视监督。"根据监督对象行政层级的不同，分别适用巡视或巡察监督。

巡视巡察监督具有政治性、重点性和群众性。政治性如前所述，巡视巡察监督是我党自我革命、从严治党、维护党纪的重要手段；就重点性而言，巡视巡察监督主要针对的对象是各部门、机构和单位的党委（党组）领导班子及其成员。《中国共产党巡视工作条例》第三章中，专门强调了从中央到各地方的巡视巡察组所针对的重点对象就是党员领导干部；就群众性而言，巡视巡察监督突出联系群众纽带功能，充分调动群众有序参与监督的积极性，把上层的政治监督与基层的民主监督有机结合起来。巡视巡察监督将群众信访举报作为获取问题来源和线索搜集的重要途径，通过倾听群众意见、群众呼声，发现并推动解决群众身边腐败问题和不正之风，进一步推动中国特色民主监督的制度建设。

二、体育领域违纪违法和职务犯罪的表征

（一）体育领域违反六大纪律的表现

在市场化运作和改革不彻底的双重影响下，体育领域内部分党员领导干部和党组存在着管控不彻底、组织意识淡薄、漠视党规党纪等多种违纪违法问题，其中尤以违反六大纪律为典型。目前体育领域特别是竞技体育领域，六大纪律的权威性在过去一段时间内未得到有效拥护，近年来，公布的体育领域腐败多以党员领导干部涉及程序违法违纪、选举违法违纪、经济违法违纪为主要表现。

1. 政治纪律上，体育领域缺乏"看齐"意识。体育领域部分党员领导干部漠视党规党纪，在一些大是大非问题上立场不够坚定，无法坚持上级党组织规划的路线，在某些赛事的运营上，为求所谓亮眼政绩，盲目追求赛场成绩和唯奖牌论，任人唯亲、根据个人喜好雪藏运动员的情况时有发生，严重

破坏体育运动的公正性和廉洁性。特别是政治干预、领导人员失德以及部分运动员个人信仰不坚定等问题层出不穷，使得政治纪律在体育领域难以得到有效维护。

2. 组织纪律上，体育领域缺乏成熟的组织管理。部分党组织在体育领域的内部管理上常常存在混乱的情况，一些体育协会和俱乐部缺乏有效的组织架构和管理制度，导致决策不明确、资源分配不公平等问题时常出现；此外，一些高层管理人员滥用职权，将个人利益置于组织利益之上，导致组织运作不顺畅；同时，部分党员干部在领域内拉帮结派建立"小团体"，通过构建利益集团的形式，操纵一些重要的体育赛事和选拔活动，大搞"人情体育""金钱体育"，使得相关运动员无法获得公平的机会，在损害运动员的合法权益的同时，削弱了整个体育事业的竞争力，更破坏了党和政府的公信力。

3. 廉洁纪律上，体育领域存在大量权力寻租现象。权力寻租是指公权力掌握者通过其权力为自身谋求经济利益，将权力市场化、商品化，参与市场竞争或者谋求不正当的竞争优势等，表现形式包括权钱交易、权物交易、权色交易等。以权力寻租为表现的廉洁纪律腐败对整个体育事业造成了严重的破坏，一些领导干部和管理人员滥用职权，利用资源和权力谋取私利。以贪污、受贿为主要表现形式的廉洁问题导致了体育资源的浪费和不公平分配，影响了体育产业的健康发展。廉洁纪律的缺失不仅仅局限于高层管理人员，还存在于基层体育组织和俱乐部。一些教练员和管理人员可能利用职务之便，收受赞助商的回扣或者要求运动员支付额外费用换取特殊待遇。这种不正当的经济交易不仅违反了职业道德，也损害了运动员的权益和竞技环境的公平性。

4. 群众纪律上，体育领域缺乏服务意识。如何保证体育领域内党的各级组织和全体党员贯彻执行党的群众路线和处理党群关系，一直是我国体育领域面临的一个重要问题。例如，在体育场馆和赛事的秩序管理、舆论管理上，出现的与群众的沟通不当导致的误解甚至冲突、场外骚乱等情况。这种不文明的行为严重影响了我国体育形象的塑造和比赛的进行，给其他观众和参赛者带来了安全隐患，更与我党所坚持的群众路线相去甚远；同时在大众体育领域，部分领导干部迟延甚至忽视全民健身的建设任务，全民健身区域发展不平衡、公共服务供给不充分等问题仍然存在，健身设施以及体育项目的缺乏侵犯了广大人民群众的体育权,可以看出群众纪律在该领域未得到有效遵守。

5. 工作纪律上,体育领域缺乏责任意识。工作纪律的核心是忠于职守,要求党员干部在党的各项工作中遵守相关行为准则。现实中,部分体育领域党员干部不遵守工作的相关规定,以散漫的态度对待自己的岗位,自由风气盛行,从而导致工作效率低下,相关工作结果不尽人意甚至影响全局;在具体工作中不注重工作方法,与团队缺乏沟通,遇事退缩不敢担当,导致体育活动在举办过程中出现突发事故甚至群体性事件;不遵守体育职业道德,在工作中想方设法谋取私利,为贪污腐败留下安全隐患。

6. 生活纪律上,体育领域缺乏自制能力。由于20世纪末我国体育体制由传统政府主导的举国体制逐渐转向国家调控、依托市场和社会的体育体制,体育领域的市场化程度较高,导致市场化运作所产生的享乐之风、奢靡之风较为严重。生活纪律是六大纪律中最容易为大众所接触的一项纪律,违反生活纪律往往会诱发对其他纪律的违反,因此是否违反生活纪律直接关系我国体育行业的公众形象。现实中,部分党员领导干部和运动员金钱观价值观混乱,追求低级趣味、攀比炫富,时常出现违背社会公序良俗的行为。

(二)贪污、受贿等职务犯罪的表现

从2010年的中国足协副主席谢亚龙操纵足球比赛、收受贿赂犯罪,到足坛"四大名哨"变"四大黑哨"的锒铛入狱;从中国花样游泳掌门人俞丽违规引进队员捞取好处费,到现如今中国国家男子足球队原主教练李铁涉嫌受贿、行贿、单位行贿、非国家工作人员受贿、对非国家工作人员行贿罪,被依法提起公诉。多年以来,我国的体育腐败问题一直是一个难以治理的顽疾,因而推动体育领域腐败治理势在必行。从体育领域腐败的来源看,21世纪伊始,在市场化运作和资本介入的背景下,国内的体育行业在蓬勃发展的同时,也带来了野蛮生长的弊端:在坚持党的领导的方针下,由国家机器进行领导仍是主旋律,但体育行业基于政府和市场的双重影响,需要对行业的发展和运营进行重新调整。[1]同样,权力的使用和相关的规制也需要根据时代的变

---

[1] 任振朋、王润斌:《中国共产党反腐倡廉思想指导下我国体育腐败治理能力提升与路径优化》,载《体育研究与教育》2022年第4期。

化进行相应的转变，这无疑对改革尚未彻底结束的体育行业提出了诸多的挑战，诸多贪腐问题层出不穷。进入新时代以后，从严治党成为时代主旋律，特别是在"十四五规划"和"2035年远景目标纲要"中明确提出到2035年建成体育强国，并强调要在推进中国式现代化进程中建设体育强国。在时代和政策背景的助推下，体育领域的腐败治理日渐得到了党和人民的重视。

体育领域的腐败问题主要表现为贪污、受贿等以职务犯罪为典型的公职人员犯罪，相关职务人员利用其权力和地位进行贪污腐败、赛事操纵和兴奋剂滥用等违法犯罪行为。[1]这些犯罪行为严重损害了体育界的公正、公平和诚信原则，对整个体育行业以及运动员和观众产生了严重的负面影响，同时也对整个社会的公信力和价值观产生了剧烈冲击。例如，以2022年末中国国家男子足球队原主教练李铁因涉嫌严重违纪违法被调查为起点，牵扯出的中国足协原秘书长刘奕、中国足协常务副秘书长兼国管部部长陈永亮、中国足球协会主席兼党委副书记陈戌源甚至国家体育总局副局长杜兆才等人，所有落马官员无一例外涉嫌贪污、受贿、操纵比赛等严重职务犯罪。由此可见，体育领域的腐败程度令人触目惊心，且并非单一领域的偶发腐败，而是存在跨行业、多集团式的腐败，按照以往单一地适用某项监督已不能满足体育领域的反腐现状，贯通协同四项监督，从而对体育领域腐败进行规制，是未来体育反腐的总基调和主旋律。

三、四项监督对体育领域腐败治理的优势

健全权力运行制约和监督体系已成为我国政治体制改革的重要任务之一，这也是权力制约与监督原则的本质追求。权力具有腐蚀性和失控可能性，孟德斯鸠曾指出，政治权力是危险的，是腐化的源泉。[2]严格有效的监督体系是预防和惩治腐败的必然要求，体育领域腐败作为典型的行业型腐败，具有行权层级复杂、涉及主体广泛等特点，贯通协同四项监督对其进行规制有着以往单一化监督不可比拟的优势。

---

[1] 王良玉：《论竞技体育腐败概念的科学界定》，载《北京体育大学学报》2013年第5期。
[2] 张敏、周利朋、陈苗：《孟德斯鸠的腐败治理观》，载《廉政文化研究》2016年第2期。

（一）应督尽督：以纪律监督和监察监督为基础

纪律监督和监察监督是四项监督中的制度基础，同时也是四项监督中的主心骨。在贯通协同四项监督过程中，需要牢牢把握纪律监督和监察监督的压舱石作用，保证四项监督的实际运用不偏航、不脱轨。在纪委监委合署办公的机构运作背景下，通过纪律监督和监察监督的共同发力，[1]挖掘出了体育领域监督对象的最大公约数，保证了体育领域全环节、全部门的人员监督覆盖。

在体育领域的反腐过程中，纪律监督和监察监督相互补充，能够有效遏制诸如操纵比赛、贪污贿赂等腐败现象的出现。如中国足球协会，其法律属性为行业协会，但其根据法律授权和政府委托管理全国足球事务，具备公权力行使能力，因而在其秘书处组织架构中，需要通过纪检监察部统领足协内部的纪律监督和监察监督。以纪律监督和监察监督为基础，将二者有机结合，可以在体育领域建立一个更加公正、廉洁、实用且高效的管理机制，确保权力运行的有序和人员用权的规范。

（二）提率增效：以派驻监督为亮点

派驻监督由上级纪委监委统一领导，统一调度，并基于现实情况在特定领域或组织内部派设专门的监督机构或人员，负责对相关工作进行监督和管理。其主要起着配合纪律监督和监察监督的重要作用，在重点易腐领域难以被规制的情况下，就需要派驻监督承担先锋监督作用。基于派驻监督的自上而下性、政治性和灵活性的特点，派驻监督对于纪律监督和监察监督主要起到一个补缺和补强的作用，由派驻监督深入行业内部，充分发挥"探头作用"，加强对驻在单位的监督。

因体育行业的专业性和特殊性，导致其存在一定的行业壁垒，日常的纪律监督和监察监督难以真正做到深入且细致的监督，因而派驻监督通过在驻在单位长期的驻扎和与相关人员的学习、交流，能够弥补日常监督的短板，增强监督的专业性和行业适应性。体育领域设置的中央纪委国家监委驻国家

---

〔1〕 秦前红、李世豪：《纪监互融的可能与限度》，载《四川师范大学学报（社会科学版）》2022年第1期。

体育总局纪检监察组，在日常的派驻监督工作中揪出了中国国家男子足球队原主教练李铁等一系列贪腐大案要案。此外，纪检监察组通过对国家体育总局进行长期派驻，深入了解了行业相关专业知识，日后可进行针对性监督。例如，通过比赛监督，能够有效防止舞弊行为的发生，监督比赛规则的执行和维护运动员权益，维护公正的竞争环境。同时，派驻监督通过人员交流和事前布控，提供在纪检监察领域的专业指导和培训、监督训练计划，以及通过日常交流关注运动员的心理和思想健康，可以有效提升体育行业的整体素质。此外，通过资金审查，追源溯流，派驻监督还能够防止违规经营和职务侵占行为，监督资金使用和财务管理，维护体育品牌形象和商业合作关系。综上，派驻监督在体育领域的适用，对于推动体育事业的发展和健康运营具有显著作用，在坚持纪律监督和监察监督的基本方略上，派驻监督能够进一步提升监督工作的效率效能。

（三）强化震慑：以巡视巡察监督为常态

巡视巡察监督，作为一种效果显著的党内监督方式，对于推动干部队伍建设、维护社会稳定和促进经济发展具有举足轻重的作用，通过常态化地巡视巡察监督，可有效强化震慑效果，更好地发挥其反腐纠错的能力。[1]巡视巡察监督的常态化是确保党的路线方针政策贯彻落实的重要举措。

基于此，2023年全国巡视工作会议暨二十届中央第一轮巡视动员部署会召开并公布了二十届中央首轮巡视对象的名单，其中着重强调了要对国家体育总局开展机动巡视，[2]要聚焦履行党的领导职能责任、贯彻落实体育强国建设重大决策部署情况，深入查找、推动解决体育领域特别是足球领域腐败问题和深层次体制机制问题，为建设体育强国提供有力保障。[3]同时，该次

---

〔1〕 林依彬：《党内巡视监督常态化的建构逻辑与实践向度》，载《中共天津市委党校学报》2022年第1期。

〔2〕 此处所谓的机动巡视，是指巡视常备军之外的突击队、轻骑兵。这种巡视方式，呈现出小队伍、短平快、游动哨的特征，经常是有备而去、目标明确，聚焦重点专项问题，在短时间内挖深吃透突出矛盾和问题，出其不意、攻其不备。

〔3〕《李希在全国巡视工作会议暨二十届中央，第一轮巡视动员部署会上强调全面贯彻落实党的二十大精神 更好发挥政治巡视利剑作用》，载新华网，http://www.news.cn/2023-03/27/c_1129468996.htm，最后访问时间：2023年7月17日。

对国家体育总局的机动巡视有着突出性和群众性的显著特点，这意味着相较于其他监督，该轮机动巡视监督在工作中更注重对现阶段突出贪腐领域的监督整治，通过派出专门的巡视组对党组织和党员领导干部进行定期的检查和监督，发现问题、着力整改，推动党员领导干部的进步和提高，以确保党员领导干部的廉洁自律和工作水平，为体育事业发展提供坚实的保障。因此，可以该次对国家体育总局的机动巡视为开端，将巡视巡察监督作为常态化的监督方式，充分发挥其权威高效又团结群众的优势，强化巡视巡察监督在体育领域反腐的震慑力。

四、体育领域腐败治理中贯通协同四项监督的优化路径

（一）在纪律监督中强化党风引领

对于体育领域而言，尤其在市场化程度较深和缺乏配套行业性规章制度的背景下，体育行业内部的某些党员领导干部，特别是一些体育行业协会的一把手和管理人员，严重缺乏党性锤炼，党组织则欠缺日常的党风建设，使得党员同志极易在市场化运作的体育领域迷失自我，从而走上违纪违法的道路。基于此，在坚持党的领导下，必须要做到通过纪律监督强化党风引领和党风建设的指导作用，保证体育领域的党员干部坚定政治信念，从而以优秀的党风直接带动整个体育行业的作风转变。[1]

要想在纪律监督中强化党风建设，首先，要做到以纪律监督为指引，优先提升行业内党员同志的作风素养，通过加强对党员同志的党风建设，为体育行业作风建设提供政治方向。在党风建设的正确引领下，纪检干部以说理教育，以以身作则的模范表率，向广大党员同志阐明作风建设的重要性，使其真正理解行业党风建设的全局性作用，将党风建设的要求融入行业风气建设中。其次，负责对国家体育总局及直属单位、省区市体育管理部门、各单项体育协会进行监督的纪检监察部门要建立相应工作机制，制定配套制度，推动正风肃纪向下延伸，实现全覆盖，确保各项要求落地生根，取得实效。

---

［1］ 彭新杰：《纪检监察机关政治属性的丰富内涵及实践体现》，载《中国纪检监察》2023年第4期。

最后，纪律监督在日常监督中要把党风建设监督也作为工作重点之一，建立党风建设工作联系机制，以纪检机关的坚强作风为标准，将优秀的党风建设经验通过交流学习的方法在体育领域生根发芽，增强行业内党组织的凝聚力和战斗力，塑造良好的党员形象，形成良好的党风政风，提升党员干部的担当意识和责任感，最终在体育行业内形成抗拒腐败的优良风气。

（二）在监察监督中注重"广泛多数"

四项监督都注重对领导干部这一"关键少数"的监督和管理，但重心的偏移可能会造成对普通工作人员这一"广泛多数"的监督忽视。注重对"广泛多数"的监督同样至关重要，相关工作人员作为具体决策的执行者，是行业构成和运作的基础，其行为举止直接影响着相关工作的运行和效果。因此，加强对"广泛多数"的监督，是保障公共利益和行业稳定的基础。监察监督具有对所有行使公权力的公职人员行使监督的职能，这意味着不仅包括党员领导干部，普通工作人员、行使公权力的编制外人员等相关人员都可成为监察对象。在体育领域，"广泛多数"包括了体育行业协会及其工作人员、体育从业人员、运动员等容易被其他监督所忽略的主体。在体育领域进行监察监督，除对"关键少数"的重点监督，也要对"广泛多数"进行常态监督。

第一，在对体育行业监督时要坚持"关键少数"和"广泛多数"两手抓，两手都要硬。及时调整以往对"广泛多数"监督不力的工作缺陷，破除"唯领导论"的监督惯性。此外，在思想转变的同时也要加速工作方法的更新，针对体育行业普通主体的监察监督，要建立健全规章制度从而设立明确的职责和权力范围，熟悉普通主体的职责和义务，制定更具体、细化的行为准则和道德规范，明确对"广泛多数"监察监督时的行为规范及相关底线。

第二，要做好对体育行业协会的监察监督工作。我国存在众多体育行业协会，作为体育领域的"广泛多数"，这就要求监察机关在监督工作中要严格遵守国家体育总局党组制定的《关于对体育协会加强监督管理的意见》以及中央纪委国家监委驻国家体育总局纪检监察组制定的《关于对体育协会实施监察监督的意见》，明确将体育领域各行业协会工作人员纳入监察范围，加强对体育领域的管理监督，产生量变引起质变的监督效能。

第三，在对体育从业人员的监察监督上，要灵活使用间接监督的监督方法。由于体育从业人员数量众多且类型繁杂，监察机关在精力有限的情况下难以做到全面监督，对其监督存在极大的困难，因此，可以通过对行业协会、主管部门的直接监督，形成对体育从业人员的间接监督。例如，在针对民间体育组织进行监督时，可以对其社会团体登记管理机关进行监督，从而实现间接监督；在对运动员、裁判员等专业人员进行监督时，可以对其行业协会、主管部门进行监督从而形成间接监督。

（三）在派驻监督中探索专业化道路

派驻监督在实际监督中往往深入一线，与驻在单位有着工作和业务上的多重往来。派驻监督的长期性和专业性的特点，使得其监督人员必须具备派驻领域的行业知识，从而才在各类专业性极强的领域内打破行业壁垒，保证其监督工作不落伍，监督效能不下滑。因此，在派驻监督中探索由具有体育行业熟悉度的监督人员开辟专业化监督道路具有重要意义。目前，现有派驻监督人员在体育领域的局限性使得其在监督过程中面临一些挑战，如体育行业知识的缺乏、相关复合型人才的缺失、部分监督技能在体育领域"水土不服"等。因此，可以通过以下举措来提高体育领域派驻监督的专业度。

第一，体育领域派驻监督人员要进行体育行业知识的专项学习，包括但不限于体育赛事的组织运作机制、各类体育项目的规则和技术特点等；要注重加强培养和选拔具备体育行业熟悉度的监督人员，包括为监督人员提供相关的体育知识课程和培训机会、设立专门的岗位或部门，聘用具备体育背景和专业知识的人员等；在完成监督人员的理论积累后方可提升监督工作的专业化，从而以专业化的队伍提高监督工作的效率和质量，提升监督的公信力和可信度。

第二，派驻监督人员要克服"水土不服"的监督心态，尽快更新适合体育领域派驻监督的监督技能和监督知识。传统上的监督人员主要关注相关法律法规的执行，然而，要实现具有体育行业熟悉度的监督人员专业化，监督人员还需要调整具体监督制度和流程，使相关制度和流程更加契合体育方面的要求和标准，以适应监督人员角色转变的需求。在派驻监督前，监督人员要积极学习相关行业规范和相关法律法规、部门规章，如《体育法》《关于进一步加强和规范体育领域事中事后监管的若干意见》等法律法规文件，避免在监督过程中因特定领域监督知识的缺乏而产生监督漏洞。

第三，派驻监督在体育领域的专业化需要监督人员具备行业化的视野和创新的思维。相关派驻监督人员要关注体育领域的最新动态，了解体育行业的发展趋势，预见可能出现的问题。监督人员需要与体育领域的各方主体保持密切的沟通和联系，了解体育行业内部的规制重点和难点，积极参与各项赛事和活动的各个环节，敢于尝试新的监督手段和方法。例如，可以通过大数据、人工智能等技术手段，对体育赛事进行全程监控，实时发现和纠正问题；也可以通过建立预警机制，提前预防可能出现的违规行为。

（四）在巡视巡察监督中增加机动巡视巡察频次

机动巡视巡察是一种灵活的巡视巡察方式，它强调"小队伍、短平快、游动哨"的灵活优势，使监督对象搞不清什么时间来巡视、吃不透巡视的重点内容，猜不准巡视组的"底牌"，可以做到精准聚焦指向、精准发力突破、精准运用成果。机动巡视巡察与其他巡视巡察制度共同保证了巡视巡察监督体系的完整性和效率性。因体育领域涉及的监督对象和关联主体众多，包括体育行业的主管部门、各类体育运动的行业协会、相关从业人员等，因而增加机动巡视巡察的频次方可有效应对细分领域冗杂的体育领域腐败问题。

首先，应当做好机动巡视巡察的事前评估工作。因体育领域涉及的监督对象众多，机动巡视巡察的突然性决定其可以被增加频次但不能被常态化使用，要先考察相应领域的腐败现象是否值得动用机动巡视巡察，是否会因机动巡视巡察而产生"打草惊蛇"的负面效果。在决策时，要重点考察该领域腐败的急迫度和复杂度，是否满足机动巡视的启动条件，不得随意动用机动巡视巡察，以免造成机动巡视巡察的灵活性和威慑力降低。其次，合理增加机动巡视巡察的频次后，在决定机动巡视巡察准备实施的过程中，要充分了解被监督单位的基本情况和特点，做好巡视巡察预备工作。因机动巡视巡察存在"小队伍"的人数劣势，在事前要确定好监督重点和方向，从而制定巡视巡察计划和方案，及时确定监督人员和任务分工，以此来制定巡视巡察工作手册和操作规程，使机动巡视巡察能够高效高质量地完成监督任务。

综上，机动巡视巡察能够克服常规巡视巡察监督的某些不足，提升巡视巡察监督制度的整体实用性和行业契合度。通过机动巡视巡察，可以进一步提升体育领域反腐的治理效能和威慑力。同时，除了日常监督项目外，机动巡视巡察还能监督相关部门运作和体育比赛竞技行为的合规性，预防多方面的腐败问题。体育领域的巡视巡察监督应当继续坚持机动巡视巡察，延续机动巡视巡察对腐败治理的特殊治理效能，保证监督的随机性，以面对当前复杂的体育领域腐败问题。

参考文献

中文文献

（一）专著类

1. 喻少如、褚宸舸主编：《纪检监察学原论》，高等教育出版社 2023 年版。

2. 张勇、王瑞连主编：《中华人民共和国体育法释义》，中国法制出版社 2022 年版。

3. 国家体育总局科教司组编，韩勇主编：《体育法学》，高等教育出版社 2022 年版。

4. 翟志勇：《从〈共同纲领〉到"八二宪法"》，九州出版社 2021 年版。

5. 中共中央党史和文献研究院编：《习近平关于尊重和保障人权论述摘编》，中央文献出版社 2021 年版。

6. 韩大元主编：《新中国宪法发展 70 年》，南方出版社、广东人民出版社 2020 年版。

7. 习近平：《论坚持全面依法治国》，中央文献出版社 2020 年版。

8. 褚宸舸：《监察法学》，中国政法大学出版社 2020 年版。

9. 董小龙、郭春玲主编：《体育法学》，法律出版社 2018 年版。

10. 赵秉志、袁彬：《刑法最新立法争议问题研究》，江苏人民出版社 2016 年版。

11. 姚建龙：《法学的童真：孩子的法律视界》，上海三联书店 2015 年版。

12. 董金鑫：《国际经贸领域的直接适用法研究》，中国社会科学出版社 2018 年版。

13. ［美］乔治·凯林、凯瑟琳·科尔斯：《破窗效应——失序世界的关键影响力》，陈智文译，三联书店 2015 年版。

14. 徐国栋主编，薛军译：《埃塞俄比亚民法典》，厦门大学出版社 2013 年版。

15. ［意］切萨雷·龙勃罗梭：《犯罪人论》，黄风译，北京大学出版社 2011 年版。

16. 刘仁山等：《国际恐怖主义法律问题研究》，中国法制出版社 2011 年版。

17. 卢元镇主编：《社会体育导论》，高等教育出版社 2011 年版。

18. 姚建龙：《超越刑事司法——美国少年司法史纲》，法律出版社 2009 年版。

19. 张家栋：《恐怖主义论》，时事出版社 2007 年版。

20. ［法］乔治·维加雷洛：《从古老的游戏到体育表演——一个神话的诞生》，乔咪加译，中国人民大学出版社 2007 年版。

21. 韩勇：《体育与法律——体育纠纷案例评析》，人民体育出版社 2006 年版。

22. 夏宗素：《罪犯矫正与康复》，中国人民公安大学出版社 2005 年版。

23. ［古希腊］柏拉图：《理想国》，郭斌和、张竹明译，商务印书馆 2002 年版。

24. ［法］卢梭：《社会契约论》，李平沤译，商务印书馆 2011 年版。

25. 曾世雄：《损害赔偿法原理》，中国政法大学出版社 2001 年版。

26. ［英］边沁：《道德与立法原理导论》，时殷弘译，商务印书馆 2000 年版。

27. ［美］E. 博登海默：《法理学——法律哲学与法律方法》，邓正来译，中国政法大学出版社 1999 年版。

28. 康树华：《当代有组织犯罪与防治对策》，中国方正出版社 1998 年版。

29. ［英］弗里德利希·冯·哈耶克：《自由秩序原理（上）》，邓正来译，生活·读书·新知三联书店 1997 年版。

30. ［美］E. 博登海默，《法理学——法哲学及其方法》，邓正来、姬敬武译，华夏出版社 1987 年版。

（二）期刊类

1. 范进学：《中国式法治现代化之"四重维度"论》，载《东方法学》2023 年第 4 期。

2. 彭新杰：《纪检监察机关政治属性的丰富内涵及实践体现》，载《中国纪检监察》2023 年第 4 期。

3. 张建晓：《新时代廉洁文化建设的现实挑战及其应对》，载《理论导刊》2023 年第 5 期。

4. 慈鑫：《国外防范和打击体育腐败有哪些通行手段》，载《中国青年报》2023 年 2 月 21 日，第 8 版。

5. 付志铭、黄莉：《新时代弘扬中华体育精神的内在逻辑、目标指向与实践方略》，载《沈阳体育学院学报》2023 年第 3 期。

6. 袁钢：《论全国性单项体育协会职责的实定化——基于新《〈体育法〉第 65、66 和 67 条的分析》，载《苏州大学学报（哲学社会科学版）》2023 年第 1 期。

7. 沈丽：《一体推进"三不腐"：逻辑理路、基本内涵与实践进路》，载《湖南社会科学》2023 年第 2 期。

8. 李晓：《创新涉外法治人才培养机制》，载《中国社会科学报》2022 年 12 月 7 日，第 11 版。

9. 姜世波、祝海洁：《提升我国国际体育仲裁话语权的思考》，载《武汉体育学院学报》2022 年第 1 期。

10. 马宏俊：《体育强国建设中依法治体的路径研究》，载《成都体育学院学报》2022 年第 2 期。

11. 洪冬英、戴国立、缪志心：《新时代背景下涉外法治人才培养的路径》，载《法学教育研究》2022 年第 2 期。

12. 张晓君、陈正己：《新发展格局背景下涉外法治人才培养模式的创新》，载《法学教育研究》2022 年第 3 期。

13. 崔晓静：《高端涉外法治人才培养的理念与模式创新》，载《中国大学教学》2022 年第 11 期。

14. 郇峰等：《我国国际体育组织人才培养的现实困境及发展策略》，载《西安体育学院学报》2022 年第 4 期。

15. 胡弘弘、田骥威：《规范视角下我国宪法文本中的"体育条款"》，载《学习与探索》2022 年第 8 期。

16. 任振朋、王润斌：《中国共产党反腐倡廉思想指导下我国体育腐败治理能力提升与路径优化》，载《体育研究与教育》2022 年第 4 期。

17. 王尘子：《重构与嵌入：新时代派驻监督的改革实践与质效提升》，载《中共天津市委党校学报》2022 年第 3 期。

18. 秦前红、李世豪：《纪监互融的可能与限度》，载《四川师范大学学报（社会科学版）》2022 年第 1 期。

19. 林依彬：《党内巡视监督常态化的建构逻辑与实践向度》，载《中共天津市委党校学报》2022 年第 1 期。

20. 杨宗科：《习近平法治思想是建设新法学的根本指导思想》，载《法治日报》2021 年 9 月 15 日，第 9 版。

21. 王琦、张晓凤：《习近平法治思想中的法学教育理论》，载《海南大学学报（人文社会科学版）》2021 年第 5 期。

22. 袁钢：《加快建设体育法律服务体系》，载《成都体育学院学报》2021 年第 2 期。

23. 梁平：《新时代"德法兼修"法治人才培养——基于习近平法治思想的时代意蕴》，载《湖北社会科学》2021 年第 2 期。

24. 王瀚：《涉外法治人才培养和涉外法治建设》，载《法学教育研究》2021 年 1 期。

25. 王新博、董昊衢：《新时代涉外法律人才培养路径探究》，载《北京第二外国语学院学报》2021 年第 1 期。

26. 仇军：《体医融合研究的问题导向与现实关切》，载《天津体育学院学报》2021 年第 5 期。

27. 莫纪宏：《法律事实理论视角下的实质性宪法解释》，载《法学研究》2021 年第 6 期。

28. 王蔚:《基本权利之"基本"的内涵——以法国法为中心》,载《比较法研究》2021年第6期。

29. 张鹏:《体育强国建设中的体育权利意涵》,载《人权》2021年第6期。

30. 卢文云、王志华、华宏县:《群众"健身难"问题破解路径研究》,载《体育科学》2021年第5期。

31. 《廉洁奉公,永葆共产党人的政治本色——论学习贯彻习近平总书记在"七一勋章"颁授仪式上重要讲话》,载《人民日报》2021年7月4日,第1版。

32. 刘焕明、刘晓彤:《新时代党内巡视制度的政治功能》,载《学校党建与思想教育》2021年第2期。

33. 王小光:《体育协会脱钩改革与体育监察体系的应对转型》,载《上海体育学院学报》2021年第2期。

34. 张奥:《增设操纵体育比赛罪的质疑》,载《武汉体育学院学报》2021年第11期。

35. 吴宝升、易剑东:《从分散治理到协同治理:我国民间体育赛事治理走向分析》,载《体育与科学》2020年第3期。

36. 张于杰圣:《法学视阈下对操纵比赛的认定——从职业足球切入》,载《吉林体育学院学报》2020年第4期。

37. 赵承等:《为千秋伟业夯基固本——习近平法治思想引领新时代全面依法治国纪实》,载《台声》2020年第23期。

38. 黄惠康:《从战略高度推进高素质涉外法律人才队伍建设》,载《国际法研究》2020年第3期。

39. 黄进:《完善法学学科体系,创新涉外法治人才培养机制》,载《国际法研究》2020年第3期。

40. 于洪军、冯晓露、仇军:《"健康中国"建设视角下"体医融合"研究的进展》,载《首都体育学院学报》2020年第6期。

41. 韩勇:《世界反兴奋剂机构诉孙杨案法律解读》,载《体育与科学》2020年第1期。

42. 常健：《全面建成小康社会的人权意蕴——以发展主义人权理论为视角》，载《人权》2020 年第 2 期。

43. 黄世昌、谢可欣：《残疾人体育权利法理分析与法律保障研究》，载《北京体育大学学报》2020 年第 1 期。

44. 徐翔：《社会体育伤害事故中公平责任原则与自甘风险原则的较量——基于羽毛球运动致伤案例的探析》，载《体育科研》2020 年第 3 期。

45. 李琦：《后"伊斯兰国"时代国际恐怖主义的新威胁及应对策略》，载《铁道警察学院学报》2020 年第 1 期。

46. 李林：《习近平法治思想的核心要义》，载《中国社会科学报》2020 年 11 月 23 日，第 4 版。

47. 常宏磊：《着力提升"关键少数"的法治思维能力》，载《光明日报》2020 年 12 月 5 日，第 7 版。

48. 宋伟：《集体腐败的破解路径：基于博弈论的模型分析》，载《广州大学学报（社会科学版）》2020 年第 6 期。

49. 黄海燕：《推动体育产业成为国民经济支柱性产业的战略思考》，载《体育科学》2020 年第 12 期。

50. 冷纪岚、徐翔：《大型体育赛事暴恐犯罪：维安困境与应对策略——以台湾、波士顿、索契赛事经验为借鉴》，载《武汉体育学院学报》2019 年第 4 期。

51. 陈云良：《健康权的规范构造》，载《中国法学》2019 年第 5 期。

52. 熊英灼、董平：《后〈通用数据保护条例〉时代反兴奋剂信息的法律保护》，载《武汉体育学院学报》2019 年第 10 期。

53. 于善旭：《论我国全民健身的宪法地位》，载《体育科学》2019 年第 2 期。

54. 林秋、鄢行辉：《我国残疾人体育权利保障路径研究》，载《哈尔滨体育学院学报》2019 年第 4 期。

55. 王家宏等：《中国体育深化改革相关法律问题研究》，载《体育科学》2019 年第 11 期。

56. 孙忆：《大型国际体育赛事场馆安保体系构建研究》，北京体育大学

2019 届硕士学位论文。

57. 王润斌、肖丽斌：《新发展理念下北京冬奥会举办理念的贯彻与前瞻》，载《上海体育学院学报》2019 年第 1 期。

58. 徐伟康、徐艳杰、郑芳：《大数据时代运动员数据的法律保护》，载《天津体育学院学报》2019 年第 5 期。

59. 徐翔：《改革开放四十年来我国体育法学科建设回顾与展望》，载《武汉体育学院学报》2018 年第 8 期。

60. 张法连：《新时代法律英语复合型人才培养机制探究》，载《外语教学》2018 年第 3 期。

61. 常娟：《我国退役运动员角色转换的影响因素研究》，载《北京体育大学学报》2018 年第 7 期。

62. 张伟、张廷晓：《我国国际体育话语权的对称性实现研究》，载《沈阳体育学院学报》2018 年第 6 期。

63. 姜世波：《论体育权作为一种新型人权》，载《武汉体育学院学报》2018 年第 4 期。

64. 郭树理：《国际体育仲裁机制的制度缺陷与改革路径——以佩希施泰因案件为视角》，载《上海体育学院学报》2018 年第 6 期。

65. 钱锦宇：《全球治理现代化视域中的人类命运共同体：中国的理论表达与实践》，载《人权》2018 年第 4 期。

66. 于善旭：《公益社会体育指导员工作纳入我国志愿服务体系的探讨》，载《体育学研究》2018 年第 3 期。

67. 江必新：《谱写新时代人权法治保障的新篇章》，载《中国法学》2017 年第 6 期。

68. 岳建军：《美国〈国民体力活动计划〉中体育与卫生医疗业融合发展研究》，载《体育科学》2017 年第 4 期。

69. 陈华荣：《实施全民健身国家战略的政策法规体系研究》，载《体育科学》2017 年第 4 期。

70. 李中文、薛原：《为健康中国夯实体育之基——以习近平同志为核心的党中央关心全民健身工作纪实》，载《中国体育报》2017 年 8 月 8 日，第 1 版。

71. 许金富：《基于科学知识图谱的我国残疾人体育研究可视化分析》，载《龙岩学院学报》2017 年第 5 期。

72. 聂辉华：《契约理论的起源、发展和分歧》，载《经济社会体制比较》2017 年第 1 期。

73. 黄鑫：《作为基本权利的体育权及其双重性质》，载《体育学刊》2016 年第 2 期。

74. 贾文彤：《刚刚在路上：再论中国体育法学向何处去》，载《体育与科学》2015 年第 5 期。

75. 马宏俊、袁钢：《〈中华人民共和国体育法〉修订基本理论研究》，载《体育科学》2015 年第 10 期。

76. 殷飞、赵毅：《解释论：体育归责适用自甘风险的新路径》，载《武汉体育学院学报》2015 年第 6 期。

77. 漆亮、周泽鸿：《体育预防青少年犯罪的正功能论析——以美国"午夜篮球"计划为例》，载《吉林体育学院学报》2015 年第 1 期。

78. 李培枝：《浅析中学生犯罪成因及综合治理》，载《内蒙古统计》2015 年第 3 期。

79. 吕伟：《美国规制操纵体育比赛犯罪研究》，载《武汉体育学院学报》2015 年第 1 期。

80. 李龙：《我国运动员不正当竞争行为的成因及道德规范研究》，载《吉林体育学院学报》2015 年第 5 期。

81. 赵毅：《以民法为中心的体育法——对意大利体育法教学与研究的初步观察》，载《体育与科学》2014 年第 5 期。

82. 韩勇：《在路上：中国体育法学向何处去？》，载《体育与科学》2014 年第 6 期。

83. 申恩威：《"老虎"、"苍蝇"的界定及内涵关系剖析》，载《中国党政干部论坛》2014 年第 7 期。

84. 陈华荣：《体育法学路向何方——兼对中国体育法学发展现状与趋势的思考》，载《搏击（体育论坛）》2013 年第 7 期。

85. 张健：《论法学二级学科对体育法学研究的影响——对 278 篇 CSSCI 核

心期刊体育法学论文引证的调查》，载《武汉体育学院学报》2013 年第 6 期。

86. 邓国庆：《关于运动员虚假年龄的思考》，载《湖北广播电视大学学报》2013 年第 5 期。

87. 姜熙、谭小勇：《"Lex Sportiva"初论》，载《天津体育学院学报》2012 年第 4 期。

88. 于善旭：《改革开放以来我国体育法学研究的进程与评价》，载《河北师范大学学报（哲学社会科学版）》2012 年第 6 期。

89. 汪习根、兰薇：《论体育发展权》，载《西南民族大学学报（人文社会科学版）》2012 年第 5 期。

90. 焦洪昌：《论作为基本权利的健康权》，载《中国政法大学学报》2010 年第 1 期。

91. 黄世席：《德国体育赌博的法律规制研究及其对我国的借鉴意义》，载《体育与科学》2010 年第 4 期。

92. 谢晖：《论规范分析方法》，载《中国法学》2009 年第 2 期。

93. 田雨：《论自甘风险在体育侵权案件中的司法适用》，载《武汉体育学院学报》2009 年第 11 期。

94. 马岭：《权利冲突与权利位阶》，载《云南大学学报（法学版）》，2008 年第 5 期。

95. 徐爱国：《重新解释侵权行为法的公平责任原则》，载《政治与法律》2003 年第 6 期。

96. 黄世席：《国际体育运动中的人权问题研究》，载《天津体育学院学报》2003 年第 3 期。

97. 万鄂湘、彭锡华：《人类社会追求的共同目标——评〈世界人权宣言〉》，载《法学评论》1998 年第 2 期。

外文文献

1. Dimitrios P. Panagiotopoulos, "Sports Law General Principles as a Legitimizing Basic of Lex Sportiva", *ISLR Panadektis*, 12 (2018), 394.

2. Georgios Elmalis, "Lex Sportiva and EU Competition Law: Sports Governing

Bodies Regulations Under Scrutiny", *ISLR Panadektis*, 12 (2018), pp. 251~256.

3. Andras Nemes, "Monitoring of the Hungarian Football Association regard to FIFA Questionnaire about RWWI", *ISLR Panadektis*, 12 (2018), pp. 257~263.

4. Alkis Papantonious, "TPO of the Player's Economic Interests in the Football Project", *ISLR Panadektis*, 12 (2018), pp. 264~272.

5. Dan Mihai, "Dribbling the Regulations-a de facto Transfer of the Business Activity from a Football Club with Debts to Another Club", *ISLR Panadektis*, 12 (2018), pp. 349~354.

6. Penny Konitsioti, "Professional Sport, Corruption and Match Fixing", *ISLR Panadektis*, 12 (2018), pp. 272~284.

7. Florentina-Camelia Medei, "Realities and Perspectives of 'Sports Activity Agreement' in Romania", *ISLR Panadektis*, 12 (2018), pp. 355~362.

8. Joanna Barmpi, "Drafting of Football Player's Contracts", *ISLR Panadektis*, 12 (2018), pp. 377~381.

9. Anagnostopoulos, "Sport Referee's Employment", *ISLR Panadektis*, 12 (2018), pp. 301~310.

10. Robert Dingli, "An Overview of the Macolin Convention", *ISLR Panadektis*, 12 (2018), pp. 328~338.

11. Alexandru-Virgil VOICU, "Critical Considerations Concerning the Impunity of the Regulations of the World Anti-Doping Code and Its Subordinate, in Relation with the Contemporary Sport's Values--from Romania and All Over the World", *ISLR Panadektis*, 12 (2018), pp. 311~327.

12. Abbas Nazarian Madavani, "Ethical Behavior in Championship Sports", *ISLR Panadektis*, 12 (2018), pp. 394~395.

13. Kaili Wang, "Legal Issue1s on Buying Sports-Lottery Tickets on Third-party Platforms", *ISLR Panadektis*, 12 (2018), pp. 285~300.

14. Konstantinos Konstantinidis, "Arbitration and Mediation in Sport Disputes, the Critical Role of the Third Party", *ISLR Panadektis*, 12 (2018), pp. 339~348.

15. Konstantinos Konstantinidis, "Arbitration and Mediation in Sport Disputes,

the Critical Role of the Third Party", *ISLR Panadektis*, 12 (2018), pp. 382~387.

16. Marios Papaloukas, "E-Sports Explosion: The Birth of Esports Law or merely a New Trend Driving Change in Traditional Sports Law?", *ISLR Panadektis*, 12 (2018), pp. 301~310.

17. Aikaterini Asimakopoulou, "Institutional Safety of Sports Events and Associated Organizations Case Study: Olympic Indoor Basketball Arena", *ISLR Panadektis*, 12 (2018), pp. 390~395.

18. Peter Donnelly, "Sport and Human Rights", *Sport in Society*, 11 (2008).

19. Jonathan Lea-Howarth, "Sport and Conflict: Is Football an Appropriate Tool to Utilise in Conflict Resolution, Econciliation or Reconstruction? *University of Sussex*, 9 (2006).

20. John Green, "Assumption of Risk in Sports", *St. John's Law Review*, 2 (2012).

后 记

回首望,时至今日,距我步入大学校园已过去近十五载,转换身份重新进入大学校园——现在的工作单位西北政法大学任教,也已有五年。时光飞逝犹如白驹过隙,十五年间,经历了太多太多,感觉自己真算得上是蜕变了不少,也幸运地经过"三十而立",开始向"四十不惑"进发。在这段时光中,虽有辛酸,但正是因为这些辛酸,才让我获得了现在的成绩和喜悦。恍惚间发现,我机缘巧合地从事体育法学研究已有十年之久。这一切首先要归因于我的父母,是他们为我的受教育提供了最大帮助,成功引导我本科、硕士、博士顺利毕业,并且博士后顺利出站。从小我的学习成绩就非常一般,感谢我的父母从未嫌弃我的愚钝,在学习和生活上给了我很大的自由空间,直到步入大学校园,我才逐渐"开窍",吸收了父亲的谆谆教诲,开始立志在求学道路上努力前行。

而关于体育法学的研究,我的父亲更是功不可没。他是一位大学体育教师,从小就带着我打羽毛球,不仅让我具备了健康的体魄,还让我认识到体育人并不是外界理解的那样"四肢发达、头脑简单",而是拥有非常成熟和前卫的思想。因为父亲的体育专业背景,和我自己从小对羽毛球运动的喜爱,让我读研期间萌生了以法学视角研究体育领域纠纷的想法,并逐渐走入了体育法学的研究圈子,一走就是十年。

著此书主要是基于2022年新修订《体育法》的颁布实施,我想要总结这十年间的研究成果,从中选取了十六篇具有代表性的研究成果,分为五个类别的研究,对应此书的五大章。第一章关于"体育法与体育法学科建设"的研究,不仅有我对体育法学的理解,也有结合近期在学校发展规划与学科建设处挂职锻炼的经验,对体育法学科发展建设的一些新思考。第二章关于

"体育与人权"的研究，是我博士毕业入职西北政法大学以后，受西北政法大学人权研究中心各位前辈、老师的启发，着手研究体育与人权的关系，其中《体育权：一项新兴人权的衍生与发展》是我在该研究上的第一次尝试，非常幸运地被《体育学刊》（CSSCI）录用发表，也算是我以西北政法大学教师身份发表的第一篇核心期刊论文。随后陆陆续续写作和发表了一些体育权相关的学术论文。第三章关于"全民健身与法治"的研究，一方面受启发于运城学院的陈华荣教授。在武汉大学读博期间，有幸认识了长期从事体育法学研究的陈华荣教授，承蒙陈华荣教授的帮助，跟随他参与了一些体育法相关的科研项目，其中一个国家社科重大项目子课题有关全民健身法治保障，继而产出了一些有关全民健身法治保障的成果。另一方面，工作后又基于体育权，研究了一些全民健身中的人权保障问题。第四章关于"体育与刑法"的研究，主要是因为在武汉大学法学院读博期间，导师康老师是搞刑法学的，所以基于体育和刑法的交叉，开启了体育与刑法的交叉研究，其中《体育恐怖主义犯罪之危害及其防治》一文，是我跟随博导主办和参加"第一届海峡两岸反恐怖主义研究合作论坛"时，从各位专家学者的主旨报告中受到启发，继而萌生的研究成果。这篇文章也是我对反恐怖主义犯罪研究的第一次尝试，幸运地被《民商法论丛》（CSSCI集刊）录用发表。第五章关于"体育与廉洁"的研究，主要源于工作后接触的工作内容。我入职的西北政法大学行政法学院（纪检监察学院），为了适应从严治党、制度治党、依规治党的新要求，经西北政法大学批准，于2019年6月，原行政法学院挂牌纪检监察学院，致力于建设纪检监察学科。我于2019年6月博士毕业入职，正好赶上学院开启纪检监察学的研究。随后，2020年3月至2021年5月一年间，我还有幸被学院派去陕西省纪委监委案件监督管理室挂职锻炼，积累了大量纪检监察实务经验，加之作为监察法方向的硕士研究生导师，职责所在，逐渐开始考虑体育与廉洁、纪检监察的交叉研究。从北京冬奥会筹备开始，关注廉洁办奥，再到全国推进新时代廉洁文化建设，关注廉洁体育建设，以2022年底"李铁案"为导火线，我开始关注监察法视域下体育腐败治理的问题，逐渐形成了一系列研究成果。

在完成这些研究以及完成此书的过程中，还要非常感谢学院的大力支持，感谢学院的姬亚平院长、褚宸舸教授让我接触到纪检监察的研究；感谢研究生院的常安院长和人权研究中心的钱锦宇教授，引导我在体育与人权的研究领域找到了新的切入点；感谢学校和学院各位前辈、同仁的帮助和指导。此外，还要感谢我的师妹刘永平博士、同学崔皓博士为我此书中的一些专业名词翻译和校对提供了专业支持；感谢我的师兄兼同事车东晟博士和武汉大学的赵芸博士，为我此书的大纲设置提出真知灼见；感谢我指导的硕士研究生胡一鸣、王维云、杨雪茹、唐嘉岚、中国政法大学的在读博士生王子晟等同学，参与校对此书文稿等工作。最后由衷地感谢中国政法大学出版社的郭嘉珺老师认真仔细的编校。

——于千年古都·西安
2024年8月